대한민국 희망 프로젝트 **우리는
실패에서
희망을
본다**

대한민국 희망 프로젝트

우리는 실패에서 희망을 본다

오세훈 이영조 김호기
강원택 박철희 정종호
이남주 이재승 지음

황금가지

추천의 글
―강한 한국이라는 희망을 향해

　한국 사회를 얘기할 때는 늘 위기와 격변기라는 말이 따라다닙니다. 해방 이후의 이념적 갈등, 6·25 전쟁, 쿠데타, 군부 독재와 민주화 운동, 그리고 고도 성장과 세계화에 이르기까지 우리는 언제나 빠른 속도로 변화하는 사회 속에서 살아왔습니다. 그러나 이러한 위기와 변화 속에서 이제까지 한국 사회를 이끌어온 가장 큰 원동력을 꼽으라면 그것은 '꿈'이고 '희망'이었습니다. 꿈과 희망이 있었기에 우리는 많은 위기를 극복해 왔고, 국제 사회에서 당당히 오늘의 대한민국으로 거듭날 수 있었습니다.

　그러나 역동적인 고도 성장의 이면에는 많은 그림자가 드리워져 왔습니다. 안보와 성장을 중시하는 국가적 목표 때문에 뒤로 밀린 여러 사회적인 문제들이 수면 위로 등장하기 시작했습니다. 보수와 진보의 대립은 이러한 상황을 반영합니다. 분배와 평등의 과제는 성장과 효율의 목표와 종종 상충되는 모습을 보여 왔습니다.

　과거 민주와 독재 간의 대립은 다분히 선과 악의 구도를 지니고 있었습니다. 그러나 보수와 진보 간의 대립은 '선악'의 문제가 아니라 '선택'의 문제입니다. 진보와 보수 모두 그 자체만으로 완벽할 수 없습니다. 진보를 감싸안지 못하는 보수는 실패한 보수이고, 마찬가지로 보수를 제압한 진보 역시 공허한 진보입니다. 아직까지 우리 사회에서는 보수와 진보가 함께 공존한 역사가 매우 짧습니다. 따라서 이 둘 사이를 오가는 시계추도 대단히 빠른 속도로 움직일 수밖에 없고, 이 시계추에 타고 있는 국민들 역시 끊임없는 혼란과 갈등으로 지쳐 있는 것입니다.

바야흐로 기대와 동경으로 기다리던 21세기가 시작되었지만, 주위를 둘러보면 하루하루를 걱정하며 내쉬는 서민들의 한숨소리가 더 깊어지는 듯합니다. 이렇게 어려운 때일수록 밖으로 눈을 크게 떠 세계의 흐름을 관찰하면서 우리의 어려움을 극복할 방안을 마련하는 데 타산지석으로 삼아야 할 것입니다. 그런 면에서 이 책에 실린 국민 소득 2만 달러의 문턱에서 좌절했다가 다시 일어난 여러 나라의 사례는 우리에게 가르쳐 주는 것이 매우 클 것입니다. 그리고 이렇게 밖을 내다볼 때 가장 경계해야 할 것은 스스로를 지나치게 낮추거나 섣부르게 지나친 자신감을 가지는 태도일 것입니다. 그런 면에서 이 책에서 말하는 우리 자신을 과대 평가하거나 과소 평가하지 말고 냉정하게 바로 보는 것이 비전 만들기의 시작이라는 메시지는 반갑기 그지없습니다. 그리고 이 책은 대한민국의 앞날을 보여 줍니다. 현 상황을 비판하는 목소리는 높지만 애정을 가지고 진지하게 고민하는 목소리를 찾기 힘든 상황에서 이 책에 담긴 대한민국의 미래에 대한 제언은 가뭄 끝에 단비처럼 귀한 것입니다. 이 책에 실린 지적들이 귀중한 것은 나라와 사회에 대한 여러 전문가들의 연구와 고민의 흔적을 헤아려 볼 수 있기 때문입니다.

　우리가 원하든, 원하지 않든 세계는 무한 경쟁의 시대로 나가고 있습니다. 안주하는 민족에게 희망은 없습니다. 우리 사회 안에서 꿈틀거리고 있는 거대한 에너지가 내부에서의 소모적인 갈등이 아니라 국제 무대에서의 진취적인 도전을 통해 세계 속의 강한 한국이라는 희망으로 뻗어 나가야 합니다. 다시 한번 다 함께 뛸 수 있는 신명나는 기회를 만들어 가야 합니다.
　각자의 영역에서 왕성한 활동을 벌이고 있는 저자들의 고민과 토론이 우리 사회가 꿈과 희망을 그려 가는 데 큰 기여를 할 수 있게 되기를 진심으로 기원합니다.

서울대학교 총장
정운찬

추천의 글
―새로운 시대로 가는 나침반이 필요하다

오늘날 우리 사회를 한마디로 특징 짓는다면 혼란과 갈등 그 자체라고 할 수 있다. 여당과 야당, 장년·노년 세대와 청소년 세대, 좌와 우, 진보와 보수, 지역과 지역이 서로 머리를 맞대고 합의점을 찾아가기보다는 서로 같은 자리에 마주 앉지도 않은 채 으르렁거린다. 뉴스 시간이 되면 오늘은 도대체 무슨 큰 사건이 터질까 가슴이 조마조마하기조차 하다. 만인이 만 개의 의견을 가질 수 있고 그것을 마음대로 표현할 수 있는 것이 민주주의라지만 오늘 우리의 현실은 심한 정도라고 결론 내리지 않을 수 없다.

조금은 긴 안목으로 바라다보면 이 시대를 '과도기'라고 규정 짓지 않을 수 없다. 과거 군사 독재 정권, 권위주의적 통제, 성장일변도의 경제 발전 지상주의로부터 다원적 가치에 기반을 둔 민주주의, 표현의 자유의 만발, 높은 삶의 질, 한반도의 교류와 평화의 정착, 그리고 생태적 이데올로기로 옮겨 가는 과정에 있는 것이다. 이 과정에서 과거를 지배했던 이데올로기 세력과 새로운 시대로의 전환을 갈망하는 사람들 사이에 커다란 논쟁과 갈등이 이어지고 있다.

　우리 사회가 좀 더 효율적이고 합리적으로 새로운 시대로의 전환과 진전을 이루기 위해서는 서로 다른 생각들을 조정하고 합의해 나가는 민주적 리더십이 소망된다. 더 나아가 우리가 나아가야 할 시대적 방향에 대해 좀 더 탐구하고 논의하는 노력이 아쉽다. 사실 세계의 10대 교역국이 되고 OECD회원국이 된 우리는 그 커진 덩치에 걸맞은 국가 운영의 원리를 터득하고 국가 경영의 노하우를 체득하고 있다고 보기 어렵다. 국정을 책임지고 있는 정당이 제대로 된 싱크탱크를 운영하며 민생을 해결하고 국가를 올바로 이끄는 다양한 정책을 충분히 생산하고 있지 못하다. 정치적 논쟁이 생산적이고 정책적 논쟁이 되지 못하고 소모적이고 감성적인 싸움만 벌이다 보니 그 속에서 선출되는 대통령마저 나라를 이끄는 준비된 대통령이 되지 못한다. 어디 그뿐인가. 언론은 시대적 통찰력과 그에 기반한 심층 취재보다는 선정적인 보도만 일삼는다. 학자들은 추상적 이론에 머물러 있고 시민 단체조차 반대는 무성해도 적극적이고 생산적인 정책을 제시하지 못하는 경우가 많다.

　오세훈 변호사를 비롯한 8명의 저자가 여러 나라의 실패와 성공의 사례를 분석하고 외교, 복지, 인권, 통일 등 여러 분야에서 한국이 나아갈 길을 모색하고 있는 이 책은 지금 혼란과 갈등의 와중에 있는 우리에게 작은 등불이 될 만하다. 비록 처한 상황과 조건이 많이 다르기는 하지만 1970년대의 영국, 미테랑 대통령하의 프랑스, 개혁과 개방의 길을 걸어가는 중국, '잃어버린 10년'의 터널을 지나 회복의 국면을 맞이한 일본, 한때 우리보다 훨씬 앞섰다가 다시 절망의 나락으로 빠져든 라틴아메리카 같은 여러 나라의 사례들은 우리에게 반면교사가 되기에 충분하다. 그 사례들의 분석을 통해 우리가 나아가야 할 방향을 재점검해 보는 일은 오늘날 우리 앞의 혼란과 갈등을 극복하고 또 한번 역사의 도약을 이루는 데 필수적인 절차이고 과정이 아닐 수 없다. 과거를 돌아보고 이웃 나라들을 살펴보면서 우리 자신의 앞을 내다보는 일이야말로 바로 올바른 미래를 향한 나침반을 가지는 것에 다름 아니다. 그런 의미에서 이 책의 저자들이 들인 노고에 감사하고 일독을 권한다.

아름다운 재단 상임이사
박원순

이 책이 만들어지기까지

작년 겨울 어느 날 몇몇 지인들이 모였다. 송년 모임이 이어지던 연말의 분위기는 썰렁하다 못해 스산했다. 앞이 보이지 않는 막막함 속에서 나라의 장래를 걱정하는 우울한 이야기만 이어졌다. 구질서의 파괴와 신질서의 방황이 뒤섞인 과도기의 아노미 상태라는 지적이었다. 그때 누군가가 제안했다.

"우리라도 생각을 모아 보자. 어렵고 힘들수록 희망이 필요한 것 아닌가? 저력을 가진 우리 민족이 눈물의 계곡을 넘어 다시 한 번 일어설 수 있다는 희망을 이야기하자."

"구체적인 방법을 제시하는 화두를 던져 보자. 우리에겐 저마다 외국 사례를 공부하고 직접 보고 느낀 전문 영역이 있다. 그것을 나라별로 정리해 보자."

모두 동의했다. 국가 발전에 관한 추상적 이론을 담은 책들은 시중에 범람하지만, 경험으로부터 나오는 생생한 이야기를 듣기는 쉽지 않다는 데 착안했다. 우연히도 유학 시절 관심을 가지고 천착한 나라들이 모두 달랐다. 근현대사에서 나라별로 영광과 좌절의 기간을 통해 배울 점을 도출하려는 시도는 매우 시의적절하고 의미 있는 작업이라는 데 의견을 모았지만, 관심사와 해법에 대해서는 의견이 다양했다. 일단 아이디어를 모아 보기로 했다. 몇 차례 세미나를 열어 나라별 교훈과 해법에 관한 관심 영역을 분담하고 토론했다. 정리와 탈고의 목표 시한을 6개월로 잡았고, 글의 난이도는 대학교 1학년생의 교양 수준에 맞추기로 했다. 나라의 장래에 대하여 이제 막 관심을 가지기 시작할 대학 신입생들이, 경험에서 우러나오는 현실적 사례로부터 국가 재도약의 방법에 대한 비전을 찾고 용기를 얻을 수 있도록 하자는 취지에서였다.

자료 수집에 들어간 지 6개월이 조금 지난 지금, 드디어 기다리던 글들이 모였다. 이 책의 1부에는 우리나라보다 앞서 국가적 성공과 좌절을 경험했던 십여 개 국의 경험 중 가장 전범이 될 만하다고 평가된 사례들이 요약, 정리되어 있다. 그리고 한국이 위대하고 강한 나라가 되기 위해 연구하고 본받아야 할 방법론을 분야별로 정리한 내용이 2부에 실려 있다. 인적 구성과 능력의 한계로 모든 분야를 다 다루지는 못했지만, 꼭 필요한 이야기는 되도록 다 언급하려고 노력했다.

헤겔은 말했다.

"우리가 역사에서 배우는 것은, 우리가 역사로부터 아무것도 배우지 않고 있다는 사실이다."

역사는 침묵하면서도 우리에게 많은 것을 말하고 있지만, 우리는 애써 그것을 들으려 하지 않는다. 그런 어리석음을 반복할 것인가?

위대하고 강한 나라는 우연히, 저절로 이루어지지 않는다.

우리나라는 지금 이 순간 무엇이 가장 필요하고 중요한지에 대하여 생각이 흩어져 있다. 책임의 많은 부분이 지도자들에게 있지만, 국민도 끊임없이 함께 고민하고 토론해야 한다. 중요도와 우선 순위에 대하여 토론하고 생각을 모아 보자.

젊은이들의 생각과 인생 목표가 온통 안정된 직장과 아파트 평수 늘리기에 있는 나라에 희망은 없다. 우리 자손들이 살아가야 할 조국의 미래에 대하여 생각해 보자. 도태와 재도약의 갈림길에서 우리는 어느 길을 선택할 것인가? 어떤 나라를 만들어야 더 많은 국민에게 행복을 줄 수 있을까? 그런 나라는 어떻게 만들 수 있을까? 이 책을 읽으며 함께 고민해 보자.

2005년 여름
집필자를 대표하여
오세훈

차례

추천의 글 : 강한 한국이라는 희망을 향해 | 정운찬 5
추천의 글 : 새로운 시대로 가는 나침반이 필요하다 | 박원순 8
이 책이 만들어지기까지 11

>> 1부 : 실패에서 배운다

1970년대 영국 사회와 불만의 겨울 | 강원택 21

미테랑의 선택 : 프랑스 사회당과 환율 위기 | 이재승 37

독일의 경제 위기 극복과 사회적 결과 | 김호기 56

반면교사의 중국 : 혁명과 개혁의 변증법 | 정종호 78

일본의 잃어버린 10년을 넘어서: 그 성공과 실패의 비밀 | 박철희 106

꿈의 대륙에서 좌절의 대륙으로 :
라틴아메리카의 잃어버린 20세기 | 이영조 130

강소국의 도전과 교훈 | 오세훈 155

>> 2부 : 강한 한국을 꿈꾼다

경쟁이 경쟁력이다 | 이재승 189

중견국 한국의 대외 전략 : 힘에 걸맞은 한국의 목소리를 내자 | 박철희 212

21세기에는 우리도 강국이 될 수 있다 : 소프트 강국의 꿈 | 이영조 234

제3의 길과 생산적 복지 | 김호기 253

자유와 인권 | 강원택 262

꿈으로서의 통일에서 현실로서의 통일로 | 이남주 275

위대한 나라의 조건 : 좋은 리더와 위대한 국민 | 오세훈 299

주 322

우리는 동기 부여에 대하여 아무것도 모른다.
우리가 할 수 있는 일은
다만 그에 관한 책을 쓰는 일뿐이다.

―피터 드러커

1부 >>
실패에서 배운다

1970년대 영국 사회와 불만의 겨울

강원택

1 머리말 : 불만의 겨울

영국의 런던 중심부에 위치한 레스터스퀘어는 영화, 연극 및 뮤지컬 극장과 카페, 레스토랑이 가득 차 있는 번화한 광장이다. 굳이 비교하자면 우리나라 서울의 대학로나 종로와 같은 곳이라고 할 수 있다. 1979년 겨울 이 레스터스퀘어는 쓰레기 더미로 가득 차 있었다. 쓰레기를 치우는 청소부들의 파업 때문이었다.

사실 런던뿐만이 아니었다. 몇 주에 걸친 청소부들의 파업으로 인해 도시마다 쓰레기 더미가 산처럼 쌓여 있었다. 또한 다른 공공 부문 노동자들의 파업으로 소방차와 앰뷸런스는 그냥 길거리에 세워져 있었고, 상수도와 하수도의 관리도 제대로 이뤄지지 않았다. 리버풀에서는 심지어 장의(葬儀) 업종 종사자들의 파업으로 시체가 제대로 매장되지 않은 채 내버려져 있기도 했다.

1978년 말부터 1979년 초까지 겨울 내내 계속된 이러한 노동 쟁의의 여파로 영국 사회는 커다란 혼란에 빠지게 되었고 이러한 혼란을 제대로 해결하지 못한 영국 정부의 무능과 정책 실패에 대한 국민들의 불만은 극에 달했다. 영국인들은 이 시기를 가리켜 '불만의 겨울(winter of discontent)'이라고 부른다.

이러한 사태는 1979년 겨울에 처음 생긴 일은 아니었다. 영국에서 노조가 주도한 노동 쟁의는 1970년대 내내 계속되었다. 당시 막강한 힘을 가졌던 노조는 탄광, 우체국, 철강, 제철, 해운, 자동차, 운송 등 거의 모든 산업 분야에 걸쳐 매우 빈번하게 파업을 행했다. 그러나 영국 정부는 이러한 노조의 집단 행동 압력에서 좀처럼 헤어나지 못했다. 마거릿 대처 영국 수상은 이를 두고 "1972년부터 1985년까지 영국인들은 누구나 영국은 노조의 동의 아래에서만 통치될 수 있다고 믿었다. 어떤 정부도 거대 노조의 파업, 특히 광산 노조의 파업을 분쇄하기는커녕 거기에 저항할 수도 없었다."[1]라고 언급한 바 있다. 영국병은 노조의 끊임없는 파업과 그로 인한 영국 사회의 경제적 정체와 혼란을 지칭하는 표현이기도 했다.

불만의 겨울을 겪은 그해 5월 총선거에서 짐 캘러헌이 이끌던 노동당은 마거릿 대처의 보수당에 패배하면서 권력을 넘겨주었다. 이후 노동당은 1997년까지 잇달아 네 차례나 총선에서 패배하면서 18년간 야당에 머물러 있게 된다. 그리고 보수당 대처 정부의 출범과 함께 영국 사회는 과거와 근본적으로 다른 방향으로 급격히 변화해 나가게 되었다.

2 복지 국가와 합의 정치

 제2차 세계 대전이 끝난 1945년 영국은 복지 정책과 관련해 세계적으로 큰 주목을 받았다. 1945년 선거에서 노동당이 집권함과 동시에 영국은 복지 국가의 개념을 현실 정치에 최초로 적용한 국가가 되었다. 1942년 비버리지가 영국 정부에 제출한 보고서 「사회 보험과 관련 서비스(Social Insurance and Allied Service)」에 기초한 영국의 복지 국가 모델은 이후 서유럽을 비롯한 전 세계 많은 국가로 전파되어 갔다.

 복지 국가는 케인스주의 이론에 따른 국가 개입과 수요 중심의 경제 기조를 유지하고, 완전 고용, 종신 고용을 추구하면서 비경쟁적인 공익성을 중시했다. 즉 국가가 복지 서비스의 직접적인 관리자, 제공자로 기능하면서 여러 가지 사회 문제를 해결하고자 했다. 경제, 사회 정책에 관한 노조의 역할과 영향력을 인정했고, 철강, 탄광, 우체국, 철도 등 주요 산업에 대한 국유화를 통해 독점 산업과 독점 서비스 분야에 대한 공공 소유권을 강조했다. 영국 중앙 은행과 항공 분야가 1946년에, 석탄과 통신 산업이 1947년에, 철도, 전기, 도로 운송, 버스, 항만 산업이 1948년에, 가스 산업이 1949년에, 그리고 1951년에 철강 산업이 각각 국유화되었다. 이와 함께 무상 교육의 확대 실시, 무상 의료 보장 시스템의 도입, 연금 및 임대 주택 지원 강화 등 국가가 직접 복지 서비스를 제공하게 되었는데, 그만큼 공공 지출의 규모가 커졌고 또 이를 뒷받침하기 위해 높은 세금을 부과할 수밖에 없었다.

 1945년부터 1951년까지 노동당 정부가 집권한 기간 동안 이러한 복지 국가의 토대가 마련되었는데, 이 정책은 일반 국민들뿐만 아니라 정치권에서도 인기가 높았다. 그 때문에 1951년 선거에서 승리한 보수당도 노동당 정부의 정책으로부터 큰 변화를 꾀하지 않고 복지 국가라는 기본적인 틀을 수용하면서 정책을 펴 나가게 되었다.

예컨대 보수당은 노동당 정부가 국유화한 산업을 모두 다시 민영화하려고 하지 않았으며 철강 산업이나 도로 운송 등 일부 산업 분야에 국한해 민영화를 추진했다.

또한 노동당 정부 때처럼 보수당 정부 역시 국가가 경제에 적극적으로 개입하는 모습을 보였다. 이처럼 전후 영국의 정치권은 복지 국가라는 커다란 정책 방향에 대한 합의가 존재했다. 따라서 보수당과 노동당 가운데 어느 정당이 집권하더라도 근본적인 정책 추진과 관련된 인식 차이는 그리 크지 않았다.

이 때문에 1951년 이후 노동당 정부에서 재무 장관을 맡고 있던 가이츠켈과 1951년 보수당이 집권한 이후 재무 장관이 된 버틀러 간에는 정책 기조에서 근본적인 차이가 없었다. 이러한 합의 정치적 특징을 부각하기 위해 이때의 정책 기조를 두 사람 이름을 합쳐 버츠켈리즘(Butskellism)이라고 불렀다.

이와 같은 전후 합의 정치와 복지 국가 건설이라는 공통의 경제 정책 기조가 가능했던 이유는 대체로 세 가지 정도로 정리해 볼 수 있다.[2]

첫째, 복지 국가의 도입이 전후(戰後) 시기에 이뤄졌다는 점이다. 전쟁 중에도 전방의 병사들을 지원하기 위한 군수 산업 활동이 활발했고 그 과정에서 군으로 빠져나간 인력을 채우기 위해 많은 노동력이 필요했다. 영국 여성들의 사회 활동이 본격화된 것도 바로 이 무렵이었다. 그러나 전후에 재건 활동이 활발해지면서 일자리가 늘었고 마셜 플랜의 지원 등으로 영국뿐만 아니라 많은 서유럽 국가에서 빠른 경제 성장이 이루어졌다. 노동을 활성화하기 위한 정책적 지원이 필요한 상황이었을 뿐만 아니라 빠른 성장 덕분에 복지 정책을 펼 만한 여력이 있었던 시기였다.

 둘째, 당시의 복지 혜택에 대한 사회적 부담은 지금과 비교하면 그리 대단치 않은 것이었다. 실직 수당이나 노인, 참전자, 장애인을 위한 연금은 모두 자기 부담을 전제로 한 것이었고, 평균 수명도 상대적으로 낮았다. 15세가 되면 고등학교를 졸업했는데, 16세 이상 가운데 계속 학교에 남아 고등 교육을 받는 학생의 수는 매우 적었다. 의료나 주택 관련 지원도 지금에 비해서는 매우 제한적이었고 의료 혜택을 받을 수 있는 기준도 낮고 저렴했다. 실제로 1949년 사회 복지 비용이 재정에서 차지하는 비중은 14퍼센트 정도였지만 1970년대가 되면 정부 예산 가운데 가장 큰 비중을 차지할 정도로 그 부담이 커졌다. 1970년대에는 의학의 발달 등으로 인해 평균 수명이 늘어났고 그에 따라 노인 인구가 증가했다. 이는 또다시 연금 수혜자 비율의 상승으로 이어졌다. 사회 변화에 따라 전통적인 결혼 제도나 가족 제도가 약화되면서 독신이거나 독신으로 자식을 키우는 이들의 수도 크게 늘어나 이들에 대한 국가의 지원 규모도 늘어났다. 또한 생활 수준의 향상과 함께 고등 교육을 원하는 이들의 수도 늘어났다. 즉 복지 국가의 건설이 가져다준 성공이 또 다른 한편으로는 복지 혜택에 대한 수요의 증대를 낳았고, 결국 국가 부담의 증가로 이어진 것이다.

 셋째, 지역, 연령, 계급, 정치적 성향과 무관하게 복지 국가에 대한 높은 수준의 사회적 합의가 존재했다. 앞서 언급한 보수당과 노동당의 합의 정치, 곧 버츠켈리즘은 바로 이런 분위기 속에서 나온 것이다.

그러나 복지 국가의 성공으로 인한 국가적 부담의 증대와 국제 정치 경제 상황의 변화는 경제적 어려움을 불러왔고 그동안 정치권의 합의 정치로 유지되어 온 정책적 일관성과 사회적 안정을 위협하기 시작했다. 복지 국가가 항상 경제 성장의 장애물이라는 주장은 잘못된 것이라고 할지라도, 성장이 정체하는 상황에서 복지 국가를 유지하는 것은 상당히 부담스럽다는 것은 부인하기 어려운 사실이었다. 지속적 성장이야말로 이미 팽창한 복지 국가를 유지할 수 있는 전제 조건이 되기 때문이다.[3]

특히 1970년대에 들어서면서 영국 경제는 하강하는 모습을 보였다. 영국의 경제 성장은 그전에도 독일이나 프랑스 등 서유럽의 다른 경쟁 국가들에 비해서 다소 뒤처졌지만 1970년대에 들어서면서 어려움이 더욱 본격화되었다. 그 원인 가운데 하나는 영국이 경제 정책을 통해 전통적인 산업 구조를 근본적으로 바꾸려고 하기보다는 기존 금융 중심의 낡은 산업 구조를 그대로 둔 채 불평등 구조를 해소하려 했기 때문이다. 영국 경제에서는 경기가 좋을 때는 물가 상승, 경기가 나쁠 때에는 실업률이 증가하는 현상이 주기적으로 되풀이되었는데, 완전 고용을 유지하기 위해 팽창적인 재정 정책을 쓰고 이로 인해 인플레가 생기면 이를 막기 위해 임금과 복지 지출을 억제하는 '스톱고 정책(stop-go policy)'을 반복해 왔다.[4]

이러한 정책은 전후 유례 없는 세계 경제의 호황기에는 그런대로 유지될 수 있었지만 1970년대 초 세계 경제가 장기 침체에 접어 들면서 본격적으로 문제점이 드러나기 시작했다. 그리고 실업, 인플레, 재정 적자 등의 문제가 심각한 수준으로 악화되었고 영국 경제가 다른 주요 경쟁국에 비해 뒤처진다는 사실도 확인되었다.

3 1970년대의 위기

전후 고정 환율제를 기반으로 국제 통화 질서를 유지해 온 브레턴 우즈 체제가 1970년대 초 달러화의 약세와 함께 붕괴되면서 영국 파운드화의 가치도 매우 유동적인 상태가 되었다. 더욱이 1973년 10월 4차 중동 전쟁 이후 OPEC(석유 수출국 기구)가 주도한 제1차 석유 파동으로 원유 값이 갑작스럽게 네 배나 뛰었다. 이로 인해 영국은 재정 적자가 증대했고 인플레 압력도 커졌다. 1975년 6월부터 북해산 원유가 생산되기 시작했지만 재정 적자 문제는 1977년 중반까지 해결되지 않았다.

게다가 1976년 국제 통화 시장에서 달러화에 대한 파운드화의 가치가 급격히 하락했기 때문에 영국 정부는 치욕적으로 IMF(국제 통화 기금)으로부터 차관을 들여오지 않으면 안 되었다. 미국의 《월스트리트 저널》은 그 이전에 이미 영국 파운드화에 대한 투자를 삼가라는 내용의 기사를 실으면서 제목을 '대영제국이여, 안녕'이라고 뽑은 바 있었다.[5] IMF는 차관 제공 조건으로 공공 지출과 재정 적자의 축소를 요구했는데, 이러한 정책은 불가피하게 실업률을 높이는 것이어서 정치적으로 인기 없는 정책이 될 수밖에 없었다. 따라서 보수당이든 노동당이든 모두 고용을 가장 중시하면서 임금 인상의 억제를 통해 인플레 문제를 해결하려고 하는 경제 정책을 내놓았다. 그러나 이러한 임금 정책은 노조의 협력 없이는 이루어지기 어려운 일이었다. 더욱이 인플레와 실업률이 동반 상승하는 스태그플레이션의 상황에서 임금 억제는 실질적인 소득 감소를 의미할 수밖에 없었기에 노조의 반발은 불가피했다.

이처럼 1970년대에 들어서면서 본격화된 경제적 어려움 속에서 과거 30년 동안 지속되어 온 케인스주의 경제 정책에 대한 근본적인 변혁의 필요성이 제기되었다. 보수당의 에드워드 히스는 기업과 시장 경제를 북돋우는 방안이 필요하다는 주장을 내세워 1970년 총선에서 승리했지만, 정권을 잡은 후에는 기존의 정책 기조에 대한 단기적이고 대증적인 처방 이상의 정책적 변화를 시도하지 않았다.

예컨대 1971년 자동차 회사인 롤스로이스와 조선 회사인 어퍼클라이드가 파산에 이르자, 보수당 정부는 롤스로이스는 국유화하고 어퍼클라이드는 공적 자금을 지원해 회생시키는 방식으로 국가의 개입을 지속했다.

제1차 석유 파동이 터진 1973년 12월 히스 수상은 에너지와 전력 부족 위기에 따른 에너지 절약의 차원에서 일주일에 사흘만 근무하도록 하는 비상 조치를 취하기도 했다. 이러한 경제적 어려움 속에서도 임금 정책을 통한 인플레 억제 시도는 노조의 반발을 불러왔다.

가장 강력한 저항 세력은 광산 노조였다. 에너지 위기 속에서도 광산 노조는 노조원 81퍼센트의 찬성으로 파업을 지속하기로 결의했고, 다른 노조들도 광산 노조를 지원해 석탄이나 원유를 발전소에 운반하기를 거부했다. 사실 광산 노조는 얼마 전에도 파업을 통해 16.5퍼센트의 임금 인상을 쟁취했는데 다시 파업에 돌입했다. 이러한 광산 노조의 파업에 맞서 히스는 1974년 2월 갑작스럽게 총선을 실시하기로 결정했다. 당시 보수당이 내건 구호는 '누가 영국을 통치하는가?'였다. 이미 만성화된 노조의 파업에 많은 국민들이 염증을 느끼고 있었다는 사실을 선거 전략으로 활용했던 것이다. 그러나 보수당은 망신을 당했다. 보수당은 근소한 차이로 패배했고 헤럴드 윌슨이 이끄는 노동당 정부가 집권했던 것이다.

선거 패배 이후 보수당 내에서 변화가 일어났다. 당시까지 일반인들에게 별로 많이 알려져 있지 않았던 마거릿 대처가 보수당의 새로운 지도자로 등장했다. 한편 총선 이후 노동당 정부는 광산 노조의 요구를 받아들여 임금을 29퍼센트가량 인상했다. 광산 노조는 2년 사이에 벌어진 두 차례 파업에서 모두 승리한 것이다.

그러나 이 시기는 전후 영국 정치의 중대한 전환점이 되었다. 앞서 언급한 대로 1973~1974년 유가가 급등하면서 덩달아 물가도 뛰었고, 그 결과 인플레율이 1974년에는 23퍼센트, 1975년에는 26퍼센트에 달했다. 이처럼 물가가 급등하자 노조는 더욱 거세게 임금 인상을 요구했고, 정부가 그 요구를 받아들이면 인플레는 더욱 악화되는 악순환이 반복되었다. 게다가 실업 수준이 1919년 이래 최악의 상황을 보이고 있었는데, 1977년 8월에는 실업자의 수가 1600만 명을 넘어섰다. 영국이 IMF로부터 자금을 대여받은 것은 바로 이러한 상황에서였다.

1976년 노동당의 캘러헌 수상은 "케인스의 수요 관리 정책은 실업 대책으로 더 이상 유효하지 않다."[6]라고 시인한 바 있다. 즉 과거와는 근본적으로 다른 정책적 접근 방법이 필요하다는 사실을 인식하고 있었던 것이다. 하지만 노동당 정부는 과거의 정책 틀에서 과감히 벗어나려는 시도는 하지 않았다.

대신 노동당 정부는 노조와 협상을 통한 소위 사회 협약을 체결해 임금을 억제하고 인플레를 잡아 보고자 했다. 이로 인해 1978년 9월까지는 심각한 파업 없이 지나갈 수 있었다. 사실 예상할 수 있는 일이지만 노동당은 보수당에 비해 노조와 상대적으로 좋은 관계를 유지했다. 수상 공관인 다우닝 가 10번지에 노조 지도자들을 초대해서 맥주와 샌드위치를 함께 들면서 경제 정책에 대한 지원을 요청하고 자문을 받기도 했다. 그러나 정부와 노조의 우호적 관계는 이후 그리

오래가지 못했다. 1978년 캘러헌 수상은 인플레를 잡기 위해 노조에 5퍼센트의 임금 인상 상한선을 요구했다. 그러나 노조들이 이러한 임금 인상 상한선의 수용을 거부하고 집단적으로 반발하면서 앞에서 본 것과 같은 '불만의 겨울'이 시작되었다. 캘러헌의 임금 인상 제한에 대한 반발은 1978년 9월 포드 자동차 공장 노조원들이 정부의 5퍼센트 임금 인상안을 거부하고 집단 행동에 들어가면서 시작되었다. 이들 포드 노조는 파업 두 달 만에 17퍼센트의 임금 인상안을 얻어낼 수 있었는데, 이후 사회 각 분야의 노조들이 한꺼번에 높은 수준의 임금 인상을 주장하면서 파업에 돌입했고 심각한 사회적 혼란이 생겨나게 된 것이다.

불만의 겨울은 1979년 2월 공공 부문 노조가 정부가 제시한 9퍼센트 임금 인상안을 수용하면서 끝났다. 그러나 그때 국민들은 영국 경제의 산업 시스템에 심각한 문제가 있고 정부의 정책 관리 능력이 마비되었다고 느끼게 되었다.[7] 불만의 겨울을 보낸 쓰라린 경험은 노동당 정부의 정책 수행 능력에 대한 유권자들의 깊은 불신을 가져다 주었다.

그해 5월 실시된 총선에서 보수당은 '노동당은 제대로 돌아가지 않는다.(Labour isn't working.)'라는 표어와 함께 실직자들이 구직을 위해 길게 줄서 있는 그림을 배경으로 한 선거 포스터를 내걸었다. 이는 당시 많은 유권자들이 느끼는 정서를 반영한 것으로 사회적으로 커다란 반향을 불러일으켰다.

4 영국병과 불만의 겨울, 그 후

영국 사회가 1970년대 들어 경제적 위기와 혼란에 빠진 원인은 석유 파동과 같은 외부 경제적 상황의 변화와도 관련이 있지만, 경제적 성장이 뒷받침되지 못하는 상황에서 국가가 과도한 공공 지출과 복지 혜택의 공급을 지속할 수밖에 없었기 때문이다. 한편 복지 국가의 건설이 이를 보완할 만큼의 경제적 생산성이나 효율성의 증대로 이어지지 못했던 것도 또 다른 원인일 것이다. 또한 내적·외적 상황의 변화에 맞춰 유연하게 정책적인 대처를 하지 못하고 정치권이 노동자들의 요구에 무작정 끌려 다녔다는 사실도 중요한 원인이다. 즉 영국이 지녔던 경제적 역량에 비해 과도한 분배의 요구를 제어하지 못했고, 과학, 기술, 생산 방식의 변화를 효율성의 증대로 연계시키지 못한 것이다. 국내적 경제 여건과 외적 상황의 변화가 분명했는데도 정치 지도자들은 기존 기득권 집단의 이해 관계를 극복하고 그들을 개혁으로 이끌기 위한 강한 리더십과 위기 의식이 결여되어 있었다.

불만의 겨울 와중에 해외에서 회담을 마치고 귀국한 노동당 캘러헌 수상은 만연한 파업으로 영국 국민들이 갖는 불만과 위기감을 제대로 이해하지 못하고 그 사태가 별로 심각한 문제가 아니라는 식으로 대응했다. 당시 영국의 타블로이드 대중지인 《선(The Sun)》은 캘러헌의 반응에 대해 '위기? 무슨 위기'라고 헤드라인을 뽑아 캘러헌 수상의 위기 의식 부재를 비판했다. 물론 캘러헌 수상이 이런 표현을 직접 사용한 것은 아니지만 위기 상황을 바라보는 최고 정치 지도자의 안이한 인식과 대응을 꼬집은 이 문구는 많은 독자들로부터 큰 공감을 얻었다. 세상을 떠나기 전 캘러헌 수상은 그 시절을 회고하면서 자신이 영국 역사상 가장 무능한 총리로 평가를 받게 되어도 놀라지 않을 것⁸⁾이라고, 말하면서 그때 적절하게 대처하지 못한 회한을 밝힌 바 있다.

이처럼 과거의 관성에서 헤어나지 못하고 이익 집단의 이해 관계에 좌지우지되어 강한 리더십을 발휘하지 못한 노동당은 이후 정치적으로 값비싼 대가를 지불해야 했다. 노조와 가까운 관계로 경제 정책 운영에 도움을 받았던 과거가 이제는 부담으로 작용하게 된 것이다. 1979년 보수당의 선거 표어였던 '노동당은 제대로 돌아가지 않는다'는 인식은 이후 유권자들에게 뿌리 깊게 자리 잡아 1979년 선거에서 대처에게 패한 이래 무려 18년 동안 노동당은 선거 때마다 악몽에 시달려야 했다.

1979년 선거를 통해 집권한 대처는 1945년 노동당 정부 출범부터 30여 년간 지속된 케인스주의 경제 정책으로부터 과감한 변혁을 시도했다. 이후 1983년과 1987년 총선을 승리로 이끌면서 지속적인 정책 추진을 통해 영국 사회를 이전과 완전히 다른 새로운 사회로 바꾸어 놓았다. 그 변화가 워낙 광범위했기 때문에 이를 '대처 혁명(The Thatcher Revolution)'이라고 부르기도 한다. 대처는 케인스주의 정책을 버리고 시장 경쟁과 효율성을 강조하는 신자유주의 정책을 재임 기간 중 일관성 있게 추진했다. 이를 위해 복지 국가의 기본 틀은 유지하되 그 내용은 근본적으로 변혁시켰다. 정부의 재정 지출을 줄이고 복지 혜택도 크게 축소했다.

이처럼 갑작스럽게 변화된 정책 추진에 반대가 없을 리 없었다. 지난 30년 동안, 특히 1970년대에 걸쳐 막강한 영향력을 행사해 온 노조의 반발이 컸다.

대처는 노조의 끝없는 파업과 집단 행동에 일반 시민들이 환멸을 느끼고 있음을 잘 인식하고 있었고, 노조의 힘을 약화시키기 위해 많은 법을 개정했다. 대처 수상은 "우리는 포클랜드에서 외부의 적과 싸워야 했다. 그러나 우리는 우리 내부의 적에 대해서도 잘 알고 있어야 한다. 그들과 싸우기란 훨씬 더 어렵고, 우리의 자유에 더욱 위험한 존재이다."라고 말한 바 있다. 여기서 대처가 말하는 내부의 적은 물론 노조를 지칭하는 것이다. 법률 개정을 통해 피케팅을 금지했고, 노동 쟁의를 위해 공장, 항구, 공공 시설을 봉쇄하지 못하게 했다. 취직과 함께 의무적으로 노조에 가입해야 하는 클로즈드 숍(closed shop) 제도도 금지했고, 파업 실시 전에 조합원 찬반 투표도 강제화했다. 노조의 정치 자금 모금도 각 노조원의 동의를 얻고 일정 기간마다 반드시 다시 동의를 얻는 과정을 거치도록 했다.

   이러한 법 개정에 따라 과거 막강한 힘을 갖고 있던 노조의 영향력은 크게 약화되었고, 대처 집권 후반기에 가면 1970년대와 비교해 볼 때 노조의 힘이 거의 '붕괴'된 상황에 이르게 되었다. 1970년대 후반 노조원의 수는 1200만 명 수준이었지만 10년 새 그 수가 절반 정도로 줄어들었는데, 이러한 급격한 감소는 물론 1980년대 초 영국의 경제 불황과 제조업의 하강도 한몫했지만, 대처의 지속적인 노조 억압 정책의 영향이 컸다.

   그러나 이러한 노조의 약화는 그리 순탄하게 얻어진 것은 물론 아니었다. 대처는 경제성이 떨어지는 탄광의 폐쇄를 추진했다. 이 정책에 반발하여 1984년 막강한 영향력을 갖고 있었던 광산 노조의 지도자 아서 스카길이 파업을 결정했다. 앞서 언급한 대로 1970년대에 걸쳐 광산 노조는 영국 사회에서 가장 강력한 힘을 가진 노조였다. 대처는 탄광 폐쇄 결정을 철회하라는 이들의 요구를 거부했고 그로 인해 파업은 이후 거의 1년간 지속되었다. 막강한 영향력을 행사해 온 광산 노조의 파업에 맞서는 일은 대처에게도 쉽지 않은 싸움이었다.[9] 그러나 오랜 투쟁에 지친 광부들이 파업을 철회하기로 결정하면서 이 긴 싸움은 결국 대처의 승리로 돌아갔다. 그동안 막강한 권한을 행사해 온 광산 노조의 파업 실패 이후 영국 사회에서 노조의 정치적 영향력은 크게 쇠퇴하게 되었다.

광산 노조의 파업을 분쇄한 이후 대처는 "우리가 노동 조합법을 개정하고 철강 노조 파업과 같은 다른 분규를 극복해도, 많은 사람들은 광산 노조가 최종적 거부권을 갖고 있으며 언젠가는 (그들이) 그 힘을 행사할 것이라고 믿는 경향이 있었다. 이제 그런 시절은 지나갔다."[10]라고 선언했다.

이후 대처 정부는 가스, 철강, 통신 산업 등을 민영화하고 지방 자치 단체가 소유한 임대 주택을 일반에 판매하는 등 시장과 개인 소유를 강조하는 방향으로 정책을 전환했다. 행정 기구도 개편하여 공무원 수를 줄였고 정부 기능 중 일부는 민간에 위탁했다.

이처럼 대처 정부와 뒤이은 보수당 메이저 정부하에서 일관되게 추진된 신자유주의 개혁은 국가가 더 이상 보편적인 복지 혜택을 일방적으로 제공하는 존재가 아니며 사회 문제를 해결하는 주체를 사적 영역으로 이관함으로써 복지 문제에 대한 국가의 위상과 역할을 약화시켰다.[11]

1979년 대처에게 패배한 이후 18년 만인 1987년 재집권에 성공한 토니 블레어의 노동당 정부는 대처와 보수당 정부에서 이뤄진 복지국가의 재편 결과를 수용하는 입장을 보였다. 그 결과 블레어가 집권한 이후에도 이전 보수당 정부의 정책 기조로부터 급격히 벗어나는 일은 일어나지 않았으며 약화된 노조의 권한 역시 별로 회복되지 않고 있다. 블레어는 '일을 통한 복지(welfare-to-work)'와 같이 복지에 대한 시민적 권리와 의무를 모두 강조했으며 일을 통해 자활하려는 노력이 정부의 지원보다 선행되어야 한다는 점을 강조했다.

1945년 노동당에 의해 시작된 복지 국가 정책이 보수당에 의해 수용되는 버츠켈리즘의 합의 정치로 이어졌다면, 1979년 보수당이 추진한 신자유주의적 개혁 정책은 그 뒤 노동당에 의해서도 그 정책 기조가 계승됨으로써 경제 정책의 새로운 흐름으로 확립되었다.

지금까지 살펴본 대로 1979년을 전후한 경제적·사회적 위기 상황과 관련된 영국의 경험은 우리에게도 시사하는 바가 적지 않다. 이러한 위기를 초래한 원인을 찾는다면, 케인스주의가 더 이상 적절한 대안이 아니라는 캘러헌의 말이 보여 주듯이 이미 오래전부터 국가의 경제적 여력이 더 이상 과거와 같은 수준으로 복지 국가의 수혜를 제공할 수 없는 단계에 도달했다는 사실을 알고 있었으면서도, 노조와 같은 특정 이익 집단의 영향력과 이해 관계에 얽매여 올바른 방향으로의 정책적 전환과 개혁을 추진하지 못했던 정치권, 특히 정치 지도자의 안이함과 무능을 우선적으로 탓할 수밖에 없을 것 같다. 또한 국가 차원의 경제적 어려움과 무관하게 눈앞에 보이는 특수한 집단적 이해 관계만을 추구하고자 했던 노조의 무책임과 방만함 역시 1970년대 영국 경제 위기를 초래한 중요한 원인이었다. 그로 인해 영국 노동당과 노조는 1979년 위기 이후 그에 대한 매우 값비싼 비용을 지불해야만 했다.

결론적으로 영국의 정책 실패 사례는 정치 지도자의 적절한 상황 판단과 위기 의식, 그리고 이해 관계를 갖는 집단의 반발을 물리치고 국가를 위한 올바른 방향으로 정책을 이끌고 나갈 수 있는 정치적 의지와 리더십이 국가적 위기를 극복하기 위해서 매우 중요하다는 사실을 보여 주고 있다. 또 한편으로는 개별적인 이익 집단들도 자기의 이익에만 매몰되지 말고 사회 구성원 모두의 이익을 함께 고려하는 성숙한 자세를 취할 때, 궁극적으로 자기들의 이익을 보장받을 수 있게 된다는 사실을 일깨워 주고 있다.

미테랑의 선택: 프랑스 사회당과 환율 위기

이재승

1 사회주의 실험의 시작

1981년 5월, 대통령 결선 투표의 결과가 발표되고 난 뒤 파리 시내는 새로운 변화를 자축하는 사람들로 밤새도록 축제 분위기가 이어졌다. 미테랑의 대통령 당선으로, 1958년 제5공화국이 등장한 이후 처음으로 사회당과 공산당의 좌파 연합이 대선에서 승리함으로써 그간 지속되어 온 우파 정권의 시기가 마감되고 새로운 정치 국면이 열렸다. 프랑스 정치사에서 좌파 정권이 집권한 것이 새로운 일은 아니었지만 본격적인 정치적·경제적 현대화가 이루어진 제5공화국에서 최초로 등장한 좌파 정권은 국민 다수의 기대를 모으기에 충분했다.

프랑스 국민들은 전임 데스탱 대통령 집권 후반기 도입되었던 긴축 경제 정책에 지쳐 있었다. 인플레이션과 실업 문제는 여전히 심각한 상태였고 1979년의 석유 파동은 프랑스와 유럽 경제를 뒤흔들어 놓았다. 프랑스의 국제 경쟁력은 점점 위태로워지고 있었다. 23년의 야당 생활을 마치고 사회당의 상징인 붉은 장미를 손에 들고 엘리제궁에 입성한 미테랑과 사회주의자들은 이처럼 악화되고 있는 경제 상황을 바꿔 놓아야 한다는 기대와 부담을 동시에 받았다.

사회당 정권은 '보다 균등한 부의 재분배와 사회 약자의 보호'라는 대원칙을 가지고 있었다. 미테랑 대통령의 당선과 뒤이은 총선에서의 과반수 확보로 인해 프랑스 좌파는 이러한 이상을 실현시킬 수 있는 절호의 기회를 잡았다. 1970년대 중반, 집권 우파에 대항하기 위해 프랑스 사회당과 공산당은 「좌파 공동 강령」을 발표하며 손을 잡았다. 이후 「사회주의 프로젝트」를 발표하며 공동 전선을 폈던 프랑스 좌파는 만약 집권할 경우 시행하고자 했던 「110가지 제안들」을 만들어 놓았다. 이러한 새로운 정책들은 과거 우파 정부와의 차별화를 보여 주는 한편 침체된 프랑스 사회에 활기를 불어넣을 것으로 예상되었다.

사회당 정권의 가장 큰 변화는 역시 사회 복지 정책과 노동 정책이었다. 미테랑 정권 출범 직후 사회당 정부는 출범 직후 가족 보조금 25퍼센트, 주택 보조금 15퍼센트, 장애인 수당 20퍼센트, 최저 연금액 20퍼센트, 장기 실업자 보조금 50퍼센트 등 복지 예산을 큰 폭으로 늘렸다. 1981년 여름에는 실업 수당 지급 기간을 50퍼센트 연장하고 시간당 지급액을 40퍼센트 인상했다. 이듬해 정부는 다시 가족 보조금 6.2퍼센트, 연금 7.4퍼센트, 그리고 두 자녀 이상의 가족에 대한 지원을 25퍼센트 증가시켰다. 이러한 복지 제도 아래에서 프랑스 국민들은 보다 잘 보호받고 인간적인 삶을 누리게 될 것이었다.

노동 및 고용 정책에 있어 정부는 예산 지출을 대폭 늘려서 공공 부문의 고용을 확대했다. 아울러 근로자 최저 임금도 집권 초기 2년 동안 약 43퍼센트가량 인상했다. 사회당 정부는 이처럼 실질 임금이 증가하면 소비가 촉진되고, 따라서 고용도 증대될 것으로 기대했다.

또한 사회당 정부는 기업 차원에서 사회 안전 보장 프로그램, 직업 훈련 프로그램을 확대하고 공공 분야에도 고용 창출을 위한 각종 프로그램을 촉진했다. 예를 들어 지정된 분야에서 새로 인력을 채용할 경우 고용주는 1년간 사회 보장 분담금을 면제받았으며, 장기실업자들을 고용하는 경우에도 다양한 혜택을 받을 수 있었다. 근무 시간도 주당 40시간에서 39시간으로 줄고, 유급 휴가도 4주에서 5주로 늘어났다. 또한 조기 퇴직을 활성화해 37.5년을 근무했을 경우 60세에 퇴직이 가능하도록 했다. 이러한 조치들을 통하여 1981년 5만 4000명, 1982년엔 8만 명, 1983년에는 3만 8000명에게 새로운 일자리가 만들어졌다.

노동자의 지위도 현저히 높아졌다. 사회주의자였던 오루 노동성 장관이 도입한 새 법안에 따라, 노동자는 근무 조건 등에 관하여 집단적으로 의사를 표현할 수 있게 되었고, 50명 이하의 노조를 형성할 수 있는 권리가 확립되었으며, 노조는 노동 조건에 대한 요구뿐만 아니라 기업의 경영, 신투자, 신상품에 관한 정보를 공유할 수 있었고, 나아가 외부 전문가와 제반 문제에 대해 상의할 수 있는 권리를 확보했다. 아울러 이 법은 집단 협상의 권리를 늘리고 노조에 협상 거부권을 부여했다. 모든 20명 이상 고용 기업은 건강, 안전, 훈련 정책에 대한 구체적 사항을 서면화하고 이를 승인받아야 했다. 또한 사회당 정부는 노동 운동을 강화하기 위해 당시 분열돼 있던 3대 노동 조합(CDT, CFDT, FO)의 강화를 추구했다.

국유화 정책 역시 사회주의적 개혁 정책의 성격을 뚜렷하게 반영하는 것이었다. 출범 직후 사회당 정부는 민간 부문에 대한 국가의 통제력을 강화하고, 성장과 평등을 촉진하기 위해 포괄적인 국유화 조치를 도입했고 이듬해인 1982년 이 계획을 실행에 옮겼다. 국유화 계획에 따라 주요 대기업(12곳), 은행(36곳), 기타 금융 회사(2곳) 들이 국유화되었다. 국유 기업의 비중은 전체 판매의 29퍼센트, 고용 22퍼센트, 투자 52퍼센트의 거대한 규모로 성장했다. 또한 국가는 전체 예금의 90퍼센트를 차지하고 있었고, 국영 은행의 여신 비율 역시 54퍼센트에서 84퍼센트로 확대되었다. 금융 기관과 보험 회사는 국유화 정책의 시작과 함께 정부가 거의 완전히 통제하기 시작했다. 국유화 정책의 실행으로 프랑스의 산업 구조에는 대대적인 변화가 일어났고 프랑스는 서유럽에서 오스트리아에 이어 두 번째로 큰 공공 부문을 가진 국가가 되었다.

이러한 변화는 서유럽에서, 그리고 선진 산업 국가에서 유래를 찾기 힘든 파격적인 것이었다. 그러나 좌파 정부는 자신감이 있었고 또 책임감을 느끼고 있었다. 오랜 역사를 거치며 정치·경제·문화 부문에서 언제나 새로운 길을 열어 온 프랑스는 이번에도 사회주의적 개혁을 성공해서 복지 국가의 새로운 모습을 보여 주고자 했다. 이것은 하나의 큰 실험이었고, 또 반드시 성공해야 하는 실험이었다. 사회주의자들은 2년이 채 되지 않은 짧은 시기 동안 다양한 개혁 입법들을 도입한 데 대해 자부심을 가지고 있었다.

2 환율 위기와 개혁의 한계

그러나 사회당 정부의 이러한 실험을 지켜보고 있던 사람들은 비단 프랑스 국민들만이 아니었다. 좌파를 지지했던 프랑스 국민들이 거리로 뛰어나와 환호성을 지르고 밤새도록 축배를 들던 바로 그 시각, 국제 외환 시장의 딜러들은 초조한 마음으로 컴퓨터 화면을 들여다보고 있었다. 이들은 이미 선거 이전부터 사회당 집권에 따른 프랑화의 추이를 점치고 있었다. 국제 금융 시장은 사회당 정부가 집권할 경우 프랑화의 평가 절하를 단행할 수밖에 없을 것이라고 믿고 있었다. 1979년에 프랑스가 유럽 통화 제도(EMS)에 가입한 이래 프랑화는 1979년과 1980년에 걸쳐 주요 교역 국가들의 통화에 비해서 지속적으로 고평가되어 있었고, 특히 프랑스와 독일 사이 누적된 인플레이션 격차를 해소하기 위한 평가 절하는 불가피하다는 인식이 널리 퍼져 있었다. 사회당 집권 세력들은 전임 우파 정권만큼 국제 시장에서 신뢰를 받지 못하고 있었다. 더구나 새로운 사회당 정부가 내걸었던 개혁 조치는 모두 정부의 재정 지출을 늘리는 팽창적 경제 프로그램이었다. 이러한 사항들을 종합해 보았을 때 프랑화의 평가 절하는 당연한 귀결이 될 것이었다. 외환 시장의 딜러들은 자신들의 선택이 옳기를 바라면서 프랑화의 하락에 막대한 자금을 걸기 시작했다. 적어도 경제 이론적으로 보았을 때 이것은 이길 수밖에 없는 게임이었다.

외환 시장의 딜러들은 프랑화에 대한 환투기로 미테랑의 당선에 대한 축전을 대신했다. 대선 이전부터 불안정한 모습을 보이던 프랑화는 대선 바로 다음 날 유럽 통화 제도가 허용하는 변동폭의 하한선까지 떨어졌다. 그러나 미테랑은 취임 즉시 프랑화를 평가 절하 하지 않겠다는 입장을 밝혔다.

"오늘과 같은 날에 우리는 평가 절하를 감행하지 않는다. 오늘은 환희와 축제의 날이며, 그것을 평가 절하라는 고통과 후퇴로 망칠 수는 없다. 우리는 좀 더 기다릴 수 있다."

프랑스 중앙 은행은 20억 달러를 쓰면서 외환 시장에 개입했고,

단기 금리를 인상시키는 한편 외환 거래를 엄격히 통제하기 시작했다. 오랜 사회주의 지도자이자 미테랑의 경쟁자였던 로카르는 이번 기회에 프랑화를 대폭 절하하고 경제 정책에서 운용의 폭을 넓힐 수 있도록 유럽 통화 제도에서 탈퇴할 것을 촉구했다. 어차피 당면한 환율의 문제는 사회당의 잘못이 아니라 과거 우파 정권의 잘못이었다고 말하면 국민들은 이를 당연하게 받아들일 터였다. 그러나 모로아 총리와 미테랑 대통령은 평가 절하를 거부했다. 5월 24일 미테랑과 독일의 슈미트 총리 사이의 정상 회동 이후, 독일은 프랑화의 방어에 참여했다. 5월 25일에 접어 들며 투기는 가라앉았고 환투기는 프랑화 환율 안정에 이어 잠시 소강 국면을 맞이했다.

그러나 외환 시장의 딜러들이 좋은 먹이를 그냥 놔둘 리 없었다. 먹이 주변을 맴도는 맹수처럼 이들은 조용히, 그러나 집요하게 눈을 번뜩이고 있었다. 가을이 되도록 과대 평가된 프랑화에 대한 아무런 조정이 없자 이들은 다시 움직이기 시작했다.

축제의 기분이 어느 정도 가라앉은 뒤 사회당 정부는 재무 장관 들로르와 중앙 은행 총재 드 라 제니에르가 제시한 평가 절하안을 받아들였다. 1981년 10월 4일, 유럽 재무 장관 이사회는 프랑화의 3퍼센트 평가 절하와 독일 마르크화의 5.5퍼센트 평가 절상을 결정했다. 그러나 10월의 평가 절하는 두 국가 사이의 누적된 인플레이션 격차를 간신히 극복할 수 있는 수준이었다. 국민들은 별로 걱정하지 않았다. 모든 상황은 이제 다시 균형점으로 돌아온 것이었다. 우파의 잘못된 정책이 가져온 숙제를 대신해 주었을 뿐, 사회당 정부의 평가는 이제부터 시작이었다. 하지만 이때까지만 해도 의욕에 찬 사회주의자들은 환율이라는 '사소한' 문제가 그들의 오랜 숙원인 사회주의 개혁을 달성하는 데 발목을 잡으리라고는 생각하지 않고 있었다. 이웃 독일이 환율 조정의 대가로 통화 수축과 재정 적자 축소를 요구했지만 이들의 귀에는 들어오지 않았다.

집권 2년차에는 보다 과감한 개혁 정책들이 기다리고 있었다. 1981년 11월 말, 경제 원리에 입각한 신중론을 피고 있었던 들로르 재무 장관은 라디오 인터뷰에서 새로운 개혁 정책들이 '잠시 중단'될 필요가 있다고 언급했다. 미테랑 대통령은 이에 격노했다. 그는 들로르 장관에게 엄중히 말했다.

"과거 우파 정부의 긴축 정책에 반대표를 던진 우리의 지지자들은 또 다른 긴축 정책으로의 복귀를 받아들이지 않을 것이다. 어쨌든 우파는 우리의 개혁 정책을 전복시키기 위해서 무엇이든 할 것이다. 우리는 개혁을 지켜 나가야 한다."

결국 프랑스 사회당 정부는 1982년도 정부 지출을 23퍼센트 늘린다는 결정을 내렸다. 반면 독일은 4.2퍼센트만 늘리는 안정화 기조를 채택했다. 두 국가의 경제 정책은 반대 방향으로 움직이고 있었다. 프랑스는 다른 주요 경제국들 대부분이 보다 엄격한 재정 및 통화 정책으로 돌아서고 있는 시점에 팽창 기조로 전환하고 있었다. 문제는 프랑스와 독일은 유럽 통화 제도라는 한 배를 타고 있었다는 것과, 국제 금융 시장에서 프랑스의 힘은 독일에 비해 훨씬 약했다는 것이었다.

집권 이듬해에 접어 들며 프랑스 사회는 보다 강화된 복지 국가를 지향하고 있었다. 최저 임금의 구매력은 1981~1982년 동안 10.6퍼센트가 증가했으며 이와 연계된 여타 임금의 상승을 동반했다. 주택 보조금과 가족 수당은 첫 2년 동안 50퍼센트 가까이 증가했고, 최저 노후 연금은 62퍼센트 인상되었다. 공공 부문에서 대대적으로 고용이 확충되고 국내 구매력은 점차 증가하기 시작했다. 그러나 이와 같은 개선이 사회당 정부가 의도했던 다음 단계 성장으로 곧바로 이어지지는 않았다. 사회 보장의 증대는 재정 적자를 야기했고 이는 점점 메우기 어렵게 되었다. 국내 구매력의 증가는 급격한 수입 증대와 무역 수지 악화로 이어졌다. 공공 부문에서 대규모로 고용이 창출되었는데도 실업률은 하락하지 않았고 오히려 심화되는 양상을 보였다. 이러한 경제 성과는 사회당 정부의 책임이었다.

1982년 봄으로 접어 들며 사람들은 조금씩 사회주의 개혁의 문제점들을 지적하기 시작했다. 보다 많은 사람들이 개혁의 이상을 냉엄한 경제 현실과 조화시켜야 한다는 신중론을 제기했다. 산업계의 협조를 얻기 위한 조치들도 취해지기 시작했다. 그러나 이와 같은 조치들은 즉각적인 결과를 보여 주지 못했다. 미래에 대한 불확실성과 비관적 전망 때문에 신규 투자는 여전히 부진했고 프랑화에 대한 압력은 꾸준히 증가했다.

1982년 3월 21일 지방 선거에서 사회주의자들이 크게 패배한 시점에서 프랑화에 대한 투기 공격이 재개되었다. 프랑화를 방어하느라 외환 보유고가 점점 감소하는 상황에서 또 한 차례의 평가 절하와 긴축 정책이 대통령에게 제안됐다. 그러나 미테랑 대통령은 사회주의 개혁 정책을 유지하고 싶어 했다.

"왜 지금 긴축 정책을 펴야 하는가? 긴축 정책은 사회적 정의가 동반될 때에만 가능하다. 그렇지 않다면, 나는 긴축 정책에 반대한다."

사회당 내부에서는 두 개의 진영이 형성되기 시작했다. 들로르 재무 장관과 재무성, 대통령 궁, 그리고 수상실의 전문 관료들은 점차 개혁 정책의 수정과 긴축 정책의 도입이라는 목표 아래 모이기 시작했다. 악화되고 있는 경제 지표와 프랑화의 불안정성에 우려하고 있던 이들 전문가들은 연초부터 긴축 정책의 필요성에 확신을 가지고 있는 상태였다. 그들의 1차 목표였던 모로아 수상은 비교적 순순히 그들의 의견을 받아들였고 미테랑 대통령에게 인플레이션의 억제와 재정 균형을 유지할 필요성에 대해 설득하기 시작했다.

반대편 진영은 보다 강성 사회주의자들로 구성되기 시작했다. 핵심 사회주의 지도자 중 한 명이었던 베레고보아는 변동 환율제로의 이행을 제안했다. 미테랑의 오랜 친구이자 뛰어난 사업가였던 리부는 경기 부양을 위해서 금리를 낮출 것을 촉구했다. 이들은 사회주의 개혁이 경제 상황에 따라 쉽게 흔들려서는 안 된다고 생각했다. 이들은 긴축 정책 대신 새로운 경기 부양책이 필요하다고 생각했다.

유서 깊은 베르사유 궁에서 G7 정상 회의를 주재하고 있던 미테랑에게 프랑화의 불안은 골치 아픈 문제였다. 국내외 기자들은 집요하게 대통령이 어떤 입장을 취할지를 물어 왔고, 그의 말 한마디 한마디에 외환 시장은 요동치게 되었다. 정상 회의가 폐회되기 전날 미테랑은 모로아 수상을 조용히 불러서 그와 들로르 장관이 제안했던 2차 평가 절하를 수행할 것을 지시했다. 며칠 후 브뤼셀에서는 프랑화와 마르크화 간의 기준율을 변경하는 결정이 내려졌다.

집권 사회당은 환율이 바뀌더라도 국내 개혁 정책은 영향을 받지 않기를 바라고 있었지만 이는 현실적으로 용납되지 않았다. 평가 절하의 대가로 독일과 네덜란드는 사회당 정부가 높은 수준의 긴축 정책을 시행할 것을 조건으로 내세웠다. 작년 가을의 상황과는 사뭇 다른 강도의 압력하에서 사회주의자들은 개혁 정책의 일부를 거둬들여야만 했다. 국제 수지의 균형, 임금 및 물가 동결, 사회 복지 지출의 삭감, 그리고 예산 적자의 축소 등이 포함된 새로운 경제 계획이 발표되었다. 그러나 사회주의 개혁이 아직 완전히 퇴색된 것은 아니었다. 집권 당시 들었던 붉은 장미는 이제 분홍 장미가 되었지만 사회주의자들은 아직 희망을 버리지 않았다. 조만간 외부 경제 상황이 안정되면 개혁은 계속 진행될 수 있을 것처럼 보였다.

"긴축은 필요해 보인다. 하지만 전적으로 경제적인 긴축이 아니라 사회적으로 정당한 긴축만이 추진되어야 한다. 그것이 우리가 이루어 놓은 모든 것을 무너뜨리기 위한 핑계가 되어서는 안 된다."

대통령은 인플레이션과의 전쟁이 모든 개혁을 억누르는 것을 보고 싶지 않았다. 급한 대로 이들은 '경제적 효율성과 사회 정의의 결합'이라는 슬로건 아래 다시 진영을 갖추기 시작했다.

좌파에게는 역사적으로 뼈 아픈 기억이 있었다. 1936년 집권 좌파는 유사한 경제 위기에 직면했다. 당시 연합 전선을 형성하고 있던 공산당과 노동 조합은 사회당에게 등을 돌렸고, 이들이 함께 만들었던 인민 전선은 붕괴되고 말았다. 근 반세기가 지난 뒤 이들은 다시금 역사의 심판대 위로 올라가고 있었다. 그러나 이번에는 공산당의 지도자들과 노동 조합들도 비판을 자제한 채 새로운 정책에 따르기로 했다.

3 실패한 실험

사회당 정권은 국제 금융 시장과의 싸움에서 한 발 물러났다. 외환 딜러들의 공격에 개혁이라는 신성한 목표는 상당 부분 훼손되었다. 그러나 환투기 세력들은 아직 완전히 물러나지 않았다. 그들의 눈에 사회당이 도입한 긴축 정책은 '의미는 있지만 그다지 성의 없는' 것이었다. 이들은 아직 사회당 정권이 개혁 정책을 향한 집착을 버리지 않았다고 생각했다. 그것은 곧 시장에서 시험을 거치게 될 것이었다. 프랑화는 피를 흘리기는 했지만 여전히 맛있는 먹이였다. 피 냄새를 맡고 나서 이들은 다시 주위를 맴돌기 시작했다. 간간이 지속되는 투기를 억누르기 위해서 프랑스는 계속해서 외환 보유고를 꺼내 쓰고 있었다. 1982년 말, 프랑스 중앙 은행의 외환 보유고는 연초의 50퍼센트 수준까지 떨어졌다. 프랑스 중앙 은행은 조만간 프랑화를 방어할 충분한 실탄이 바닥날 것이라고 대통령 궁에 통보했다.

미테랑 대통령은 조만간 프랑스의 장래에 대해 우선 순위를 정해야만 하는 순간이 오리라는 것을 예상하고 있었다.

"나는 유럽 건설과 사회 정의라는 두 가지 목표 사이에서 갈등하고 있다. 전자에 성공하기 위해서는 유럽 통화 제도가 필요하고 그것은 후자를 위한 나의 자율성을 제약한다."

미테랑 대통령은 그의 결정이 고통스러운 것이 될 수밖에 없다는 것을 알고 있었다. 그러나 결정의 순간은 1983년 봄 지방 선거 이후로 미뤄졌다.

예상했던 대로 선거의 결과는 사회당의 패배였다. 개혁 정책이 후퇴하면서 이미 사회당의 지지자들이 실망한 데다가 경제 상황까지 계속 악화되고 있었다. 사회당 내에서는 유럽 통화 제도에서 탈퇴하자는 주장이 전보다 강하게 부각되었다. 유럽 통화 제도의 반대자들은 이데올로기적으로 다양한 지향을 가지고 있었지만, 적극적인 산업 정책의 도입과 미국과 독일, 그리고 브뤼셀의 경제 독재자들의 지령을 민족주의적으로 거부할 필요성이 있다고 공통적으로 생각했다. 이들은 유럽 통화 제도가 독일의 경제적·정치적 통제를 강화하는 기제라고 간주했다. 특히 유럽 통화 제도가 독일의 전임 슈미트 총리에 의해 추진되었다는 것, 그리고 우파인 슈미트 전 총리가 프랑스 사회당의 경제 정책과 공산주의자들의 연대에 부정적인 입장을 보여 왔으며 1981년 대통령 선거에서는 상대 진영이었던 지스카르 데스탱 전 대통령을 지지한 사람이라는 점이 사회당 내의 반독일 감정을 부채질했다. 유럽 통화 제도의 탈퇴는 경제 정책의 자율성뿐만 아니라 독일에 대한 프랑스의 보다 자주적인 노선을 가능하게 할 것이었다.

반면 모로아 수상과 들로르 장관은 추가적인 긴축 조치를 하는 한이 있더라도 유럽 통화 제도 내에 머물 것을 촉구했다. 들로르 장관은 만약 프랑화가 유럽 통화 제도에서 탈퇴할 경우 장관직을 사임하겠다고 수차례 배수진을 쳤다. 재무성 및 중앙 은행의 주요 관료들도 이러한 입장을 지지했다. 유럽 통화 제도를 벗어난다고 해도 프랑스 경제가 다시 궤도에 오르리라는 보장은 없었다. 오히려 프랑화가 더 큰 폭으로 떨어지고 나면 외채 부담이 급속히 늘어나서 사회당 정부가 상환을 일시 중지하거나 심각한 긴축 조치를 통해 그 손실을 충당하게 될 터였다. 평가 절하를 통한 일시적인 경쟁력 획득은 장기적으로 더 부담이 되는 것이었다. 사회주의 개혁은 더 이상 지탱될 수 없었다.

양 진영은 분주히 미테랑 대통령을 찾았다. 친유럽 통화론자들은 주로 낮 시간에 대통령 궁을 찾아 긴축 정책의 필요성을 강조하며 미테랑을 설득했다. 그러나 밤이 되면 반대 세력이 대통령 궁을 찾았다. 언론에서는 당시 유행했던 「밤의 방문자」라는 영화의 제목을 이들에게 붙이기 시작했다. 결재 서류를 든 낮의 방문자들은 종종 계단에서 밤의 방문자 일행을 마주치기도 했다.

결정의 순간이 점점 다가오고 있는 것을 느끼면서 미테랑 대통령은 사회주의 이데올로기와 유럽 통합, 그리고 국제 금융 시장이라는 외부 경제적 요인들 사이에서 고민했다. 1983년 3월 14일, 미테랑 대통령은 모로아 수상을 불러서 변동 환율제 정책을 준비해 놓을 것을 요청했다. 그러자 '모로아 수상은 심각한 어조로 이를 거절하며 수상 자리를 걸고서라도 이를 수행하지 않겠다는 의사를 밝혔다.

"저는 그 정책을 집행할 수 없습니다. 그 정책을 시행할 사람으로는 본인이 적합하지 않습니다."

미테랑은 다시 유력한 차기 수상 후보로 거명되던 들로르 장관을 불렀다. 그러나 그의 대답 역시 마찬가지였다.

들로르는 만약 유럽 통화 제도에서 탈퇴할 경우 본인도 수상직을 맡지 않을 것임을 밝혔다.

유럽 통화 제도의 지지파는 소수였지만, 프랑스의 유럽 통화 정책 결정과 관련된 중요한 자리들을 차지하고 있었다. 미테랑 대통령의 측근이었던 아탈리는 들로르 장관에게 재무국장이었던 캉드쉬로 하여금 반대 진영의 파비우스에게 프랑스 중앙 은행 외환 보유고의 실상을 알려 줄 것을 요청했다. 이듬해 37세의 나이에 총리에 오른 파비우스는 밤의 방문자들 중 가장 젊지만 경제 문제에 상당한 전문성을 지니고 있었고, 따라서 논리적으로 설득이 가능할 것으로 보였다. 사실 프랑스는 변동 환율제를 실시할 경우 프랑화를 방어할 충분한 외환 보유고가 없었다. 캉드쉬는 파비우스에게 프랑스의 외환 보유고가 현재 300억 프랑밖에 남지 않았으며, 유럽 통화 제도를 탈퇴하여 변동 환율제로 전환할 경우 보름 이상 버티기 힘들 것이라고 전했다. 아울러 변동 환율 체제로 전환시 예상되는 20퍼센트의 평가 절하는 자동적으로 외채 규모를 크게 증가시킬 것이라는 점도 덧붙였다. 이러다가는 프랑스가 IMF의 구제 금융을 받게 되는 상황도 피할 수 없었다. 설명을 듣고 난 파비우스는 점점 흔들리기 시작했다. 프랑스가 처한 상황은 생각보다 훨씬 심각한 것이었다. 집권 초기 경기 부양 정책을 역설하고 '또 다른 정책'을 주창했던 사회주의 진영 내의 핵심 인사였던 파비우스는 마침내 들로르 장관과 유럽 통화 제도 지지파들에게 설득되었다. 파비우스는 곧바로 대통령 궁으로 향했다. 파비우스의 보고를 받고 난 미테랑 대통령은 유럽 통화 제도 내에 머무는 것 외에는 대안이 없다는 것을 인식했다. 하지만 긴축 정책으로의 선회를 결정한 마지막 순간까지 미테랑 대통령은 프랑스의 통제를 벗어난 유럽 통화 제도에 불만을 나타냈다.

"우리는 우리 자신의 정책을 결정하지 못하고 있다. 유럽 통화 제도하에서 우리는 마치 급류를 거꾸로 헤엄쳐 가며 죽어 가는 개와 같은 처지에 있다."

그러나 이러한 심정을 토로한 다음 날 미테랑 대통령은 들로르 장관에게 유럽 통화 제도 내에서의 평가 절하와 정책 선회를 지시하게 되었다. 고통스러운 갈등의 시기를 겪은 미테랑 대통령은 결국 사회주의 개혁을 포기하는 선택을 내렸던 것이다.

1983년 3월 19일 브뤼셀에서 열린 재무 장관 회의에서 들로르 장관은 유럽 통화 제도의 위기를 진정시키기 위한 독일의 책임과 결단을 촉구하면서 마르크화를 5.5퍼센트 절상하고, 프랑스는 단지 2.5퍼센트만 프랑화를 평가 절하하도록 설득해 냈다. 1983년 3월의 평가 절하는 세 차례의 평가 절하 중 가장 소규모였지만 경제적으로는 가장 커다란 의미를 지녔다. 프랑스는 보다 철저하고 새로운 긴축 계획을 수행하도록 강요받았다. 제3차 평가 절하는 사회주의 경제 전략을 180도 변화시켰다. 3월 25일 '들로르 계획'이라 명명된 경제 정책은 세금 인상, 정부 지출 축소, 그리고 기존의 긴축 정책을 강화하기 위한 조치들을 담고 있었다. 이는 초기의 팽창 정책에서 완전한 긴축으로 선회한 것이었다. 사회주의 실험은 끝이 났다. 집권 2주년이 채 되기 전에 오랫동안 준비해 온 개혁 정책들은 수면 밑으로 가라앉았다. 연대를 맺었던 공산당은 공식적으로 사회당과 결별을 선언했다. 붉은 장미는 분홍 장미로, 그리고 이제는 흰 장미로 탈색되었다.

긴축 정책 선회의 정치적 대가는 곧바로 나타났다. 1983년 9월 11일 드뢰 지역의 지방 선거에서 사회당은 참패했고 정치 지도자들에 대한 신뢰도는 급격히 떨어졌다. 정치적인 충격은 1986년 총선 패배로 이어졌다. 개혁 정책이 환율 위기라는 암초에 좌초되고 나서 사회당은 새로운 목표를 설정해야 했다. 사회당은 자신의 정책 전환에 대한 다른 근거를 찾아야만 했다. 유럽 통합은 이러한 정당성을 제공해 줄 수 있는 유일한 근거가 되었다.

4 국제 협약, 유럽, 그리고 새로운 성공

미테랑의 선택은 단순한 환율 제도의 선택만은 아니었다. 유럽 통화 제도는 프랑스가 가입해 있던 국제 협약 중에서 가장 중요한 것 중 하나였다. 과거 유럽 통화 제도의 전신이었던 공동 변동 환율제에서 프랑스는 두 번이나 탈퇴를 한 경험이 있었다. 환투기 세력이 프랑화를 집중 공격한 것도 바로 이러한 점을 염두에 둔 것이었다. 그러나 국제 협약으로서의 유럽 통화 제도는 과거 공동 변동 환율제보다 많은 회원국의 통화들을 포함하고 있었고 유럽 공동체에서 보다 중요한 대표성을 부여받고 있었다. 또한 유럽 통화 제도는 이미 유럽 통합의 명백한 상징이었기 때문에, 유럽 통화 제도를 떠난다는 것은 유럽 내의 다른 협력 영역들을 포기한다는 것과 등일하게 받아들여질 수 있었다. 따라서 프랑화를 유럽 통화 제도에서 이탈시킬 때 발생하는 외교적 손실은 과거 공동 변동 환율제를 떠날 때보다 훨씬 더

클 수 있으며, 나아가 유럽 공동체 내에서 프랑스의 외교적 고립을 낳을 것이 자명했다. 미테랑의 선택은 결국 국내 차원의 개혁 정책과 유럽, 더 나아가 국제적 차원의 프랑스의 신뢰도 간의 선택이 되었다.

환율 위기는 프랑스 사회주의자에게는 유럽에 대한 입장을 확립하는 학습 과정이 되었다. 또한 환율 위기 기간 동안 사회주의 이데올로기와 유럽 통화 제도의 대립을 통해 미테랑 대통령과 사회당은 외부 경제적 제약과 국제적 규범을 새롭게 인식하게 되었다. 미테랑 대통령과 사회주의자들은 유럽 내에서 프랑스가 독자적인 사회주의적 노선만으로는 더 이상 나아갈 수 없다는 것뿐만 아니라, 프랑스 경제의 발전은 유럽 공동체와 더 가까운 협력을 통해서만 이룰 수 있다는 점을 알게 되었다.

세 차례 평가 절하를 거치는 동안 초기 개혁 정책을 강조하는 사회주의자들의 정치 논리는 환율 안정과 통화 방어라는 경제 논리에 밀려 점차 그 입지를 잃게 되었다. 동시에 국제 금융 시장과 유럽 경제 통합으로부터 오는 외부적 압력은 사회주의 유럽 건설이라는 고귀한 이념을 유럽 공동체 내에서 프랑스를 위한 안정된 입지의 보장이라는 더욱 실용적인 목적으로 전환시켰다. 유럽 문제에서 과거 가져왔던 이념적 지향을 희석시키는 것은 달가운 선택은 아니었으나 1980년대 프랑스 사회주의자들에게 이는 받아들일 수밖에 없는 현실이 되어 있었다.

사회당 정부의 결정은 또한 프랑스와 독일과의 관계에 대한 새로운 인식을 가져 왔다. 전통적으로 프랑스가 펼치는 대(對)유럽 정책의 궁극적인 목표는 독일에 대한 영향력을 증가시키는 것이었다. 그러나 경제적으로나 정치적으로나 과거보다 훨씬 증가된 독일의 영향력 때문에, 미테랑 대통령은 과거보다도 더 유럽이라는 존재를 필요로 했다. 환율 위기 동안 프랑스와 독일의 파트너십은 과거 정상들 간의 개인적인 수준을 넘어서 제도적인 수준에서 발생했다. 프랑스에게는 프랑스와 독일 간 연대감의 재확인이 프랑화의 안정 회복을 의미했다. 미테랑 대통령은 한때 맹렬하게 비판하기도 했던 독일과의 연대의 중요성과 영향력을 깨달았다. 프랑스 사회주의자들은 그들이 이미 깊이 관여하고 있던 유럽 통합의 구조 속에서 프랑스의 위대함을 실현할 방법은 독일과 연계해서만 찾을 수 있다는 사실을 인식하게 되었다. 나아가 유럽 경제·유럽 통화 통합에서 독일의 독주를 견제하기 위해서는 프랑스가 유럽 통화 제도 내에 남아 있으면서 영향력을 유지해야만 했다.

미테랑 대통령은 정책 선회 이후 유럽 통합과 유럽 통화 제도에 대한 강한 지지자의 모습을 보였다.

미테랑에게 유럽 통화 제도와 유럽 통합은 본인과 프랑스의 미래가 걸린 절대 과제로 자리 잡게 되었다. 결과적으로 유럽 통화 제도 잔류는 유럽 내에서 프랑스의 지위를 강화시켜 주었다. 1984년 봄부터 유럽 공동체 의장국이 된 프랑스는 미테랑 대통령의 활발한 유럽 외교를 통해 단일 시장과 단일 통합을 출범시키는 데 주도적인 역할을 하게 되었으며 이는 미테랑 정권의 가장 큰 업적으로 평가받게 되었다. 1999년 역사적인 유럽 단일 통화의 출범에 이르러 많은 사람들은 미테랑과 프랑스 사회당 정권이 지속적으로 추진한 '강한 프랑화 정책'에 대해 박수를 보냈다.

5 프랑스 사례의 시사점

이처럼 프랑스의 환율 위기는 개방 경제하에서 개별 국가 차원의 사회주의적 개혁이 갖는 한계를 보여 주는 하나의 사례이다. 또한 이는 미테랑 대통령과 사회당 정부가 유럽 통화 제도라는 외부적 제약 하에서 프랑스가 택할 수 있는 정책적 한계를 인식하고 나아가 이를 받아들이는 과정이기도 하다.

오랫동안 열망했던 사회주의 개혁이 실패하자, 사회주의자들은 계획과 전망이 없는 상태에 자신들이 놓여 있다는 것을 발견하게 되었고, 새로운 지향점을 찾아 나서게 되었다. 그들은 환율 위기 당시 실제적인 통화 문제와 관련해서 기존의 사회주의 이데올로기는 별로 의미 있는 역할을 할 수 없다는 것을 알게 되었다. 이를 대체하기 위해서 미테랑 대통령과 사회당은 국가 이익을 새롭게 정의해 나갔다. 유럽 통합에의 참여라는 개념이 전통적인 프랑스의 국익 개념에 새롭게 추가되었다. 사회당 정부는 유럽 통화 통합에 대해 충실히 임하면서 국제 금융 시장에서, 그리고 유럽 통합에서 프랑스의 위상도 확보해 나갈 수 있었다.

유럽 통화 제도 내의 잔류는 경제적 안정과 유럽 통합이라는 프랑스의 두 가지 목표를 반영한 것이었다. 유럽 통화 제도를 탈퇴하는 것이 프랑스 경제를 본질적으로 개선하리라는 보장이 없다면, 성과는 없는 것이나 마찬가지였다. 또한 위대한 프랑스를 건설하고 유럽과 관련된 사안에서 주도권을 쥐어 독일에 대한 견제를 가능케 하기 위해서는 유럽 통합에 참여할 수밖에 없다.

프랑스의 사례에서 보듯이 개별 국가 차원의 개혁 정책이 성공하기 위해서는 국제 경제의 흐름을 냉철하게 판단하고, 그 흐름을 이용할 수 있어야 한다. 개방 경제하에서 일국 차원의 개혁에는 명확한 한계가 있는 것이다. 또한 국가 이익과 국가의 위상을 국제 협력이라는 틀 속에서 명확히 자리 매김해야 할 필요성이 있다. 국제 신뢰도의 확보는 장기간에 걸쳐 이루어지며 수많은 위기 상황을 극복함으로써 국제적으로 얻어지는 것이다.

또한 국가가 추구해야 할 목표는 불변한다 할지라도 이를 달성하기 위한 구체적인 방법은 이념적이기보다는 실용적일 필요가 있다. 이는 국가 이익이라는 개념의 설정에 있어서 보다 유연한 자세를 필요로 한다. 국가 이익은 불변의 진리가 아니라 끊임없이 재정의되어야 하는 것이다. 프랑스 사회당 정부는 이념적 성향의 개혁 정책을 포기한 대신 유럽 통화 제도 및 유럽 공동체하에서 주도국의 위상을 얻었다. 단일 통화 및 유럽 연합(EU)의 성공적인 출범에 프랑스가 주도적인 발언권을 가질 수 있었던 것은 미테랑의 정책 선회를 정당화하는 가장 큰 논거가 되었을 뿐만 아니라 궁극적으로 프랑스 사회당 정권의 가장 큰 성과가 되었다. 이처럼 개방 경제하에서 국가를 경영할 때는, 국내적 이해 관계를 넘어서 국제적 차원에서 인정받을 수 있는 국가의 위상에 대한 고려도 충분히 이루어져야 한다.

독일의 경제 위기 극복과 사회적 결과

김호기

1 독일 모델의 교훈

한국 사회는 새로운 방향 조정의 갈림길에 서 있다. IMF 경제 위기를 비교적 빠른 시간 안에 극복한 한국 사회는 사회적 양극화의 심화와 사회 통합의 약화라는 대가를 치르고 있다. 과연 한국 사회와 한국 경제는 어떤 방향을 모색해야 하는가. 성장을 우선시할 것인가, 분배를 우선시할 것인가, 아니면 성장과 분배가 함께 갈 것인가. 지난 몇 년간 우리 사회에서는 이를 둘러싼 논란이 활발히 진행되어 왔다. 성장 중심적인 또는 분배 중심적인 발전 전략 중 어느 쪽을 선택할 것인가에 대해서는 사실 정답이 없다. 예를 들어 성장과 분배가 함께 간다 해도 이 기조 아래에는 수많은 변종이 존재할 수 있기 때문이다. 바로 이 점에서 다른 나라의 역사적 경험은 많은 시사를 안겨 준다. 이 글에서 주목하려는 것은 독일의 사례이다.

주지하듯이 유럽의 한복판에 놓여 있는 독일의 역사적 경험은 거시적으로 볼 때 드라마틱하다.[1] 영국, 프랑스와 비교해 뒤늦은 국민 국가의 형성과 국가 주도의 후발 자본주의 산업화부터 시작하여 나치즘의 형성과 몰락에 이르기까지 독일의 역사는 극적인 무대를 제공해 왔다. 더욱이 전후 분단된 독일은 단시간 내 경제적 복구를 달성하고 광범위한 사회 정책을 추진하여 스칸디나비아 모델과 함께 복지 국가의 모범 사례로 평가되어 왔지만, 통일 이후에는 적지 않은 어려움을 겪고 있다.

이 글의 목적은 전후 독일 복지 국가의 역사적 경험을 성찰적으로 탐색하는 데 있다. 전후 1950~1960년대 서구 사회는 자본주의의 '황금 시대'라 불리며, 특히 독일은 지속적인 경제 성장과 안정적인 정치적·사회적 위기 관리를 성취한 대표적인 모델로 손꼽히고 있다. 사회 시장 경제, 공동 결정 제도, 광범위한 복지 정책은 이러한 독일 모델의 대표적인 징표들로 지적된다. 하지만 1970년대 중반 이래 복지 국가가 위기의 덫에 빠진 이후 독일 정부는 이른바 포드주의 축적 체제에서 포스트 포드주의 축적 체제로 변화를 도색함으로써 위기를 타개하고자 했다. 1980년대 중반 이후 독일은 성장의 활력을 어느 정도 회복했지만, 그 성과는 과거 황금 시대에는 미치지 못했다. 그 와중에 서독과 동독의 통일이 이루어졌으며, 이후 독일은 역사의 격랑 속에 휩쓸려 들어갔다.

과연 독일은 복지 국가의 위기로부터 어떻게 탈출하려고 했는가? 위기 대처 방안으로 선택한 독일식 신자유주의 전략이 갖는 특징은 무엇이고, 그 사회적 결과는 어떻게 평가할 수 있는가? 그리고 독일의 이런 경험이 우리 사회에 주는 함의는 무엇인가? 이 글은 이런 질문에 답하기 위한 작업이다. 이를 분석하기 위해서는 먼저 독일 자본주의의 발전 과정과 복지 국가의 특징을 살펴볼 필요가 있다.

2 전후 독일 자본주의의 발전 과정

제2차 세계 대전 이후 유럽 자본주의의 발전 단계는 대량 생산과 대량 소비가 유기적으로 결합된 '포드주의 축적 체제'의 확립을 특징으로 한다. 미국에서 시작되어 전후 유럽에 확산된 과학적 관리 방법과 컨베이어 벨트의 도입은 노동 생산성의 비약적인 증대를 가져오고, 이것은 대중 소비재 및 내구성 소비재의 대량 생산을 가져왔다. 동시에 노동 조합의 단체 협상에 기초한 실질 임금의 상승은 유효 수요를 크게 증대시켜 대량 생산의 대량 소비를 가능하게 했다. 이러한 포드주의 축적 체제는 소비자 신용, 관리 통화제, 임노동 관계의 관리를 핵심으로 하는 케인스주의 경제 정책과 결합하여 1950년대부터 1960년대까지 전후 유럽 자본주의의 황금 시대를 가져오게 했다.[2]

그러나 포드주의 축적 체제라 하더라도 모두 동일한 형태를 취하는 것은 아니다. 영국과 프랑스가 다르듯 독일 또한 독자적인 축적 체제를 갖고 있었다. 이 점에 주목하여 축적 체제보다 더 구체적인 추상 수준에 위치하는 국민적 '성장 양식'을 고려할 필요가 있는데, 여기서 성장 양식이란 국제 분업에서 국민 경제가 하는 역할이라는 측면에서 고려된 생산과 소비의 패턴을 말한다.[3] 다른 선진 공업국과 비교해 전후 독일의 포드주의 성장 양식은 수출 지향적이고 임노동 관계의 유연성이 높다는 특징을 갖고 있다.

1) 황금 시대와 그 위기

제2차 세계 대전이 독일에 준 피해는 엄청났다. 한 자료에 따르면 독일의 총 전쟁 피해는 전전(戰前) 자본 스톡의 17.5퍼센트였으나, 하부 구조적 설비의 파괴로 인해 큰 타격을 받은 산업 생산은 1947년에 전전 수준(1938년 기준)의 겨우 3분의 1에 불과했다.[4] 더욱이 서독 지역으로 들어온 약 1000만 명에 달하는 난민은 물자와 주택의 부족을 가중시켰으며, 통화 팽창으로 극심한 인플레를 경험할 수밖에 없었다. 이러한 독일 자본주의의 위기는 1948년 실시된 통화 개혁과 대외적인 자유화 정책 및 마셜 플랜을 통해 어느 정도 수습되기 시작했으며, 한국 전쟁에 따라 투자재에 대한 수요가 급증하여 수출이 크게 늘어나면서 해결되기 시작했다.

1948년 하반기 산업 생산은 전전 수준의 61퍼센트에 불과했지만, 1950년에는 전전 수준을 회복했으며, 1951년에는 경상 수지 흑자, 그리고 1952년에는 무역 수지 흑자를 기록했다.[5]

이러한 전후 독일 자본주의의 급속한 복구는 내구성 소비재의 대량 생산에 의해서라기보다는 수출 지향적 자본재 부문의 활성화에 의해 이루어졌다. 주지하듯 황금 시대의 중요한 특징 중 하나는 세계 무역의 비약적인 증가에 있다. 1951~1952년과 1969~1971년 사이 세계 공산품의 생산량은 194퍼센트만 증가한 반면 세계 무역량은 349퍼센트 증가했으며, 특히 선진 자본주의 국가들은 1950년과 1971년 사이에 공산품 수출을 480퍼센트나 늘렸다. 이러한 급성장을 주도한 국가는 독일과 일본이었다. 1953년에서 1959년 사이 미국의 수출 성장률은 0.2퍼센트에 불과했으나 독일과 일본은 각각 16.9퍼센트, 19.0퍼센트를 기록했으며, 1959년과 1971년 사이 미국은 6.3퍼센트의 수출 성장률을 기록한 반면 독일과 일본은 각각 9.2퍼센트와 15.9퍼센트의 수출 성장률을 달성했다.[6]

독일의 이러한 수출 지향적 발전 전략은 상대적으로 높은 무역 의

존도에서 쉽게 관찰된다. 1950년에는 무역 의존도가 20퍼센트 정도에 불과했으나 1960년대에는 30퍼센트 이상으로 계속 증가하여 1970년대 중반 이후에는 40퍼센트를 넘어섰다. 전통적으로 독일은 국가의 강력한 후원 아래 철강 및 기계 산업과 같은 중공업 주도의 자본주의 발전 전략을 추진하고 이 부문의 국제 경쟁력이 강화되자 세계 시장에 특화한, 대표적인 후발 산업화 국가이다. 따라서 전후 독일의 수출을 주도한 것은 철강, 일반 기계, 자동차, 화학 제품 및 전기 제품과 같은 자본재 부문이었다. 특히 기계류와 차량 장비는 가장 중요한 품목으로서 1960년대 중반 총수출의 절반 정도를 차지하고 있다.[7]

다른 선진 자본주의 국가들과 비교해 독일의 이러한 발전은 '규모의 경제'나 대규모의 반숙련 노동에 기반을 두었다기보다는 전문 노동자를 통한 고도의 숙련 노동에 기초하고 있었다. 미국과 프랑스가 블루 칼라·화이트 칼라 노동자, 엔지니어·기층 노동자 간의 분리가 컸다면, 독일은 스웨덴과 마찬가지로 숙련공 및 전문직 노동자 전통이 강한 나라로서 포드주의 분업과 탈숙련화가 비교적 완만하게 진행되었다. 따라서 생산 과정에서도 테일러식 방식이 절대적이지 않고 주로 전문 기술에 의존했으며, 1960년대 후반에 와서야 포드주의 논리가 일반화되었다.[8]

그러나 황금 시대를 구가했던 이 포드주의 축적 체제는 1970년대 두 차례의 석유 파동으로 인해 심각한 위기에 빠지게 되었다.[9] 이 위기를 불러일으킨 일차적인 요인은 노동 생산성의 하락에 있다. 포드주의 노동 편성에 내재된 기술적 한계와 파편화한 작업 과정에 대한 노동자들의 비조직적 저항은 노동 생산성의 점진적인 하락을 초래했다. 이러한 생산성의 하락은 인플레와 실업을 증대시키고 높은 실질 임금 수준에 압박을 가했으며, 이는 다시 수요의 감소와 저투자를 유발함으로써 결국 수익성의 위기를 낳았다. 이러한 수익성의 위기는 국내적으로 점진적인 생산 감축을 야기했고, 국제적으로는 국제 무역의 현저한 감소와 선진 자본주의 국가들 간의 경쟁을 강화시켰다.

이러한 포드주의 축적 체제의 한계는 독일에서도 관찰되었다. 1960~1973년 사이에 연평균 4.5퍼센트의 증가율을 기록했던 노동 생산성은 1973~1979년 사이에 3.1퍼센트로 둔화되고, 이어 1979~1988년 사이에는 1.6퍼센트로 크게 하락했다. 노동 생산성의 둔화는 실질 임금 수준과 실업률에 직접적인 영향을 주었는데, 1973~1979년 사이에 실질 임금 상승률은 2.5퍼센트로 둔화되고 실업률은 3.5퍼센트 증가되었다. 이러한 경기 침체의 결과, 1974년 경제 성장률은 0.4퍼센트로 크게 둔화되고 1975년에는 -2.5퍼센트를 기록했다.

그런데 포드주의 축적 체제의 위기라 하더라도 개별 국가들의 경험은 상이한 형태를 보여 준다. 독일 성장 양식이 수출 지향적인 성격을 특징으로 한다면, 경제 위기는 수출 지향적 전략의 위기로 표면화되었다. 전후 최초의 수출 성장률 하락은 1975년에 발생했다. 1970년대 초반 사민당·자민당 정부는 거시 수준에서 현대화와 긴축 조정을 통해 독일 자본의 국제 경쟁력을 확보하려는 전략을 추진했는데, 이 모델은 노동 조합을 위기 관리 과정에 통합함으로써 경제적 위기가 정치적 위기로 전화되는 것을 저지하고자 했다. 이러한 전략은 1976~1979년 사이 국내 총생산(이하 GDP로 쓴다) 성장률 3.9퍼센트, 수출 성장률 5.5퍼센트를 기록하여 단기적으로는 어느 정도 성공한 것으로 나타났다. 그러나 전통적인 포드주의 부문에서 생산성 상승률이 둔화하는데도 고임금과 수출 주도 성장을 유지하려는 이러한 전략은 1980년대에 들어와 한계에 직면했다.

2) 사회 시장 경제

사회 시장 경제는 전후 독일 포드주의 성장 양식의 주요 이념이자 원리이다.[10] 이 제도는 1948년 에르하르트에 의해 정책적으로 추진되었고, 1949년 기민당의 뒤셀도르프 강령에서 정치 경제 강령으로 채택된 후 1950년대 이후 독일 경제 정책의 기조를 형성해 왔다. 간략히 말해, 사회 시장 경제 제도의 이념은 시장에서 자유의 원칙과 사회적 형평의 원칙을 결합하는 것에 있다. 이 제도의 기본 원칙은 경제를 시장의 수요와 공급 메커니즘을 통해 운영하며 국가 개입으로 시장 메커니즘의 기능적 효율성을 저하시키는 것이 최소한의 경우로 제한되어야 한다는 데 있다.[11] 곧 기업은 투자 및 생산 계획을 독자적으로 결정하고, 소비자의 수요가 상품 공급을 결정하며, 임금과 소득은 시장 경제의 조정 메커니즘에 그 기초를 둔다. 그리고 국가는 이 시장 경제 질서가 위기에 빠졌을 때만 연방 은행의 경기 변동 정책과 같은 경제 정책을 통해 시장에 개입한다.

거시적으로 1950년대와 1960년대 초반 독일 정부는 이 사회 시장 경제의 운영을 통해 경제 복구를 실현한 것으로 평가되고 있다. 1948년 통화 개혁 이전에 경제 복구에 대한 지배적인 견해는 기간 산업의 국유화를 포함하는 중앙 집권적 통제 경제였지만, 영·미 점령 지역의 행정 책임자인 에르하르트는 통화 개혁 단행, 물가 통제 및 배급 경제 철폐, 무역 및 외환의 자유화 같은 일련의 정책을 추진하여 자유 경쟁에 기반을 둔 발전 전략을 추진했다. 이어 1950년대 시장에서 유효 경쟁을 확보하기 위해 경쟁 제한 방지법이 제정되고 경제적 안정을 위한 국가의 통화 정책이 강조되었는데, 특히 기업들 간 카르텔을 금지하고 있는 경쟁 제한 방지법은 사회적 시장 경제를 대표하는 경제 정책이었다.

이 사회 시장 경제 제도는 1963년 기민당·자민당 정부에서 약간 변형되었으며, 기민당·사민당의 대연정 시기인 1967년 재무 장관인 실러가 추진한 경제 안정법에 의해 상당히 수정되었다. 흔히 거시 조정 정책으로 명명되는 이 전략에 따르면, 국가의 전체적인 역할은 개별적 경제 정책을 조정하고, 지속적인 경제 성장, 완전 고용, 화폐 가치의 안정과 대외 수지의 균형이라는 마법의 사각형을 보장하는 데 있었다.[12]

사민당의 영향력이 두드러진 이 전략은 기존의 사회 시장 경제와 비교해 볼 때 대폭적인 경제 계획 도입, 경기 정책, 외환 정책을 포함한 인플레이션 저지 정책, 소득 정책을 추진한다는 점에서 케인스주의로의 이동을 함축한다. 대연정 시기에 추진된 이 거시 조정 정책은 1966~1967년 경기 후퇴를 극복하고 1968년에서 1970년까지 연평균 6.8퍼센트의 높은 경제 성장률과 1.0퍼센트의 실업률을 기록하는 단기적인 성과를 보여 주었다. 그러나 여기서 주목할 것은 사민당·자민당 정부가 이렇게 케인스주의로 전환했는데도 시장 경제적 원칙과 사회적 형평을 위한 사회 정책의 결합이라는 사회 시장 경제의 주요 이념은 계속 유지되었다는 점이다.

3 역사적 타협과 복지 국가

전후 황금 시대의 중요한 지표의 하나는 노사의 역사적 타협이다. 포드주의 축적 체제는 기업이 임금 비용과 소비자 수요를 예측할 수 있는 상태에서 생산성에 따른 임금 수준의 결정과 노동 시간에 대한 단체 교섭을 확정함으로써 노사 관계를 안정화하며, 이때 특히 국가는 완전 고용 정책과 다양한 사회 복지 프로그램을 통해 자본과 노동의 이해 관계를 매개하는 데 결정적인 역할을 담당한다. 요컨대 노사의 역사적 타협과 케인스주의 복지 국가는 황금 시대에 동전의 양면을 구성하고 있다.

1) 공동 결정 제도

오랜 개혁주의 전통을 갖고 있던 독일 노동 조합 총동맹은 전후 자유 민주주의 이념을 수용하여 국가가 임금 결정에 개입하는 것을 원하지 않았으며, 노사의 교섭을 통해 임금 수준을 결정하고 노동자의 권리를 신장하는 데 주력했다. 독일 노동 조합의 이러한 전략은 노동자들의 경영 참가를 허용하는 공동 결정 제도로 구체화되었는데, 이 제도는 역사적 노사 타협의 독일식 변형이라 할 수 있다.[13] 공동 결정 제도의 중요한 특징은 노동 조합이 경영과 대립된 세력으로 이해되기보다는 노동자들이 경영에 참여하여 의사 결정의 권리와 책임을 갖는다는 데 있다. 이 공동 결정 제도는 경영의 전략적 의사 결정에 참여하는 기업 상부 구조의 공동 결정과, 관리 및 업무적 의사 결정에 참여하는 작업장 단위의 공동 결정으로 대별된다.

역사적으로는 전후 1951년 탄광 및 철강 회사에서 실시된 공동 결정 제도가 전후 최초의 시도인데, 이 제도에 따르면 이사를 선임하고 경영 실적을 평가하는 최고 경영 의사 결정 기구인 감독 위원회는 다음과 같은 규정에 의해 구성된다.

첫째, 감독 위원회를 노사 동수로 구성하고, 둘째, 위원회의 위원장은 중립적인 인사를 두며, 셋째, 집행 기구인 이사회에는 노동자들의 투표로 추인을 받아야 하는 노동자 대표 이사를 별도로 둔다는 것이다. 이어 1952년에는 종업원 2000명까지의 모든 주식 회사에 적용되고, 주식 회사가 아닌 경우 종업원 500~2000명까지의 모든 기업에 적용되는 공동 결정 방식이 추진되었다. 이 제도는 감독 위원회의 3분의 1이 노동자 대표로, 3분의 2는 경영자 대표로 구성되는데, 이 점에서 탄광 및 철강 회사의 공동 결정 제도보다 노동자에게 불리한 방식으로 평가되었다. 1976년 사민당·자민당 정부하에서는 그때까지 석탄과 철강 산업에 적용되던 공동 결정 제도가 2000명 이상의 대기업에까지 적용되는 공동 결정법이 통과되었다. 이 신공동 결정법은 감독 위원회를 노사 동수로 구성한다는 1951년 법을 따르고 있으나, 위원장을 주주 대표가 맡고 찬반이 동수일 때에는 위원장이 그 결정권을 갖는다고 규정하고 있다.

한편 1952년에는 작업장 단위에서 직장 위원회를 통한 공동 결정 제도가 도입되었다. 이 직장 위원회는 노동 시간·휴가·임금 지급 방법 등은 공동 결정할 권한을 갖고 있고, 채용·직무 분류·전출에 대해서는 거부할 수 있으며, 대량 감원·개별 해고에 대해서는 의견을 제시할 수 있고, 이윤·생산·투자에 관한 정보를 제공받을 권한을 가지고 있다. 이 법안은 작업장 수준에서 노동자의 권리를 확대한다는 점에서 의미가 있었지만, 당시 기민당 정부가 추진한 노동 조합의 권리를 약화하고 직장 위원회를 작업장에서 유일한 노동자 대표로 인정하는 전략을 반영하고 있다. 1972년 사민당·자민당 정부는 노동 조합의 요구를 반영하도록 이 제도를 부분적으로 개정하여, 노동 조합을 사업장 노동자 대표로 인정하고 또한 직장 위원회의 권한을 강화했다.

이러한 공동 결정 제도는 노동 계급의 경영 참가를 보장하여 전후 황금 시대에 높은 노동 생산성과 실질 임금의 성장에 주요 원동력의 하나가 되어 왔던 것으로 평가된다. 또한 이 제도는 전후 산업 평화에도 적지 않게 기여해 왔는데, 예컨대 영국, 프랑스, 이탈리아와 비교해 독일은 파업으로 인한 작업 일정의 손실이 가장 적은 것으로 나타났다. 사실 공동 결정 제도는 노동자들에게 경영에 참가한다는 기분을 불러일으킴으로써 생산 의욕을 고취하고 노사 관계를 안정화했다고 지적되고 있다.[14] 물론 이 공동 결정 제도에 약점이 없는 것은 아니다. 실제적으로 감독 위원회의 역할은 이사회의 정책에 대한 조정과 형식적인 비준에 그치고 있으며, 또한 한 해에 네 번 감독 위원회가 열려야 하는데도 실제로는 과반수 기업에서 한 해에 한 번 정도밖에 열리지 않고 있다. 더욱이 단체 교섭은 노조를 중심으로, 경영 참가는 감독 위원회와 직장 위원회를 중심으로 이루어져 노사 관계가 이원화되는 결과를 낳고 있다.[15]

2) 케인스주의 복지 국가

포드주의 축적 체제는 완전 고용 정책과 사회 복지 프로그램에 의해 자본과 노동의 이해 관계를 매개할 수 있는 복지 국가를 전제로 한다. 전후 독일 복지 국가의 제도화는 케인스주의가 광범위하게 실시된 영국 및 스웨덴과는 달리 사회 시장 경제 제도에 입각한 사회 정책을 통해 이루어졌다는 데 중요한 특징이 있다.[16] 표 1에서 볼 수 있듯이 독일은 1960년 기민당 정부하에서 이미 선진 공업국 중 가장 높은 복지비를 지출하고 있으며, 1975년 사민당·자민당 정부하에서 그 수준은 30퍼센트에 육박하고 있다. 이러한 선진적인 복지 정책은 1950년대 기민당 정부의 사회 시장 경제의 목표가 사회적 형평의 확

〈표 1〉 선진 공업국의 GDP 대비 복지비 지출

*단위 : 연평균, 퍼센트

	독일	캐나다	프랑스	이탈리아	영국	미국	일본
1960	17.1	11.2	14.4	13.7	12.4	9.9	7.6
1975	27.8	20.1	26.3	20.6	19.6	18.7	13.7

자료 : C. Pierson, *Beyond the Welfare State?* (Cambridge: Polity, 1991), 128쪽.

대에 있었다는 데 기인한다. 기민당 정부는 1954년과 1957년 사이 노동자 및 농민을 위한 연금 보험을 포함하는 사회 복지 제도를 재정비했고, 1954년 아동 수당에 관한 최초의 법안을 통과시켰다. 또한 1957년에서 1965년까지 공적 부조 및 상해 보험에 관한 일련의 개혁을 추진하여 사회 복지 제도를 확대시켰다.[17]

비스마르크 시대까지 소급되는 이 복지 제도들은 경제 활동을 제한하지 않으면서도 경제 활동에서 빚어지는 사회적 위험을 최소화하는 데 주요 기능이 있다. 크게 보아 이 복지 제도들은 사회 보험과 공적 부조로 대별되고 있다.[18] 사회 보험은 가입자의 분담금을 재원으로 급여되는 연금·의료·재해·실업 보험으로 구성되어 있으며, 공적 부조로는 국가 재정을 통해 이루어지고 납세자의 부담으로 비납세자의 생활을 보장하는 아동 수당, 주택 수당, 청소년 복지, 직업 훈련, 장애자 보호 등이 있다. 전자의 목적이 취업자들의 권리와 복지를 보장하는 데 있다면, 후자는 여러 상황으로 인하여 취업할 수 없는 사회 계층을 위한 정책이라 할 수 있다.

노사 공동 결정 제도에 기반을 둔 산업 민주주의 전략과 사회적 형평을 위한 복지 제도의 확대는 노사의 계급적 적대를 완화하는 데 결정적인 역할을 한 것으로 평가된다.

따라서 전후 황금 시대와 역사적 타협의 도래는 계급 정당으로서 사민당을 궁지에 빠뜨리는 결과를 낳았다. 제2차 세계 대전 이후 사민당은 재건되었으나 이러한 노사 간의 역사적 타협에 직면하여 현실적인 정치 노선을 강화할 수밖에 없었다. 1959년 고데스베르크 강령은 사민당의 역사에서 중대한 전환점을 이루었는데, 이 강령의 핵심은 사유 재산과 자유 시장 경제의 인정과 국유화를 대신한 경영 참여의 도입에 있었다.[19] 노동자 계급의 정당에서 국민 정당으로의 성격 변화를 함축하는 고데스베르크 강령의 채택은 사민당이 우파 정당과 연정 전략을 추구하는 것을 허용했으며, 1966년 사민당은 기민당과 함께 대연정을 구성했다. 나아가 사민당은 1969년 자민당과 연정을 이루어 브란트 내각과 슈미트 내각을 거쳐 1982년 연정이 무너질 때까지 장기 집권을 달성했다.(표 2 참조)

〈표 2〉 독일 연방 의회 선거 결과

	기민당/기사당	사민당	자민당	녹색당	기타 당
1949	31.0	29.2	11.9	-	27.8
1953	45.2	28.8	9.5	-	16.5
1957	50.2	31.8	7.7	-	10.3
1961	45.4	36.2	12.8	-	5.7
1965	47.6	39.3	9.5	-	3.6
1969	46.1	42.7	5.8	-	5.5
1972	44.9	45.8	8.4	-	0.9
1976	42.6	42.6	7.9	-	0.9
1980	44.5	42.9	10.6	1.5	0.5
1983	48.8	38.2	7.0	5.6	0.5
1987	44.3	37.0	9.1	8.3	1.3
1990	43.8	33.5	11.0	3.9	7.8

자료 : K. von Beyme, *Das Politische System der Bundesrepublik Deutschland* (München: R. Piper & Co. Verlag, 1979), 65쪽; S. Padgett and W. Paterson, "The Rise and Fall of the West German Left," *New Left Review*, (1991), 74쪽.

사민당의 이러한 성공은 1차적으로 노동 조합과의 밀접한 관계에 힘입은 바 크다. 물론 독일에서는 영국에서처럼 당과 노동 조합의 관계가 제도화된 것은 아니었지만 노동 조합은 다양한 형태로 사민당을 지원했다.[20] 1966년 대연정 이후 사민당과 노동 조합의 관계는 매우 밀접해졌는데, 사민당은 석탄·철강 산업에 국한된 공동 결정 제도를 전 산업으로 확대하는 정책을 추진했으며 노동 조합은 동방 정책을 포함한 사민당·자민당 정부의 정책을 적극적으로 지지했다. 실제로 사민당 당원의 70퍼센트가 노동 조합의 조합원이 될 수 있는 자격을 갖고 있으며, 노동 조합은 간접적으로 사민당을 재정적으로 지원해 왔다.[21]

이러한 사민당의 현실 정치 참여는 기민당의 발전 전략을 근본적으로 변화시키지 않았지만, 케인스주의적 거시 정책을 본격적으로 도입하여 복지 국가의 성격을 더 강화하는 방향으로 나아갔다. 사민당은 대연정과 자민당과의 연립 정부 기간 중에 1950년대 기민당 정부가 추진한 복지 제도들을 지속적으로 개선했으며, 특히 교육 개혁을 통해 고등 교육에 대한 기회를 크게 확대했다. 복지 국가의 이러한 성공적인 제도화는 전후 사회 구조를 크게 변모시켰다. 한편에서 통합적인 대중 정당, 관료적인 노동 조합, 사용자 협회, 그리고 국가 관료 기구 등으로 구성된 조합주의적 조절 카르텔이 계급 갈등을 통제하는 새로운 조정 양식으로 정착했으며, 다른 한편에서 노동 계급은 경제적으로(실질 임금의 상승에 따른 대중적 충성), 그리고 이데올로기적으로(실적주의 지향과 신뢰할 수 있는 노동 정신) 통합되었다.[22] 요컨대 이러한 복지 국가의 정착은 급진적인 노동 운동의 약화를 가져온 것으로 지적되고 있다.

그러나 사민당과 노동 조합의 긴밀한 협조 관계에 기반을 둔 복지 국가의 번영은 1980년대 초반에 이르러 균열을 보이기 시작했다. 이 두 세력 간 불화의 직접적인 원인은 국가의 재정 위기에 따른 긴축 정책과 대규모 실업에 있었다. 곧 포드주의 국가는 교육, 주택, 보건 등 다양한 사회 정책을 통해 노동력의 재생산을 담당해 왔지만, 지속적으로 증대된 국가의 재정 지출은 생산성의 하락과 포드주의 성장 양식의 위기로 인하여 1970년대 초반 이후 한계에 부딪혔다. 일례로 1962~1980년 사이에 국민 총생산(이하 GNP로 쓴다)은 316퍼센트 증가한 데 반해 정부의 재정 지출은 373퍼센트 증가했으며, 또한 1970년 880억 마르크에 불과했던 국가의 채무가 1980년에는 네 배 이상 증가한 4350억 마르크를 기록했다.[23]

이러한 재정 위기에 따른 긴축 정책에 노동 조합은 동요했으며, 결과적으로 사민당·자민당 정부에 대한 적대감이 증대했다.

그러나 케인스주의 복지 국가의 위기는 좀 더 거시적인 맥락에서 조명할 필요가 있다. 왜냐하면 복지 국가의 위기가 단순히 포드주의 축적 체제의 위기에 따른 경제적·재정적 위기에만 기인한 것이 아니라 사민당과 노동 계급의 정치적 연합의 쇠퇴에도 기인하고 있기 때문이다. 이 점에서 전후 포드주의 축적 체제가 공고해지면서 계급 구조가 크게 변화했다는 사실에 주목해야 한다. 다음의 표 3-1에서 볼 수 있듯이 지난 40년간 독일 유권자의 구성은 노동자 계급 및 구 중간 계급의 감소와 신 중간 계급의 성장으로 특징지어진다. 1970년대 후반에 이미 신 중간 계급의 비중은 노동 계급을 압도하기 시작했고 1980년대 중반에는 전체 유권자의 절반 정도까지 육박하고 있다. 이러한 계급 구성의 변화는 표 3-2에서 볼 수 있듯이 노동 계급을 주요 지지 기반으로 하는 사민당에 불리한 영향을 준 것으로 평가된다.

한편 이 복지 국가가 낳은 중대한 정치적·사회적 결과는 국가와 시민 사회 간의 괴리와 긴장을 심화함으로써 의회 민주주의의 위기를 불러왔다는 데 있다. 여기에는 전후 독일에서 국민 정당과 노동 조합의 성격 변화가 대단히 중요한 변수였다. 포드주의하에서 정당은 각종 개혁 프로그램을 통해 다양한 사회적 이해 관계들을 정당 내부로 결집하는 동시에, 보수·개혁 양당 제도의 정착을 통해 국민들의 지지를 양극화하는 전략을 추진했다. 이러한 정당의 성격 변화는 정당 내부의 관료화로 보다 강화되었는데, 그 결과 여론은 조작되고 이익 집단의 활동은 억제되었다.[24]

이와 동시에, 노동 조합은 임금 결정의 파트너로서 기업 및 정부와 교섭을 통해 고임금을 책정하고 사회 보장 제도를 마련하는 데 핵심적인 역할을 담당해 왔지만, 이 과정이 노동 조합 기구의 관료화 및 중앙 집권화를 심화하여 그 구성원을 탈정치화 및 개인주의화하는 한계를 노출했다.[25]

〈표 3-1〉 독일 유권자의 구성 변화

*단위: 퍼센트

	1950	1961	1970	1979	1981	1985
노동자 계급*	51	48	46	42	42	40
신중간 계급**	21	30	38	45	46	48
구중간 계급***	28	22	16	13	12	12

〈표 3-2〉 계급별 정당 지지율 변화

*단위: 퍼센트

정당	구중간 계급		신중간 계급		노동자 계급	
	1980	1987	1980	1987	1980	1987
기민당·기사당	64	63	39	46	35	36
사민당	28	13	47	31	58	54
자민당	7	18	13	14	6	4
녹색당	1	5	1	9	1	6

*육체노동자와 가족
**사업주, 전문직, 자영업자
***사무직 노동자와 가족

자료: S. Padgett and W. Paterson, "The Rise and Fall of the West German Left," *New Left Review*, (1991), 57쪽.

정당과 노동 조합의 이러한 권위주의화와 관료화의 증대는 의사 결정의 형식적 제도화 및 대중에 대한 정치적 조작을 낳았으며, 이것은 결과적으로 시민의 자발적인 정치 참여 통로를 폐쇄해 왔다. 이러한 상황에 대응하여 1970년대 초반 이후 기층 구성원의 일부는 기존 정치 제도의 통로들을 거부하고, 환경·여성·평화 운동으로 대변되는 탈의회적인 신사회 운동들로 조직화되기 시작했다.

4 신자유주의 경제 정책과 사회적 결과

1970년대 초반 이후 가시화한 포드주의 축적 체제의 위기를 극복하는 데 미국, 일본과 유럽의 국가들은 상이한 전략으로 대처했다.[26]

일본과 미국은 첨단 산업의 발전, 즉 생산 및 서비스 부문을 혁명화할 수 있는 정보 기술·통신 기술·자료 처리 기술 등 극소 전자 산업의 발전을 기반으로 한 현대화 전략을 통해 대응했다.

반면에 유럽 국가들은 기술 개발의 낙후, 소극적인 설비 투자, 높은 노동 비용의 상승 등으로 인해 이러한 현대화 전략을 회피했으며, 이것은 특히 첨단 기술 분야에서 미국과 일본에 뒤처지는 결과를 낳았다. 독일의 경우도 예외는 아니었다.

1970년대 사민당·자민당 정부는 구산업 분야를 현대화하고 고부가가치 수출품을 개발하는 유연한 축적 체제로 전환하고자 했는데도 노동 조합의 저항 및 연립 정부 내에서의 갈등으로 인해 그 전략이 좌절되었다.

1982년 사민당·자민당 정부의 붕괴와 기민당·자민당 정부의 구성은 무엇보다도 포드주의 성장 양식의 소진에 따른 정치적 결과이자 동시에 새로운 성장 양식으로의 이행에 상응하는 신보수주의 정치 체제의 등장을 함축하고 있다. 그러나 새로 구성된 기민당·자민당 정부는 기존의 포드주의 축적 체제를 급격히 폐기하지 않고 재조정하는 전략, 즉 긴축 정책을 유지하면서 유연한 축적 체제를 지향하는 전략을 추진했다. 이러한 전략은 첨단 산업에 집중하는 일본의 전략과는 대조되는 것으로, 전통적으로 높은 국제 경쟁력을 갖고 있는 자동차·화학·금속 기계 산업을 지속적으로 육성하는 동시에 정보 기술·생명 공학·신소재·우주 공학 등의 산업이 대한 투자를 늘리는 것으로 구체화되었다. 따라서 정부는 세계 시장에서 독일 자본재 부문의 우위를 계속 유지하기 위해 탈규제, 세금 감면 및 노동 계급에 대한 사회 보장 기금을 삭감하는 신보수주의 전략을 강화했다.

기민당·자민당 정부의 이러한 시도는 1980년대 중반 이후 어느 정도 성과를 나타낸 것으로 평가할 수 있다. 1980~1983년 사이에 연평균 0.6퍼센트에 불과했던 GDP 성장률은 1984~1988년 사이에 2.5퍼센트로 증가했으며, 1983년 0.5퍼센트 하락했던 수출 성장률도 다시 회복되었다. 특히 수출 지향적인 발전 전략은 유연한 축적 체제로의 이행 과정에서도 지속적으로 추진되었으며, 그 결과 1986년에는 미국을 앞질러 세계 제1의 수출국으로 부상했다.[27]

그러나 이러한 유연한 축적 체제로의 이행 전략이 크게 성공했다고 보기는 어렵다. 1980년대 실업률은 7퍼센트 정도로 1970년대와 비교해 거의 두 배나 증가했으며, 노동 생산성과 실질 임금 상승률 또한 2퍼센트 정도로 여전히 낮은 수준을 기록했다.

1970년대 중반 이후 포드주의 축적 체제가 유연한 축적 체제로 이행함에 따라 역사적 타협 또한 크게 변화해 왔다. 물론 독일의 경우 산별 노조의 영향력이 상대적으로 강하여 단체 교섭의 분산화가 크게 이루어지지는 않았고, 오랜 노동 시간 단축 투쟁의 결과 주당 노동 시간을 단축하는 성과를 올렸다. 하지만 이와 동시에 기민당·자민당 정부하에서 사용자의 영향력이 증대되었는데, 특히 공동 결정 제도를 위한 직장 위원회는 작업장 수준에서 사용자에게 유리한 노사 간 타협을 강화했다. 크게 보아 1980년대 독일의 노사 관계는 기존의 이원적인 구조 내에서 노동 조합을 포함하는 거대 조합주의를 희생시키고 직장 위원회를 기반으로 한 작업장 수준에서의 미시 조합주의로 이동했다.[28]

이러한 유연한 노사 관계로의 전환에는 사민당과는 달리 기민당에게는 노동 조합이 중요한 지지 세력이 아니었기 때문에 정부가 정당성의 문제에 직접적으로 직면하지 않았다는 점이 크게 작용했다. 이런 점에서 기민당·자민당 정부의 전략은 노동 시간, 노동 조건, 해고 등에 관한 노동자의 권리를 제한하는 일련의 법 개정을 통해 핵심 노동자들에게는 특혜를 주고 다른 비조합원들은 주변화하는 선택적 조합주의 전략으로 특징지을 수 있다.

기민당·자민당 정부의 이러한 자율성은 분화하고 파편화한 시민 사회에 기반을 두고 있었다. 유연한 축적 체제에 대응하는 이러한 시민 사회의 분절화는 다음의 두 가지 요인에 기인한다. 첫째, 세계 시장에서 국가 간 경쟁의 증대는 경쟁력이 확보된 핵심 부문과 그렇지 못한 주변 부문으로 노동자 계급의 분화를 가속화했다. 둘째, 축적의 위기에 따른 실업의 증대는 상대적 과잉 인구인 남성 실업자, 여성 가사 노동자 및 사회 일탈자들(노인, 외국인 노동자, 장애자, 급진 세력 등)을 주변화했다.[29] 나아가 시민 사회의 이러한 분절화는 기민당·자민당 정부의 복지 정책의 재구조화, 즉 사회 복지 기금을 삭감하여 그 수혜 대상을 차별화하는 신보수주의 정책에 의해 보다 강화되었다. 여기서 주목할 것은 이러한 고도의 자율성이 사회 전체를 포괄하는 복지 국가의 팽창적 헤게모니보다는 시민 사회의 분절화에 기초한 제한적 헤게모니에 기초하고 있다는 점이다. 따라서 시민 사회의 분절화는 기존의 국민 정당들에 대한 대중들의 지지를 오히려 약화시켰으며 정치적 지형 또한 크게 변화시켰다. 1983년 기민당·자민당 연정 이후 거대 양당인 기민당과 사민당에 대한 지지율은 오히려 감소되어 왔으며, 정치적 지형은 보수와 개혁의 대립 구도 속에서 현재 보수·개혁·대안 세력으로 삼분되었다.

이 점에서 신사회 운동들과 이 운동들의 상징체인 녹색당의 등장은 정치적·사회적으로 중요한 의미를 갖는다. 역사적으로 1970년대 시민 주도 운동에 그 기원을 두고 있는 신사회 운동들은 일련의 핵발전소 건설 저지 운동을 통해 정치권 진입에 대한 공감대를 형성하고 1980년 전국적 수준의 정치적 구심체로서 녹색당을 결성했다. 녹색당은 1980년 연방 의회 선거에서 1.5퍼센트 득표하는 데 그쳤으나, 1983년 선거에서는 5.6퍼센트 득표하여 의회 진출에 성공했고, 1987년 선거에서는 지지율을 8.3퍼센트로 증가시켰다. 통일 직후 연방 의회 선거에서 녹색당은 3.9퍼센트를 득표하여 의회 진출에 실패했지만, 그렇다고 녹색당의 정치적 프로젝트가 이미 소진되었다고 보기는 어렵다. 왜냐하면 국민 정당의 관료제화와 권위주의화의 심화는 자율적인 공공 영역인 시민 사회 영역을 축소함으로써 이들에 대한 정치적 불신을 강화시켜 왔기 때문이다. 신사회 운동들이 제시한 환경·평화·여성·도시·문화 등에 관한 이슈들을 1980년대 거대 국민 정당들이 정치 프로그램에 반영했는데도 오히려 지지율이 감소했다는 사실은 유권자들이 기존 정당 정치에 대해 새로운 전환을 요구하고 있는 것으로 판단된다.

5 통일과 독일 모델의 미래

　신자유주의 드라이브가 진행되는 가운데 1990년대 독일은 통일이라는 대격변 속에 내던져졌다. 통일은 이중적인 영향을 미쳤다. 한편으로 통일은 유럽 연합 내에서 독일의 위치를 공고화하는 데 기여했지만, 다른 한편으로 막대한 통일 비용의 지불로 독일 경제를 침체시키는 원인 중 하나를 제공했다. 통일 당시 서독 정부는 경제 통합 비용으로 약 1150억 마르크(800억 달러)가 들 것으로 낙관했지만, 통일 10년을 결산한 2000년 통계에 의하면 총 통일 비용은 2조 6000억 마르크로 추산되었다. 게다가 통일 이후 동독·서독 지역 간 경제 성장의 격차가 더욱 벌어졌으며, 동독 지역 주민에 대한 복지 정책의 실시는 재정 적자를 가중시켰다.[30] 요컨대 대규모 통일 비용은 예상보다 심각하게 성장 잠재력을 약화시키는 결과를 낳았다.

　중장기적으로 볼 때 독일 모델의 미래는 그리 밝은 편이 아니다. 통일 비용이 점차 경감된다 하더라도 낮은 성장률과 높은 실업률이 변할 가능성이 그리 높아 보이지 않기 때문이다. 문제의 핵심은 점증하는 세계화의 압력에 독일 모델이 과연 경쟁력을 유지할 수 있는가에 있다. 무엇보다 황금 시대에 정착된 복지 정책과 노동 시장 정책은 독일 경제에 적지 않은 부담을 안겨 주고 있다. 이 점에서 최근 사민당·녹색당 정부가 제시한 '어젠다 2010'을 주목할 필요가 있다. 독일 정부는 지난 2003년 3월, 성장 잠재력 회복, 일자리 창출 및 임금 비용 절감, 지속 가능한 사회 복지 체제 구축이라는 목표 아래 노동 시장, 노동법, 사회 보장 제도, 경제·재정 정책, 교육 및 기업 혁신 등에 대하여 어젠다 2010이란 제목으로 새로운 중도 노선을 천명한 바 있다. 어젠다 2010은 세계화 시대에 적극적으로 대응하려는 독일 모델의 새로운 변형이며, 독일식 '제3의 길'의 구체적인 대안이라 할 수 있다. 이 실험의 결과는 복지 국가의 미래를 가늠하는 하나의 이정표가 될 것이다.

반면교사의 중국: 혁명과 개혁의 변증법

정종호

> 사회주의란 무엇인가?
> 그것은 자본주의에서 자본주의로 가는
> 가장 멀고도 가장 고통스러운 길이다.
> ——캐서린 버더리[1]

1 혁명과 개혁의 변증법

이 글은 1949년 공산주의 혁명의 성공과 함께 성립된 중화 인민 공화국(中華人民共和國)의 역사적 경험이 우리에게 주는 함의에 관한 글이다. 사회주의 체제를 유지하고 있는 중국과 자본주의 체제인 한국 사이에는 수많은 질적인 차이점이 있지만, 우리나라가 21세기에 희망찬 강국이 되기 위해 필요한 교훈을 중국의 역사적 경험에 대한 고찰을 통해 얻으려는 이유는, 자문화에 대한 비판적 인식 및 고찰은 타문화 연구를 통해 가장 객관적으로 얻을 수 있다는 인류학적 상상력 때문이다. 특히 타문화 연구는 '우리에게 낯선 것을 익숙한 것으로, 동시에 우리에게 익숙한 것을 낯선 것으로' 고찰해 보는 기회를 제공함으로써, 우리 사회 및 우리 문화에 대한 비판적 인식을 가능하게 한다는 점에서 한국의 강국화 논의에 필수적인 작업이다. '다른 산의 보잘것없는 돌이라도 자기의 옥을 가는 데 사용(他山之石, 可以

攻玉)'할 수 있기 때문이다.

중화 인민 공화국의 역사는 혁명과 개혁으로 요약할 수 있을 것이다. 1949년 10월 1일 마오쩌둥이 톈안먼(天安門) 누각 위에서 인민 공화국의 성립을 선포하였을 때, 톈안먼 광장을 가득 메운 10만 명이 넘는 인파는 그들과 그들의 조상을 대대로 착취하여 왔던 억압과 모순의 사회 구조를 공산당과 인민 공화국이 무너뜨리고 정의와 평등, 그리고 번영의 새 시대를 그들에게 가져다줄 것임을 믿어 의심치 않았다. 그러나 대약진 운동 기간 중의 고난과 문화 대혁명 기간 중의 혼란을 겪으면서 중국 인민들은 마오쩌둥의 혁명이 그들의 기대를 저버렸음을 느낄 수 있었다.

마오쩌둥의 혁명에 대한 실망 속에서 등장한 덩샤오핑이 1978년 12월에 개최된 중국 공산당 제11기 중앙위원회 제3차 전체 회의에서 개혁 개방을 선언하였을 때, 당시 중국 인민들은 개혁 개방이 마오쩌둥 시기의 고난과 혼란을 없애고 풍요와 안정을 가져다줄 것으로 기대하였다. 실로 지난 사반세기를 넘는 기간 동안 중국은 개혁 개방의 기치 아래 눈부신 경제 성장과 사회 안정을 이루어 왔다. 하지만 2002년 등장한 후진타오-원자바오 체제는 지난 25년간의 개혁 개방이 눈부신 경제 발전에도 불구하고 심각한 사회 문제를 야기하고 있음을 인식하였으며, 따라서 새로운 경제 발전 전략이 시급함을 인정하였다.

아래에서는 혁명과 개혁의 변증법으로 요약되는 현대 중국의 역사적 경험을 비판적으로 고찰해 보고자 한다. 혁명을 통한 마오쩌둥의 신중국 건설은 왜 실패하였는가? 덩샤오핑의 개혁 개방은 어떠한 역사적 문제 의식에서 출발하였으며, 성공의 이유는 무엇인가? 눈부신 경제 성장을 이룩한 개혁 개방의 딜레마는 무엇이며 후진타오-원자바오 체제에게 남은 과제는 무엇인가? 이러한 질문에 대한 고찰을 통해 이 글은 우리나라가 21세기에 희망찬 강국이 되기 위한 교훈을 얻고자 한다.

2 신사 지배의 사회에서 마오주의 국가로

1) 1949년 10월 1일의 톈안먼

중국의 현대사에서 톈안먼이 차지하는 위치는 절대적이다. 근대적인 민족·민중 운동인 1919년의 5·4 운동, 공산당 일당 독재에 대한 비판과 민주주의 정치 개혁을 주장하였던 1989년 6월의 민주화 운동은 모두 톈안먼 광장에서 이루어졌다. 심지어 문화 대혁명 시기 수백만의 홍위병들이 그들 앞에 친히 모습을 비친 마오쩌둥에게 충성을 맹세한 곳도 톈안먼 광장이었다. 그러나 1949년 10월 1일의 톈안먼은 그 어느 때보다도 중요한 의미를 갖는다. 중화 인민 공화국 성립 선포와 함께 모든 중국 인민의 삶을 송두리째 바꾸어 버린 사회주의 변혁이 본격적으로 시작되었기 때문이다. 바로 그날 산뜻한 나사복을 입은 마오쩌둥은 저우언라이, 류사오치, 주더, 펑더화이 등 대장정을 함께 했던 혁명 동지들과 함께, 바로 얼마 전까지만 해도 거대한 철판 위에 그려진 장제스의 초상화가 장식하고 있었으나 이제는 자신의 거대한 초상화가 내걸린 톈안먼 위에서 "마오 주석 만세!"와 "인민 공화국 만세!"를 외치는 중국 인민에게 희망찬 새로운 시대를 약속하였다.

2) 봉건 잔재의 청산

마오쩌둥을 포함한 중국 공산당 지도자들에게 있어서 희망찬 새로운 시대는 사회주의 신중국 건설에 의해 가능한 것이었다. 우선 그들은 수천 년 동안 이어져 내려온 중국 인민, 특히 중국 인민의 대다수를 차지하고 있던 농민에 대한 억압과 착취의 구조를 철폐하였다. 혁명 초기 실시된 토지 개혁은 지방 사회의 실질적인 지배 엘리트 계급이었던 신사-지주 계급의 경제적 기반인 토지를 몰수함으로써, 신사 계급의 농민에 대한 지배를 혁파하였다.

전통적인 중국 사회에서 신사 계급은 인구의 절대 다수를 차지하고 있었던 농민의 실질적인 지배자였다. 신사 계급은 대규모 토지를 소유함으로써 권력의 경제적인 기초를 마련하였으며, 종족(宗族) 조직 및 이와 관련된 조상 숭배 의례로서 그들 계급의 성원권과 정체성을 유지하였고, 한자 문화를 포함한 유교 이데올로기로서 그들의 지위를 정당화하였으며, 과거 제도를 통하여 중앙의 관료 조직과 연결되었다. 따라서 전통적인 중국 사회에서 농민은 그들이 경작하는 토지의 지주이자, 그들의 중요한 가치 체계였던 유교의 고매한 학자이며, 동시에 중앙과 지방을 연결하는 국가 관료였던 신사 계급에 의해 실질적으로 지배되었다. 마크 블레처 교수는 이를 두고 전통적인 중국 사회를 '신사 지배의 사회 구성체'라고 강조한 바 있다.[2] 따라서 1949년 중화 인민 공화국이 성립되었을 때 혁명의 주요 과제 중 하나는 바로 지방의 지배 엘리트인 신사 계급의 혁파 문제였다. 결국 신사-지주 계급은 1950년대 초 토지 개혁의 완성과 함께 중국의 역사에서 완전히 사라진다. 신사-지주 계급이 사라짐으로써, 중국의 농민들은 경제적 착취와 사회적 억압으로부터 해방되었으며, 비로소

중국의 농촌 혁명은 완성되었다.

3) 신중국의 건설

토지 개혁을 통한 봉건 잔재의 청산, 그리고 도시에서의 매판 자본 제거 등을 통해 사회주의 건설의 기초를 다진 중국 공산당은 신사-지주 계급 및 도시 매판 자본의 몰락으로 발생한 권력의 공백을 공산당의 관료 조직 및 사회주의 이데올로기로 대체함으로써, 중국 역사상 가장 철저하고 효율적으로 지방 사회의 구석구석까지 중앙의 지배와 통제를 침투시켰다. 이로써 마오쩌둥을 포함한 중국 공산당 지도자들은 제국주의 침략으로부터의 주권 회복, 국가의 정치적·경제적·영토적 통일(대만을 제외한), 농촌과 도시 지역의 봉건적 잔재 철폐, 강력한 중앙 집권적 관료제, 그리고 공유된 이데올로기로서의 공산주의 등에 기초하여, 무력하고 분열되었던 반봉건, 반식민 상태의 중화 제국을 근대적 국민 국가로 거듭나게 하였다. 그 결과 인민 공화국이 성립된 지 4년 만인 1953년 마오쩌둥은 사회적 안정과 함께 본격적인 사회주의 이행에 필요한 경제적, 정치적, 사회적 토대가 마련되었다고 결론을 내리고는 그들이 계획했던 사회주의 건설을 위한 연속 혁명에 착수하기 시작하였다.

4) 마오주의 국가로

마오쩌둥 시대의 후반 20년 동안 연속적으로 진행된 급진주의적인 사회주의로의 혁명적 이행은 자본주의 사회에서 일어난 소위 근대화 과정과는 결정적인 차이점이 있었다. 즉 마오쩌둥 시대의 급진주의적인 사회주의로의 이행은, 이론적으로는 공산주의가 완전히 실현될 때까지는 사회적 모순과 투쟁을 타파하기 위해 급진적 혁명이 끊임없이 이루어져야 한다는 마오쩌둥의 연속 혁명론에 기초하였으며, 실천적으로는 사유 재산 및 사유제의 전면적인 폐지와 이를 위한 집단화에 기초하고 있었다. 이러한 위로부터 추진된 급진주의적인 사회주의로의 이행은 당연히 고도로 중앙 집중적인 국가 권력의 확대를 가져왔다. 마오쩌둥 시대의 국가 권력은 급진주의적인 사회주의로의 이행을 위해 우선 대중 의식의 급진주의적인 개조를 병행하였다. 지식인을 주요 비판 대상으로 하였던 사상 개조 운동, 부패 관료를 주요 비판 대상으로 하였던 삼반(三反) 운동, 여전히 지위를 유지하고 있었던 부르주아지를 주요 비판 대상으로 하였던 오반(五反) 운동 등의 이데올로기 투쟁을 거치면서 급진주의적인 사회주의화가 시작되었다. 1956년에 이르면 농업 부문은 사회주의 집단화를 통해 토지의 사적 소유를 완전히 폐지하였으며, 도시 부문 역시 사회주의 개조를 통해 도시 경제에 남아 있던 사유 부문을 사실상 완전히 국유화하였다. 즉 중국 공산당은 마오쩌둥이 목표했던 바와 같이 '농업의 사회주의화와 국영 기업을 중심으로 한 강력한 공업'을 완성하였으며, 모든 생산 수단이 국가(또는 집단)에 의해 소유되고 통제된다는 의미에서 사회주의 국가가 되었다. 그 결과 마오주의 국가로서의 중국은 1949년 이전의 중국과는 완전히 단절된 새로운 사회 구조로 건설되었다.

5) 대약진 운동, 인민 공사, 그리고 농업의 사회주의 집체화

마오쩌둥 시대 중국 공산당은 서로 다른 과정을 통해 농촌과 도시

를 새롭게 조직하였다. 우선 농촌은 혁명 초기에 실시된 토지 개혁을 바탕으로 마오쩌둥이 추진한 급진주의적인 '농업 사회주의화' 계획에 따라 1953년부터 본격적으로 사회주의 집체화 과정을 겪으면서 변혁되었다. 이러한 사회주의 집체화는 대약진 운동과 함께, 1958년 농촌의 경제적 조직이자 사회 생활 및 행정 조직의 단위로서 인민 공사(人民公社)가 설립되면서 절정을 이룬다. 당시 5억 중국 농촌 인구의 99퍼센트인 1억 2000만 농촌 가구가 2만 6000개의 인민 공사로 재조직되었는데,[3] 인민 공사 체제에서 중국의 농촌과 농민은 철저하게 집체화되었으며 사적 소유는 완전히 폐지되었다.

중국 남부의 농촌 지역을 현지 조사하였던 인류학자 포터 부부에 따르면, 인민 공사 출현 이후 중국의 농민들은 3단계로 이루어진 집체 조직에 의해 집단화되고 통제되었다.

우선 경작지와 가축 및 경작 도구 등을 부여받은 농촌의 최소 집체 단위이자 생산 및 분배의 최소 단위이며 최소 회계 단위인 생산(소)대에 소속되었다. 보통 이러한 생산대 10여 개가 모여 생산 대대를 이루었는데, 생산 대대는 관개 시설 구축, 농지 수로 건설 등과 같은 농촌 사업의 단위였을 뿐만 아니라 행정 및 당 조직, 그리고 농촌 경공업의 최소 단위이기도 하였다. 마지막으로 보통 15개의 생산 대대가 모여 이뤄지는 인민 공사는 농민을 직접 상대하는 가장 최상의 농촌 집체 단위였으며 동시에 국가의 법 체계와 정책을 관장하는 가장 최하의 단위로서 중앙의 관료 조직이 파견되는 집체 조직이었다.[4]

진 오이 교수에 의하면, 1974년 당시 중국 전역에는 약 500만 개의 생산대, 75만 개의 생산 대대, 그리고 7만 개의 인민 공사가 존재하고 있었는데, 보통 하나의 생산대는 33개의 농촌 가구 및 145명의 농민으로 이루어지며 약 20헥타르의 농토를 경작하였고, 생산 대대는

220개의 농촌 가구 및 980명의 농민으로 이루어지며 약 133헥타르의 농토를 경작하였으며, 인민 공사는 3346개의 농촌 가구 및 1만 4720명의 농민으로 이루어지며 약 2033헥타르의 농토를 경작하였다.[5] 그 결과 마오쩌둥 시대의 급진주의적 농촌 집체화 과정을 통해 중국의 농민은 생산대-생산 대대-인민 공사를 통해 공산당 및 중앙 관료 조직의 지배와 통제를 받았다.

6) 단위 체제의 등장과 도시의 사회주의적 개즈

도시의 경우에도 급진주의적인 사회주의 이행이 전개되었다.
마오쩌둥 시대 도시의 급진주의적인 사회주의화는 단위제(單位制)의 출현과 함께 절정에 달한다. 단위란 국유 기업 등과 같은 생산 조직은 물론, 도시에 존재하는 학교, 병원 등과 같은 다양한 비생산 사회 조직 및 국가 기관 등의 작업장을 말하나, 단위의 실제적인 기능과 의미는 그 이상이다. 즉 단위는 도시 인민의 생산, 분배, 그리고 소비의 기준일 뿐만 아니라 행정, 당 조직, 사상 교육 및 공산당 이데올로기 교육의 장이며, 일상 생활의 공간인 동시에 식량, 의료, 자녀 교육, 주택 배분 등 구성원들이 도시에서 생활하는 데 필요한 사회 복지 혜택의 거의 모든 것을 무상 또는 무상에 가까운 가격으로 제공하는 도시의 집체 조직이었다.

특히 단위는 구성원들에게 흔히 '철밥통'으로 표현되는 종신 고용과 안정된 임금, 그리고 사회 보장 혜택을 제공해 주었다. 따라서 마오쩌둥 시대의 도시 인민은 도시에서 생존하기 위해 그들을 평생 고용하는 단위가 절대적으로 필요하였고, 공산당은 단위 조직을 통해 도시의 인민을 통제 및 지배할 수 있었다.

결과적으로 마오쩌둥 시대의 중국은 농촌의 경우 인민 공사로 대표되는 사회주의 집체화 과정, 도시의 경우 단위로 대표되는 사회주의 집체화 과정을 거쳐 이전과는 질적으로 다른 사회 구성을 이루게 되었다.

7) 호구 제도와 도농의 분리

마오쩌둥 시대 초기 중국은 구소련식 중공업 발전 전략에 따라, 농업의 희생 위에 도시의 대형 국유 기업을 중심으로 고도로 중앙 집중적인 집단화 산업을 추진하였다. 더욱이 도시의 안정은 마오쩌둥 시대 국가 권력에게 그 무엇보다도 중요한 과제 중의 하나였다. 따라서 국가가 지원하고 관리하는 각종 사회 복지 혜택, 예를 들어 주택, 직장, 연금, 양식 등은 도시의 단위 조직 구성원에게 독점적·배타적으로 분배되었으며, 농촌에 거주하는 농민들은 그러한 혜택들로부터 배제되었다. 솔린저 교수는 도시의 단위 제도와 결합되어 도시 거주자에게 독점적으로 부여되어 온 이러한 특권에 대한 국가의 정책이 중국 사회주의 국가 체제의 기본적인 토대였음을 '도시 공공재 체제'라는 개념으로 설명하고 있다.[6] 이러한 도시 공공재 체제에서는 국가와 당의 부담을 최소화하기 위해 각종 사회 복지 혜택들을 제공받는 도시 단위 조직에 소속된 노동자의 수를 제한할 필요가 있었는데, 그 결과 농촌에 거주하는 농민의 도시로의 자유로운 이주를 제한할 목적으로 호구 제도(戶口制度)가 도입되었다.

호구 제도의 실시로 인해 모든 중국인은 그들의 호구지에 등록되었으며 출생지에서 발급되는 호구에 따라 크게 농민(농업 호구 소유자)과 비농민(비농업 호구 소유자)으로 분류되었다. 호구의 변경은 공식적인 승인을 필요로 하였으며 농촌으로부터 도시로의, 소도시로부터 대도시로의 변경은 거의 불가능하였다. 그 결과 마오쩌둥의 급진주의적 집체화는 인구의 자유로운 이동까지도 제한하고 통제하였다. 즉 호구 제도의 도입은 인민 공사 및 단위 제도의 성립과 더불어 중국의 농민들을 일생 동안 그들의 출생지에 묶어 두는 결과를 초래하였다. 따라서 도시와 농촌의 인구 분포는 개혁 개방 이전 20년 동안 기본적으로 변화가 없었다. 예를 들어 1957년의 시진(市鎭) 인구의 비율은 전체 인구의 15.39퍼센트, 1978년에는 17.92퍼센트로서 20여 년간 2.5퍼센트만 증가했을 뿐이다.[7] 그 결과 마오쩌둥 시기 급진주의적 사회주의 집체화 구조 속에서 농민과 도시민이라는 공간적 구분은 카스트와 같은 사회적 구분으로 이어졌다. 호구 제도를 통해 인구 및 공간을 도농으로 양분하고, 인민 공사를 통해 농촌 및 농민에 대한 국가의 지배를 달성하였으며, 단위제를 통해 도시 및 도시민을 국가가 지배한다는 국가 통제의 기본 구도가 형성된 것이다.

3 마오주의의 유산

1) 급진주의적인 사회주의로의 혁명적 이행

외세로부터의 독립, 봉건적 잔재의 혁파, 국가의 영토적·경제적 통일, 근대적 국민 국가의 건설 등 적지 않은 업적에도 불구하고 마오쩌둥 시대 급진주의적 사회 변혁은 우리에게 중요한 반면교사의 교훈을 주고 있다. 마오쩌둥 시대의 사회 변혁은 1949년 톈안먼에서 인민 공화국 성립을 선포하였을 때 마오쩌둥을 포함한 중국 공산당 지도자들이 약속하였던 안정과 번영의 중국 대신 갈등과 대립, 부조화와 비효율, 가난과 혼란으로 가득 찬 중국을 중국 인민에게 가져다주었다. 특히 대약진 운동의 시련과 문화 대혁명의 혼란에서 가장 극단적으로 나타나고 있듯이 마오쩌둥 시대 중국의 사회 변혁은 막대한 인명 피해와 경제적 손실을 가져왔다. 이러한 실패의 중심에는 인민의 행복과 사회의 번영을 위한 수단에 불과했던 사회주의 건설을 지나치게 목적화하여 추구하였던 급진주의가 있었다.

중화 인민 공화국 성립 당시 마오쩌둥을 포함한 중국 공산당 지도자들이 처한 현실은 사회주의 신중국 건설이라는 목표를 달성하기에는 너무나도 낙후된, 총체적 빈곤의 상황이었다. 일본과의 반제국주의 전쟁 및 국민당과의 내전으로 인해 농촌은 황폐했고, 도시의 산업 역량은 대부분 파괴되어 있었으며, 도시의 근대적인 산업 노동자 계급은 미약한 상황이었다. 당시의 중국은 사회주의 건설에 필요한 전제 조건인 경제적, 정치적, 사회적 토대가 결여되어 있었다. 이와 같이 목표와 현실 사이에 존재하는 커다란 차이와 모순에 직면하여 중국 공산당 지도자들은 전면적인 사회주의로 이행(사유 재산의 폐지 및 사회주의 집체화)하기에 앞서 생산력의 제고와 일정 수준의 경제 발전이 필요함을 인식하였다. 이에 따라 혁명 초기 농촌에서 실시된 토지 개혁은 대지주를 제외한 빈농이나 중농, 심지어 부농 등 개별 농민 경작자들의 토지 소유권을 보장하여 농촌의 생산력 제고와 경제 성장을 유인하였으며, 도시의 경우에도 국민당 및 제국주의와 연결된 반민족 매판 자본을 제외한 민족 자본이나 소자본가 계층의 소유권과 경영권을 일정 부분 보장하여 산업의 생산력 제고와 경제 성장을 유인하는 등 유화적이고 점진적인 정책을 취하였다. 그러나 이 같은 농촌 지역에서의 개별 농민의 토지 소유 및 도시에서의 민족 자본의 허용은 얼마 지나지 않아 급진주의적 사회주의 이행에 의해 사라지게 된다.

1953년 마오쩌둥을 비롯한 혁명 지도자들은 사회적 안정과 함께 본격적인 사회주의 이행에 필요한 토대가 마련되었다고 결론을 내리고는 중국 사회를 사회주의적으로 개조하려는 노력을 시작하였다. 그러나 이 결론은 너무 성급한 것이었다. 당시의 경제적 상황은 급진주의적인 사회주의로의 이행을 감행하기에는 여전히 낙후된 상태에 머물러 있었다. 제1차 5개년 계획을 선포한 1952년 말 농업과 공업의 총생산은 여전히 1930년대 중반을 겨우 넘는 수준이었으며, 1952년 1인당 농업 생산은 소련이 25년 전에 성취한 농업 생산의 20퍼센트에 불과하였다.[8] 그러나 마오쩌둥은 그가 중국 인민에게 약속한 평등하고 정의로운 신중국을 건설하기 위하여 위로부터의 혁명을 통한 급진주의적인 사회주의로의 이행을 감행하였다. 이러한 결정에는 엄청난 희생 속에 이룩한 사회주의 혁명이 언제라도 미 제국주의와 결탁한 국민당의 잔존 세력, 자본가 및 대지주들의 반격에 의해 무효가 될 가능성이 있으므로 하루라도 빨리 이들의 경제적 기반인 사유 재산을 완전 몰수하고 사회주의 집체화를 통해 공산당이 전 인민을 직접적이고 완전하게 통치할 필요성이 있다는 인식도 자리 잡고 있었다. 이에 따라 중화 인민 공화국이 성립된 지 채 4년도 안 된 1953년 급진주의적이고 지속적인 사회주의 개조가 시작되었다.

2) 급진주의적 사회 변혁의 한계와 모순

급진주의적인 사회주의로의 혁명적 이행은 사회주의 건설을 위해 사유 재산 및 자본가 계급의 철폐와 농촌과 도시의 사회주의 집체화를 지나치게 목적화함으로써, 결과적으로는 급진주의의 폐해를 극복하지 못하였다. 따라서 마오쩌둥은 이데올로기를 위해 경제 발전을 희생시켰다는 비난을 피하지 못하게 되었다.

마오쩌둥 시대의 급진주의적인 사회주의 변혁이 가져온 명백한 결과 중 하나는 관료제의 폐해였다. 이는 강력한 중앙 집권 국가의 확립과 관료 기구의 엄청난 확대를 가져온 위로부터의 급진주의적인 사회주의 이행의 당연한 결과였다. 이에 따라 고도로 중앙 집중적인 중국의 국가 관료 체제는 반우파 투쟁 등을 포함한 대중 운동을 통해 전문성보다는 공산주의 이데올로기를 강화하는 정치적 지도자로서, 사유 재산의 몰수, 공업의 국유화, 농업의 집체화를 통해 성장과 효율보다는 평등과 분배를 강조하는 경제의 설계자로서, 그리고 호구 제도, 단위제, 인민 공사 등과 같은 사회주의 사회 제도의 도입을 통해 개인의 창의성과 자발성보다는 집단의 논리와 심지어 마오쩌둥의 개인 숭배를 주입하는 사회의 관리자로서 중국의 인민 위에 군림하였다. 그 결과 마오쩌둥 자신은 인민의 창조성과 자발성을 그토록 찬양하고 강조했지만, 마오쩌둥 시대 공산당 일당 독재에 의한 중앙 집중적 국가 관료 기구는 중국 인민의 자유로운 창의성과 자기 계발의 기회를 박탈함으로써 사회 및 경제 발전의 기초를 흔들어 놓았다.

도시의 근대적 공업 부문 역시 급진주의적 사회주의 이행의 폐해로부터 자유롭지 못했다. 급진주의적 사회주의 변혁이 가져온 단위제를 통한 공업 부문의 철밥통 체제는 비효율과 생산력 저하로 이어졌고, 고도로 중앙 집중적인 경제 계획에 의한 중공업 위주의 정책은 국가 투자의 대부분을 중공업에 집중시킨 반면, 농업 부문에는 국가 투자의 12퍼센트, 소비재 공업 부문에는 국가 투자의 단지 5퍼센트만을 투자함으로써, 중국 인민의 소비 수준과 생활 수준을 낙후시켰다.⁹⁾ 이러한 공업 부문의 낙후성은 자력 갱생 정책과 문화 대혁명에 의해 더욱더 악화되었다. 자력 갱생 정책은 외국의 기술 및 자본의 도입을 불가능하게 하였으며, 문화 대혁명은 지식인 계층에 대한 억압과 교육 기능의 마비를 통해 학문의 발전을 저해하고 과학 기술 인력의 부족을 야기함으로써 자력 갱생 정책으로 인해 악화된 고급 기술 부족 현상을 더욱더 심화시켰다.

그러나 무엇보다도 마오쩌둥 시대의 급진주의적 사회주의 이행으로 인해 가장 큰 고통을 받고 가장 큰 희생을 강요받았던 것은 농업, 농촌, 농민이었다. 중공업 위주의 정책은 국가로 하여금 중공업 산업 설비에 필요한 자금을 농업 생산의 잉여로부터 충당하게 함으로써, 농민의 희생을 강요하였다. 즉 마오쩌둥 시대 중공업 위주의 도시 공업화는 농촌 및 농민에 대한 착취를 통해 이루어졌다. 그 결과 농촌 발전을 그토록 강조했던 마오쩌둥의 바람에도 불구하고 농업 부문은 1952년부터 마오쩌둥 시대가 끝날 때까지 연 2.3퍼센트밖에 성장하지 못했다.¹⁰⁾

3) 마오주의의 유산

마오쩌둥 시대에 추진된 급진주의적인 사회주의로의 혁명적 이행은 결국 비효율, 불합리, 고비용, 과잉 고용, 관료제의 모순 및 관료의 부패 등으로 인한 가난과 혼란, 그리고 고통의 시간을 중국 인민에게 안겨 주었다. 생산대-생산 대대-인민 공사로 이어지는 집체 속에서 중국의 농민들은 창의성과 자유 의지를 잃었으며, 공산당 관료 조직의 일방적인 통제에 그들의 몸과 정신을 맡겨야만 하였다. 동시에 단위 조직에 모든 생존의 기반을 의존할 수밖에 없었던 도시의 중국 인민들 역시 창의성과 자유 의지를 잃었으며, 중앙 집중적인 관료 조직의 일방적인 통제에 따라야만 하였다. 더욱이 문화 대혁명은 중국 사회에 이념만이 지배하는 갈등과 대립을 야기하였다. 결국 마오쩌둥 시대 중국의 급진주의적 사회주의 변혁 실험은, 대외적으로는 독단적인 자력 갱생의 폐쇄적인 경제 발전 전략으로 인해 외부와 단절되었고, 내부적으로는 인적 자원에 대한 존중 및 경쟁을 무시한 급진주의적 집체화로 인해 건전한 발전을 저해하였으며, 역사적으로는 공산당 일당 독재의 배타적인 이데올로기에 기반을 둔 철저한 자기 부정으로 인해 과거와 단절됨으로써 중국 인민에게 역사적 후퇴를 경험하게 하였다.

4 마오쩌둥의 혁명에서 덩샤오핑의 개혁으로

1) 개혁 개방의 시작

1978년 12월에 개최된 중국 공산당 제11기 중앙 위원회 제3차 전체 회의에서 덩샤오핑은 4개 현대화(농업, 공업, 국방, 그리고 과학 기술)를 목표로 소위 개혁 개방을 시작하였다.[11] 덩샤오핑에 의해 시작된 중국의 개혁 개방은 정치적 사회주의와 경제적 시장주의의 결합이라는 중국 특색의 체제 전환을 목표로 지난 사반세기 동안 중국 인민에게 지속 성장을 통한 눈부신 경제 발전을 안겨다 주었다.

중국의 개혁 개방은 마오쩌둥 시대의 급진주의적 사회주의 실험에 대한 비판에서 시작되었다. 따라서 개혁 개방은 마오쩌둥 시대의 급진주의적 사회주의화 과정을 개선하는 것을 주요 내용으로 하였다. 그러나 마오쩌둥 시대의 급진주의적 사회주의 실험에 대한 비판에 동의한다 하더라도 개혁 개방에 대한 사회적 합의가 하루아침에 저절로 이루어진 것은 아니었다. 중국 인민에게 희망찬 미래를 가져다주기 위해 덩샤오핑에 의해 시작된 개혁 개방이 갈등과 대립을 넘어 공산당 내에서 이데올로기적 정당성을 확보하고 동시에 모든 중국 인민의 전폭적인 지지 속에 본격적으로 추진되기 위해서는 반드시 넘어야 할 과제가 있었다. 그것은 다름 아닌 과거, 보다 구체적으로는 마오쩌둥이었다.

2) 과거사 평가의 딜레마

개혁 개방을 추진하는 당시 중국의 지도자들을 가장 괴롭혔던 문제는 과거사, 즉 마오쩌둥과 마오쩌둥 시대를 어떻게 평가하느냐의 문제였다. 개혁 개방 정책이 이데올로기적 정당성을 확보하기 위해서는 반드시 마오주의에 대한 재평가가 필요하였다. 우선 문화 대혁명 기간 동안 박해와 숙청을 당하였던 사람들의 명예 회복을 위해서도 그러한 재평가는 필수적이었다. 특히 권력의 새로운 주체로서 개혁 개방을 추진하려는 당 관료 및 지식인들 대다수가 문화 대혁명의 피해자들이었으므로, 개혁 개방을 추진하려는 당시의 정권 입장에서도 그것은 당연한 일이었다.[12]

그러나 그러한 재평가는 매우 위험한 정치적 모험이었다. 여전히 당과 국가의 중추 기관에 남아 있는 마오주의자들로부터의 도전과 위협은 차치하더라도 마오쩌둥과 마오쩌둥 시대에 대한 전면적인 부정은 중화 인민 공화국의 국가 정당성 및 정체성, 그리고 중화 인민 공화국을 탄생시킨 공산주의 혁명의 도덕적 정당성에 의문을 제기하는 것이었다. 혁명의 지도자이자 신중국의 지도자로서 마오쩌둥은 모두가 인정하는 중국 공산당과 중화 인민 공화국이라는 근대적 통일 국가의 창시자이자 건설자였기 때문이었다. 따라서 혁명 정당성 및 국가 정체성의 상징으로서 마오쩌둥을 유지하여야 할 정치적 필요성이 있었다. 이러한 정치적, 그리고 실용적 고려로 인해 개혁 개방을 추진하려는 당시 중국의 지도자들에게 있어서도 마오쩌둥은 여전히 필요한 존재였다.

3) 건국 이래 당의 약간의 역사 문제에 관한 결의

덩샤오핑은 마오쩌둥과 마오쩌둥 시대에 대한 재평가의 딜레마를 정확히 인식하고 있었다. 만일 대약진 운동과 문화 대혁명 기간 중에 박해와 고초를 당한 사람들을 위하여 마오쩌둥 및 마오쩌둥 시대를 전면적으로 부정한다면, 중국 공산당 및 중화 인민 공화국의 정체성과 정당성이 도전을 받을 수밖에 없었다. 즉 공산당의 존립 근거 및 정당성, 나아가 중화 인민 공화국의 존립 근거 및 정당성에 대한 의문이 제기될 수밖에 없었다. 반면 재평가를 유보한다면 마오쩌둥 시대의 급진주의적 사회주의 집체화에서 벗어나 개혁 개방을 추진해야 하는 근거 및 정당성이 설득력을 잃을 수밖에 없었다. 따라서 덩샤오핑은 매우 조심스럽게 마오쩌둥과 마오쩌둥 시대에 대한 공식적인 평가를 진행하였다. 그 결과 과거사 문제는 1981년 6월의 중국 공산당 제11기 중앙위원회 제6차 전체 회의에서 만장일치로 채택된 '(인민 공화국) 건국 이래 당의 약간의 역사 문제에 관한 결의'를 통하여 해결되었다.

이 문건의 초안 작성에는 4000명의 당 지도자와 이론가들이 참여하였으며, 덩샤오핑 역시 10여 차례에 걸쳐 의견을 제시하면서 세세한 부분까지 주의를 기울였다.

결의는 중국 공산주의 혁명 과정에서 발휘된, 위대한 혁명가로서 마오쩌둥의 지도력을 높이 평가하고, 인민 공화국 초기의 경제 발전과 사회주의 개조를 이룩한 탁월한 영도자로서 마오쩌둥을 칭송하였다. 그러나 결의는 동시에 대약진 운동과 문화 대혁명으로 대표되는 마오쩌둥 통치의 후반기에 내재하는 극좌주의적 요소를 가차 없이 비판하였다. 즉 객관적인 경제 법칙을 위배한 극좌적 오류로 인해 초래된 대약진 운동의 경제적 재난 및 역시 극좌 노선으로 인해 야기된 10년(1966년 5월~1976년 10월)에 걸친 재난이라고 평가된 문화 대혁명의 사회적 혼란의 책임을 물어 마오쩌둥의 좌경 모험주의를 엄중하게 비판하였다. 특히 문화 대혁명 기간 중에 발생한 마오쩌둥 자신에 대한 개인 숭배 및 반대자에 대한 정치적 탄압을 비판하였다. 따라서 대약진 운동 및 문화 대혁명으로 대표되는 급진주의적 사회주의 집체화는 수정되어야 하며 이를 위해 개혁 개방이 추진되어야 하는 근거 및 정당성이 제시되었다.

그러나 결의는 총체적인 역사적 평가에서 마오쩌둥의 공적이 그의 과실을 훨씬 능가한다는 점을 강조하였다. 즉 마오쩌둥의 전 생애를 통해서 볼 때, 공적이 1차적이고 오류는 2차적임을 확실히 한 것이다. 대체적으로 마오쩌둥에게는 7의 공과 3의 과가 있다는 것으로 과거사 문제는 정리되었다. 이로써 결의는 당과 국가, 그리고 중국 인민이 집중적인 관심을 기울인 가운데 중국의 역사적 과거에 대한 중국 인민의 통합적인 이론 도출의 기반을 마련함으로써, 1978년 12월 이래 확립되기 시작한 덩샤오핑의 개혁 개방 체제를 확고한 이론적 토대 위에 올려놓았다.

4) 점진주의적인 개혁 개방 전략

중국의 개혁 개방은 마오쩌둥 시대의 급진주의적 사회주의 변혁에 대한 변증법적 반작용이다. 즉 덩샤오핑 집권 이래 중국은 마오주의적 자력 갱생의 폐쇄적인 경제 전략에서 대외 개방적인 경제 발전으로 전환하기 위해 무역과 투자에 대한 개방을 추진하였으며, 동시에 시장화 개혁을 통해 사회주의 계획 관리 체제에서 시장을 기반으로 한 이윤 및 경쟁 체제로, 사유화 개혁을 통해 사유제를 점진적으로 확대함으로써 공유제 경제 체제에서 제한적이나마 사유 경제 체제를 포함한 다양한 소유제 경제 체제로, 그리고 분권화 개혁을 통해 고도로 통제적이고 비효율적인 중앙 집중 체제에서 지방에 정책 결정권과 자원 분배권을 허용한 상대적이나마 탈중앙적인 자율 체제로 전환하는 것을 목표로 하였다. 그 결과 중국은 오늘날 눈부신 경제 성장을 이루어 내고 있다. 중국의 GDP는 개혁 개방을 시작한 1978년부터 지난 25년 동안 연평균 9퍼센트를 상회하는 놀라운 성장률을 기록하였다. 2001년 이미 중국은 GDP로 세계 6위를 차지하였으며, 2030년 중국의 GDP는 일본을 추월해 미국에 육박할 것이라는 전망이 나오고 있다. 그 결과 중국은 오늘날 미국을 비롯한 세계 각국들이 소위 중국 위협론을 제기할 정도로 막강한 위상을 누리고 있다.

중국 개혁 개방의 성공은 다양한 요인에 의한 것이다. 대외 개방을 통해 제공된 기술 및 자본(특히 화교 자본)의 유입, 사회주의 집체(특히 농촌의 인민 공사)를 해체함으로써 발생한 저렴하고 우수한 노동력, 문화 대혁명의 경험을 통한 급진주의적 극좌 모험주의에 대한 경계의 공감대 형성 등 여러 가지 요인이 지적될 수 있을 것이다. 그러나 무엇보다도 중요한 요인은 마오쩌둥 시기의 급진주의적 사회주의 변혁에 대한 변증법적 반작용으로서 점진주의적인 개혁 전략에 있다고 하겠다.

5) 중국 특색의 사회주의 건설

마오쩌둥의 급진주의적 사회주의 이행 실험의 위험성을 경험한 개혁 개방의 지도자들은 점진주의적인 개혁 개방을 추진하였다. 물론 점진을 어떻게 정의하느냐, 즉 점진적인 것의 구체적인 의미가 무엇인지에 대해서는 논란의 여지가 있다.[13] 하지만 중국의 개혁 개방은 다음과 같은 측면에서 점진주의적인 성격을 보이고 있다.

우선 덩샤오핑을 포함한 개혁 개방의 지도자들은 '중국 특색의 사회주의 건설'이라는 기치 아래, 정치적·경제적으로 폐쇄적인 전체주의적 공산주의 정권을 시장 경제에 기반한 권위주의 정권으로 점진적으로 전환하는 '진화적 권위주의 경로'를 채택함으로써 안정적으로 개혁 개방을 추진하였다.[14] 중국의 경우 개혁은 정치적 민주화에 대한 괄목할 만한 진전 없이, 계획 경제를 점차 시장 경제로 전환하는 데 필요한 경제 개혁으로만 제한되었다. 이는 구소련이나 동유럽 사회주의 국가들이 '혁명적 이중 돌파 경로', 즉 낡은 사회주의 체제를 한꺼번에 일소하기 위하여 정치 개혁(민주화 및 자유화)과 경제 개혁(시장화 및 사유화)을 동시에 급진주의적으로 추진하다가 혼란과 무질서를 경험했던 것과는 비교되는 부분이다.

점진주의적인 개혁 개방은 당시 덩샤오핑을 포함한 최고 지도자들의 합의로부터 시작되었다. 개혁 개방의 지도자들은 다음과 같은 몇 가지 점에서 합의를 이루었는데, 경제 발전이 개혁기 최대 국정 과제라는 점, 정치적·사회적 안정이 가장 중요하다는 점, 그리고 이러한 안정을 이루기 위해서는 공산당 지배하의 권위주의 정치 체제가 유지되어야 하며, 이를 위해 네 가지 기본 원칙, 즉 사회주의 노선, 프롤레타리아 독재(인민 민주 독재), 공산당의 영도, 마르크스 레닌주의와 마오쩌둥 사상이 정치적으로 견지되어야 한다는 점에 동의하였다.[15]

시장 경제의 도입을 통한 경제 발전과 공산당 지배하의 사회주의 정치 체제 유지라는 두 가지 목표로 인해 점진적으로 시장이 도입됨에 따라 중국의 개혁 개방은 계획 경제와 시장 경제의 궤도가 병존하는 이른바 쌍궤제(雙軌制)를 특징으로 하게 되었다. 따라서 이와 같은 중국 특색의 사회주의 건설 과정에서는 기존 사회주의 체제의 불합리하고 비효율적인 부분이라도 일시적으로 존재하거나 심지어 변화된 시장 경제 상황에 맞추어 변신할 수 있었다. 대표적인 예가 1980년대 농촌 발전에 주도적인 역할을 하였던 향진(鄕鎭) 기업이다. 향진 기업의 전신은 마오쩌둥 시대의 농촌 집체 단위인 인민 공사 또는 생산 대대에서 농촌의 공업화를 위해 경영하였던 사대(社隊) 기업이었다. 즉 중국의 점진주의적인 개혁 개방 정책은 마오쩌둥 시대에 형성된 사회주의 집체로 하여금 시장의 도입 및 농업 개혁을 통해 향진 기업으로 변신하게 함으로써, 농촌 잉여 노동력의 흡수 및 농촌의 공업화에서 중요한 역할을 할 수 있게 하였던 것이다.

6) 단계적 발전, 선택과 집중 그리고 선부론

점진주의적인 중국의 개혁 개방 전략은 급진적이고 전면적인 개혁 개방보다는 단계적이고 순서적인 개혁 개방을 추구하였다. 즉 경제 발전에 가장 효율적이고 사회주의 정치 체제의 안정에 가장 덜 위협적인 부분을 우선적으로 선택하여 개혁 개방을 집중한다는 점에서 중국의 개혁 개방 전략은 순서에 따른 단계적인 개혁 개방을 추구하였다고 할 수 있다. 이에 따라 정치적 분야에 우선하여 경제적 분야가 집중적으로 개혁되었고, 전면적인 사유화보다는 시장을 통한 개혁에 집중하였으며, 도시의 기업 개혁에 우선하여 탈집체화를 포함한 농촌에서의 농업 개혁을 먼저 실시하였다.

단계적인 중국의 점진주의적 개혁 개방 전략은 필연적으로 선택과 집중으로 이어졌다. 대표적인 예로 대외 개방 정책을 들 수 있다. 중국은 외국 기술 및 자본 유치에 가장 효과적인 동시에 정치 중심지인 북경과 지리적으로 떨어져 있어서 사회주의 체제 유지에 덜 위협적인 일부 지역을 선택하여 개방을 집중하였다. 즉 개혁 개방 초기인 1979년 광둥 성과 푸젠 성에 위치한 네 도시(주하이, 선전, 산토우, 샤먼)를 우선적으로 개방하였으며, 1984년까지 동부 연안의 14개 도시를 추가로 개방하여 대외 무역과 투자 유치에 집중하였다.

단계적 발전, 그리고 선택과 집중이라는 점진주의적 개혁 개방 전략은 이데올로기적으로는 덩샤오핑이 제안한 선부론(先富論)에 토대를 두고 있다. 선부론이란 개혁 개방 당시의 중국과 같이 낙후된 경제적 상황에서는 모든 인민이 동시에 부유해지기는 불가능하므로 '능력 있는 일부 지역, 일부 기업, 그리고 일부 노동자와 농민이 열심히 노력하여 먼저 부자가 되고 이어 다른 지역과 다른 사람을 이끌어 간다.'라는 덩샤오핑의 개혁 개방 발전 전략이다. 이러한 선부론에 입각하여 상하이를 포함한 동부 연안 지역을 우선적으로 선택하여 집중적으로 발전시킨 뒤 다른 지역으로 발전을 확산해 나간다는 경제 전략이 합리화되었다. 결국 선부론은 궁극적으로는 사회 계층 간 그리고 지역 간 빈부 격차를 용인함으로써, 마오쩌둥 시기의 사회주의적 평등주의 및 계급 투쟁 위주의 이데올로기를 사실상 폐기하였다.

7) 실사구시와 실험주의

중국의 점진주의적인 개혁 개방 전략의 무엇보다도 중요한 특징은 실험주의에 있다. 사유제의 철폐와 집체화를 통한 사회주의 건설이라는 이념적 목표를 위해 급진적으로 매진하였던 마오쩌둥 시기와는 달리, 덩샤오핑의 개혁 개방은 끊임 없는 시행착오의 실험과 실천을 통해 경제적 발전과 사회적 안정을 위한 구체적인 목표를 점진적으로 설정하고 이루어 나가는 과정이었다. 이데올로기적으로는 덩샤오핑의 실사구시(實事求是, 실천만이 진리를 검증하는 유일한 기준) 정신과 연결되어 있었다. 따라서 개혁 개방 전략의 실험주의는 이념보다는 구체적인 실천 방법과 실험 결과를 중시하였으며, 개혁 개방은 전체의 과정이 '돌다리도 두드려 가며 물을 건너는' 하나의 연속된 실험이었다. 예를 들어, 농촌의 탈집체화 개혁은 다양한 실험을 통해 검증된 개별 가족 영농 방식이 중앙으로부터 인정받음과 동시에 전국적으로 확산되어 이루어진 것이었으며, 대외 개방 정책의 경우에도 경제 특구로 선정된 일부 지역의 실험을 통해 점차 다른 지역으로 개방이 확산되어 이루어진 것이었다. 소유제 개혁의 경우에도 농업에서의 개별 농민에 의한 사영화, 향진 기업과 같은 집체 소유, 사영 기업 소유, 비국유 부문 소유 등 다양한 소유제에 대한 실험을 거쳐 최근의 헌법 수정을 통한 사유 재산제의 보호에서 보이는 바와 같이 점진적인 사유제의 확대로 나아가고 있다.

점진주의적인 중국의 개혁 개방 전략의 실험주의적 특징은 필연적으로 분권화 개혁으로 이어졌다. 즉 각종 개혁 개방 정책의 실험을 통한 검증을 위해서는 다양한 지방 정부에 의한 실험과 실천이 필요하였기 때문이다. 따라서 지방 정부의 창의성과 자율성이 존중되었는데, 특히 경제 특구를 포함한 동부 연안 지역의 지방 정부들은 다양한 권한과 자율성으로 대외 개방과 경제 개혁에서 좀 더 획기적인 실험들을 추진하였다. 결국 점진주의적인 개혁 개방 전략의 실험주의적 특징은 마오쩌둥 시대 이념 중심의 중앙 집중적인 계획 경제로부터 창의성과 자율성에 바탕을 둔 실험과 실천의 경제 체제로의 질적인 변화를 이루어 냈다.

5 후진타오-원자바오 체제의 등장과 남은 과제들

1) 개혁 개방의 빛과 그림자

점진주의적인 중국의 개혁 개방은 눈부신 경제 발전과 사회적 안정, 그리고 중국의 높아진 대외 위상이라는 '개혁 개방의 빛'을 중국 인민에게 안겨다주었다. 그러나 톈안먼 사건을 거치면서 중국의 개혁 개방은 경제 성장 지상주의라는 또 다른 편향적인 성격을 갖게 된다. 톈안먼 사건은 공산당 일당 독재 및 공산당 영도의 정당성에 큰 손상을 가하였을 뿐만 아니라, 대외적으로도 중국이 외교적으로 고립되는 결과를 낳았다. 이러한 상황에서 중국의 당-국가 체제는 통치와 지배의 정당성을 회복하고 동시에 국제 사회에서 중국의 위상을 끌어올리기 위해 민족주의의 강화와 함께 더욱더 경제 발전에 매진하였다. 특히 지속적이고 철저한 시장 개혁을 촉구하였던 1992년

초 덩샤오핑의 남순 강화(南巡講話) 이후 중국의 국가 및 관료 체제는 양적인 경제 성장에 매진하였다. 이는 곧 양적인 경제 성장만이 지상 과제라는 또 다른 의미의 편향성을 낳았다. 그 결과 오늘날 중국은 도농 격차, 빈부 격차, 지역 격차를 포함한 사회 불평등 문제, 국유 기업의 개혁과 그에 따른 대량 실업 문제, 부실 금융 문제, 급속한 산업화로 인한 환경 오염 문제, 당-국가 간부들의 부패 문제 등으로 대표되는 '개혁 개방의 그림자'가 드리워져 있다.

개혁 개방의 그림자는 물론 중국의 점진주의적인 개혁 개방 정책이 낳은 결과이다. 즉 정치 개혁과 정치 민주화에 대한 요구는 정치 개혁 없는 경제 개혁에 기인한 것이며, 무엇보다도 사회 계층 간 그리고 지역 간 빈부 격차는 연해 편중 정책을 합리화한 선부론에 입각한 개혁 개방 발전 전략이 낳은 필연적 결과이다. 그렇다고 해서 점진주의적인 개혁 개방 정책의 적실성이 부정되는 것은 아니다. 현재 중국이 경험하고 있는 개혁 개방의 그림자는 점진주의적인 개혁 개방 정책의 단계적 발전 전략의 특성상 다음 단계의 발전으로 나아가기 위한 실험의 과정이기 때문이다. 따라서 후진타오-원자바오로 대표되는 중국의 제4세대 지도자들에게 남은 과제는 점진주의적인 개혁 개방의 다음 단계로 어떻게 전진함으로써 이상의 문제들을 해결하여 경제적 발전과 사회적 안정을 동시에 유지하는가이다.

2) 신발전관

이를 위해 후진타오-원자바오 체제는 선부론에 입각한 경제 성장 지상주의가 낳은 사회적 불균형 문제에 주목하고 있다. 사회적 불균형 문제의 해결이 경제적 성장과 사회적 안정을 포함하는 지속적인 발전에 필수적이라는 사실을 인식한 것이다. 구체적으로는 도시와 농촌 간의 격차, 연해 지역과 내륙 지역 간의 격차, 한족과 소수 민족 간의 격차, 그리고 도시 지역 내의 빈부 격차의 해결에 주목하고 있다. 특히 후진타오-원자바오 체제는 도시와 농촌의 격차(도농 소득 격차는 1980년대 1.8 대 1에서 최근 3.2 대 1로 확대)를 초래한 원인인 삼농(농민, 농업, 농촌) 문제를 가장 심각한 문제로 인식하고 있다. 예를 들어 중국은 2005년 중앙 1호 문건으로,「농촌 사업의 진일보 강화 및 농업 종합 생산 능력 향상에 관한 중공 중앙과 국무원의 몇 가지 정책상 의견」을 공식 발표함으로써, 삼농 문제를 작년에 이어 올해에도 중국이 당면한 최대 정책 과제로 채택하였다. 즉 중국 인민의 최대 다수 인구 집단(9억 명에 달함)인 농민의 수입 증대 없이는 농업·농촌의 발전은 물론, 경제 및 사회 전반에서 성장의 지체가 필연적이라는 지도부의 인식이 배경에 있는 것이다. 구체적으로는 농업세 감면 등을 포함한 정책적 지원 강화, 농업과 농촌 경제의 지속적인 구조 조정 추진, 농경지 수리 건설 및 농촌 기초 시설을 포함한 농촌 인프라 건설 확대, 농촌 유휴 노동력 취업 확대, 농업 과학 기술 혁신 및 농업 기술 보급 등을 내용으로 한 이른바 삼농 정책을 강화하고 있다. 결론적으로 신지도부는 경제 지표보다는 사회 지표를 중시하고, 그동안 성장 과정에서 소외됐던 농민 계층과 도시 실업군에 대한 분배 정의를 강조함으로써 중국의 지속적인 발전을 도모하고 있는 것이다.

3) 조화로운 사회 건설

이상과 같은 균형 발전에 입각하여 후진타오-원자바오 체제의 중국은 2005년 3월 개최된 전국 인민 대표대회(全人大) 제10기 3차 회의에서 새로운 국정 이념으로 '조화로운 사회 건설'을 제시하였다. 조화로운 사회 건설이란 과학적 신발전관 및 이민위본(以民爲本, 인민을 근본으로 한다)을 토대로 개혁 개방으로 파생된 불균형 문제를 적극 해소하여, 모든 계급 계층의 이익이 '조화'를 이루는 균형 발전을 추구하겠다는 신지도부의 새로운 국정 이념이자 통치 이념이다.

선부론에 입각하여 경제 성장 일변도의 정책을 추진하여 왔던 덩샤오핑 및 장쩌민 시대와는 달리 성장 일변도의 전략에서 벗어나 균부론(均富論)에 입각하여 안정 속에서 균형 발전을 추구하는 정책으로의 전환을 강조하고 있다. 이상과 같은 문제 의식에서 후진타오-원자바오 체제의 중국은 앞으로 전개되는 20년을 '전략적 기회의 시기'로 삼아 '전면적 소강 사회'를 달성하여 국제 사회에서 진정한 강국으로 도약하고자 준비하고 있다.[16]

6 반면교사의 중국

이 글의 목적은 중화 인민 공화국 성립 이후 중국의 역사적 경험을 고찰함으로써, 중국의 경험을 반면교사로 삼아 한국이 21세기 희망찬 강국이 되기 위한 교훈을 얻는 데 있다. 1949년 중화 인민 공화국 성립 이후 중국 인민의 경험은 우리에게도 시사하는 바가 적지 않다.

중국의 사례는 모든 국민의 통합된 지지 속에 희망찬 미래로 향해 나아가기 위해서는 과거의 역사에 대한 평가가 필요하다는 사실을 보여 주고 있다. 중국의 경험은 이와 관련하여 두 가지 중요한 교훈을 주고 있다. 우선 과거에 대한 평가는 전면적인 부정이나 전면적인 긍정이 아닌 비판적이고 선택적인 긍정과 부정이 되어야 한다는 사실이다. 과거에 대한 전면적인 긍정이 미래를 향한 개혁을 방해한다면, 과거에 대한 전면적인 부정은 중국의 경우에서와 같이 국가의 정당성 및 정체성에 대한 소모적인 논란을 제기할 수 있기 때문이다. 동시에 중국의 경험은 과거에 대한 비판적인 평가는 반드시 어느 부분이 공적이고 어느 부분이 과실인지를 실사구시의 방법으로 명확히 구분 및 평가하여야 한다는 사실을 보여 주고 있다. 이를 통해 공적은 계승·발전하고 과실은 철저하게 경계하는 미래 전략이 가능하기 때문이다.

중국의 역사적 경험이 우리에게 주는 보다 중요한 교훈은 점진주의적 전략의 미덕이다. 실로 오늘날 기적과도 같은 중국의 발전은 점진주의적인 개혁 개방 전략에 기초하고 있다고 하겠다. 구체적으로 중국의 역사적 경험은 순서에 의한 단계적 발전 전략, 선택과 집중 전략, 그리고 실사구시 정신에 기초한 실험주의가 점진주의적인 전략에서 필수적인 요소임을 보여 주고 있다. 특히 실사구시 정신에 기초한 실험주의는 추상적인 이념 논쟁보다는 현실의 실험 결과가 미래를 위한 전략의 기준이 되어야 함을 강조하고 있다. 물론 점진주의적인 개혁 개방 전략 역시 오늘날 사회 불평등과 같은 중국의 지속적인 성장에 위협적인 문제들을 야기하고 있으나, 지난 25년간의 지속 성장을 가능케 한 개혁 개방의 성공 요인으로 점진주의적인 개혁 개방 정책을 언급하는 것은 의미가 있다. 특히 마오쩌둥의 혁명은 급진주의적으로 추진되었으나 그 성과는 점진적이다 못해 퇴보적이었던 반면, 덩샤오핑의 개혁 개방은 비록 점진주의적으로 추구되었으나 그 성과는 급진적이거나 심지어 혁명적이기까지 했다는 점에서, 중국의 역사적 경험은 우리에게 점진주의적 전략의 교훈을 잘 보여 주고 있다.

일본의 잃어버린 10년을 넘어서
―그 성공과 실패의 비밀

박철희

1 일본의 부침: 잃어버린 10년의 현실

1) 부상하는 일본, 기적에서 위협으로

1980년대 후반 일본이 미국을 앞지를 것이라는 예측이 있었다. 일본의 기적에 가까운 성공이 미국을 추월하고 있다고 생각했기 때문이다. 일본이 뉴욕 중심가의 록펠러 센터를 사고, 할리우드의 영화사가 소니에 넘어갔을 때, 일본이 전쟁이 아닌 방법으로 미국을 침략하고 있다고들 했다. 일본은 미국인들에게 부러움의 대상이자 두려움의 대상이었다. 미국인들은 일본이 자신들과는 다른 방식으로 세계를 제패하는 것이 아닌가 하는 의구심을 가졌다. 하버드 대학 교수인 에즈라 보겔은 『세계 제일의 일본(*Japan as Number One*)』이라는 책을 통해 이런 분위기를 대변했다. 미국이 일본으로부터 배워야 한다는 목소리도 높아졌다. 일본은 기적의 나라로부터 미국과는 다른 방식으로 세계 질서를 바꾸려고 시도하는 수정 국가로, 나아가 위협적인 나라로까지 보였다. 거꾸로 1980년대 후반 미국은 재정 적자와 무역 적자에 시달리면서 세계의 패권 국가 자리를 잃지 않을까 노심초사했다.

버블 경제

1980년대 말경 일본의 버블 경제는 상종가를 쳤다.

1985년 플라자 합의 이후 세계적 경쟁력을 가진 일본 상품은 외화라는 황금 알을 낳는 거위였다. 수출이 날개 돋치듯이 늘었고, 일본 상품은 세계를 장악했다. 렉서스나 혼다 자동차가 세계를 누볐고, 소니나 파나소닉은 가전도구의 대명사가 되었다. 미국과 유럽의 어린이들은 일본 애니메이션에 빠져 들었다. 일본 국내에서도 술집이 돈벼락을 맞을 정도로 흥청망청 써 댔다. 일본의 회사들은 사원들을 위해 휴양 시설이나 복지 시설을 잔뜩 지어 댔다. 그 누구도 일본 경제의 앞날에 대해 걱정하지 않았다.

자민당은 만년 여당?

경제만 호황이 아니었다. 정치에서 자민당은 30년이 넘도록 권력을 놓아 본 적이 없었다. 사회당 등 혁신 세력이 간간이 저항하기는 했지만, 자민당 정치는 난공불락의 요새처럼 보였다. 사회당은 제1야당이라는 자부심을 가지고 만족할 뿐 자민당에 정면으로 도전하려는 의지를 1980년대 초반 이후 포기한 거나 마찬가지였다. 사회당이 공천한 후보자가 전원 당선된다고 하더라도 국회 과반수에 미치지 못하는 정도의 후보자를 낸 것만으로도 이를 알 수 있다.

사회당은 자민당의 독주를 견제하면서 자신들의 트레이드마크인 평화 헌법 수호를 위한 마지노선, 즉 국회 의원 정족수의 3분의 1만 지키면 된다는 자기 만족의 정치에 빠져 들었다. 따라서 일본 정치는 자민당이 1이라면 사회당은 그 반에 해당하는 '1.5당 체제형' 정치 체제가 지속되었다. 자민당과 사회당의 정책적 거리는 너무나도 먼 것이어서, 일본 유권자들은 꿈에도 사회당이 자민당을 대신하여 집권하리라 생각하지 않았고, 외교 안보 면에서 비현실적인 정책을 내놓는 사회당으로 정권이 넘어가는 것을 바라지도 않았다. 자민당 총재 간의 권력 교체를 마치 정권 교체인 양 인식하는 유사 정권 교체가 이어졌다. 자민당은 마치 태생적인 일본의 집권당처럼 여겨졌다. 일본인에게 자민당은 만년 여당이었다. 그 누구도 몇 년 후 일본의 정치가 크게 변하면서 자민당의 정치가 요동칠 거라는 예상은 하지 못했다.

온건 보수 노선의 승리

외교 면에서도 일본은 미국의 지지자 역할을 충실히 수행했다. 자유 진영의 최강국인 미국이 제공하는 핵우산과 미일 방위 분담에 입각한 동맹 체제 유지를 통해 일본은 자국에 대한 안보 불안에서 벗어날 수 있었다. 미국의 안보 공약에 의존하면서 일본은 GNP 1퍼센트라는 최소한의 방위비를 지출하면서 경제 성장에 매진할 수 있었다. 전후 요시다 시게루 수상이 제시한 보수 본류 노선의 내용은 미국과의 안보 동맹 체제 아래에서 경제 성장을 통해 선진국 대열에 빨리 합류하는 것이었다. 그 후 역대 수상은 이러한 국가 전략을 충실히 그것도 훌륭하게 수행해 가는 모습을 보여 주었다.

아시아 국가들에 대한 침략과 식민지 지배의 반성과 더불어 국내에서 사회당과 같은 진보 평화 세력의 진출로 인해 여당인 자민당은 극단적인 외교 선택을 지양하고 온건 보수 노선에 기반을 둔 신중한 현실주의 노선에 철두철미했다. 따라서 세계 최강국인 미국의 비위를 거스르지도 않고, 아시아 주변 국가들을 지나치게 자극하지도 않으면서도 세계 제2위의 경제 강국으로 도약할 수 있었다. 군사적 수단의 사용에서 소외당한 일본은 자국의 경제력을 최대한 활용하면서 아시아·아프리카의 개발 도상국 및 저개발 국가들에 대한 개발 원조(ODA)를 십분 활용하여 국가 위상을 높여 갔다. 그래서 일본은 마치 세계의 돈주머니처럼 여겨지기도 했다. 경제적 자신감을 회복한 일본도 그러한 역할 수행을 마다하지 않았다.

사회적 평등과 형평의 신화

일본인들은 일만 열심히 하면 성공한다는 신화를 믿었다. 그래서 밤낮없이 그야말로 뼈 빠지게 일했다. 아침 일찍 출근하여 저녁 늦게까지 회사 일을 하는 것은 부끄러운 일이 아니라 당연한 일이었고, 어떤 이에게는 자랑이자 즐거움이었다. 외국인 저널리스트가 일본인들은 수면 시간을 제외하곤 거의 호모처럼 지낸다고 말할 정도였다.

회사에 대한 충성이 대가 없는 희생만은 아니었다. 일본인들은 열심히 일한 만큼 혜택을 누릴 수가 있었다. 누구나 노력하면 집도 사고, 자녀 교육도 충실하게 시키고, 그다지 부자들과 위화감 없는 생활을 할 수 있다고 믿었다. 만인 평등 사상처럼 일본 모두가 중산층이라고 굳게 믿었다. 사장도 일반 샐러리맨들과 마찬가지로 점퍼를 입고 일하는 모습은 사내 평등을 대내외적으로 보여 주려는 노력의 일환이었다.

일본은 국가가 전체를 책임지는 국가 의존 형태보다는 사회가 완충적인 역할을 담당하는 형태의 복지 제도를 창출해 냈다. 국가가 연금, 보험 등 기본적인 사회 보장 체제를 구비해 주는 동시에, 자신이 소속한 회사들이 그 비용의 전체 또는 일부를 보전해 주었다. 또한 정부와는 별도로 대기업들은 자신의 소속 사원들에 대한 복지 제도 확충에 경쟁적으로 나섰다. 자녀 교육에 대한 보조는 물론, 휴가 및 여가 생활 확충을 위해 회원제 클럽 및 온천 휴양 시설, 체육 시설 등을 건설하여 사원들이 쉴 수 있는 공간을 제공하는 데 인색하지 않았다. 이 같은 사원 복지 제도의 확충도 평등 사회 일본을 간접적으로 지탱해 준 기둥의 하나였다. 곧 이어 닥친 '불평등 사회 일본'이라는 이야기는 적어도 1980년대 일본인들에게는 쓸데없는 기우처럼 들리는 말이었다.

2) 가라앉는 일본

역전된 미국과 일본의 처지

10여 년이 지난 1990년대 말 미국과 일본의 처지는 180도 바뀌었다. 미국은 세계 최강국의 지위를 되찾았다. 군사 면에서는 말 그대로 세계 유일의 초강국이 되었다. 경제 면에서도 적자를 극복했고, 미국적 경영 기준이 세계화의 표준이 되었다. 미국적 가치관에 대한 자신감도 늘어 가기만 했다. 민주주의의 확산이 세계를 평화롭게 하리라는 믿음이 이를 대표했다. 미국을 제외한 전 국가의 군비 지출을 다 합해도 미국의 군사비 지출에 미치지 못할 정도로 미국은 특히 군사 부문의 우위를 절대로 놓치지 않으려고 노력했다. 북한의 선군 정치가 무색할 정도로 미국은 군사적 패권을 유지하는 데 힘을 기울였다. 되살아난 경제, 군사적인 우위, 민주주의에 대한 자신감이 어우러지면서 미국은 제국의 위상을 띨 만큼 국제 사회에 선두 주자로 나섰다.

이에 반해, 1980년대 말 떵떵거리던 일본은 1990년대에 들어 '잃어버린 10년'을 입에 담는 이가 많아졌다. 1990년대에 들어 잃어버린 것은 많고, 10여 년간 무엇 하나 제대로 이루어낸 게 없다는 것이었다. 또한 다시 일어서기 위한 개혁의 기회를 잃어버렸다는 의미에서도 지난 10년을 잃어버린 10년이라고 자조하듯 외쳐 댔다.

1990년대에 들어 일본이 잃어버린 것은 참으로 많았다. 경제적 활력도 사라졌고, 정치적 안정도 불안정과 유동성으로 점철되었으며, 사회적 형평성도 옛날 이야기가 되어 갔다. 무엇보다 욱일승천하던 1980년대의 자신감과 여유를 잃어버렸다. 그러나 흔히들 말하는 것과는 달리, 1990년대의 실패는 1980년대의 지나친 성공의 결과였다. 지나친 성공으로 인한 자신감의 과잉이 실패를 부른 것이다.

버블 경제의 추락

일본 경제가 국제화되면서 일본은 많은 외화를 축적했고 해외 수출을 통한 돈벌이는 많은 경제적 자산을 일본인의 손에 쥐어 주는 결과를 가져왔다.

국제적 경쟁력의 향상은 또한 국제 자본 시장에서 일본 기업에 대한 관심의 증대로 이어져, 도요다, 소니 등 대표 기업들은 일본 국내 은행보다도 런던이나 뉴욕의 증권 시장에서 더 쉽게 자금을 동원할 수 있었다. 이는 또한 정부의 규제로부터 자유로워질 수 있는 수단이기도 했다. 반면 서비스 부문의 임금 상승 등으로 인해 국내 임금이 급격히 상승하는 반면, 고학력자들이 취업자의 대종을 이루면서 점차 우리의 3D 업종에 해당하는 3K 업종에 대한 취업을 거부하게 되자, 공장들이 해외로 옮겨 가는 '산업 공동화' 현상이 급속하게 진전

되었다. 대부분의 대기업은 연구 개발 분야·핵심 기술 및 기획 분야를 제외하고는 해외 생산 거점 확보에 진력했다.

그 결과 일본은 노동과 금융 양면에서 경제적 딜레마에 직면하게 되었다. 대기업들이 점차 해외 자금 조달에 의존하게 되자 국내 은행들은 잉여 자금을 부동산, 건설 등 자금의 장기 운용이 가능한 분야에 쏟아 부었다. 버블 경제 시대처럼 부동산 가격이 줄곧 상승하리라는 기대를 전제로 한 투자였다. 이른바 '땅 짚고 헤엄치기' 식으로 간단하게 돈을 벌자는 발상이었다. 하지만 부동산에 투입된 자금은 단기간에 회수될 수 없는 성격의 자금이었고, 부동산 가격이 내려가자 많은 투자는 사실상 불량 채권으로 전환되었다. 더구나 부동산 및 중개업자들 중에는 폭력 조직 등 회계가 불분명한 회사들이 섞여 있어 부동산 투기 자금의 회수가 어려워지고 불량 채권이 대량 발생하는 사태가 벌어지게 되었다. 예를 들어 5억 엔짜리 부동산을 담보로 받아 자금을 대출해 주었는데 건물 가격이 떨어져 3억 엔으로 내려가게 되면 자연히 나머지 2억 엔은 불량 채권으로 남게 되는 식이었다. 그 회수가 불가능한 것은 아니었지만 아주 오랜 시일이 걸리거나 법적인 조치를 수반하는 것이었기에 불량 채권은 눈 덩이처럼 불어났다. 그렇게 일본의 버블 경제는 무너져 갔다. 경기 침체와 불황에서 벗어나기 위한 버블이 걷히고도 5, 6년이 지나서야 본격적인 수술 작업에 들어갈 수 있었다. 그 사이 언젠가 부동산 가격이 상승하고 경기가 활성화될 것이라는 막연한 믿음이 있어서 아무도 선뜻 움직이려 하지 않았다.

하지만 1990년대 중반이 되자 공적 자금만 투입해서는 감당해 낼 수 없는 사태에 이르게 되고 회사의 체질 개선을 위한 회계 정리와 기업의 통폐합이 단계적으로 이루어졌다. 급기야는 1997년 야마이치

증권의 도산을 시작으로 일본의 대기업과 은행들이 연쇄적으로 무너지는 사태가 벌어졌다. 은행들은 살아남기 위해 구조 조정과 더불어 합병을 통해 생존 전략을 추구했다. 은행권의 통폐합은 이를 여실히 보여 주는 움직임이자 살아남기 위한 몸부림이었다.

보통의 선진국 일본

거품이 꺼진 일본 경제는 불량 채권과 재정 적자로 시달리는 '보통의 선진국'이 되었다. 단순히 선진국 병에 걸렸다고 치부하기엔 심각한 증상들이 나타났다. 실업률이 늘어나고, 재정 적자가 확대되어 가는가 하면, 고령화 사회의 진전으로 국가의 재정 부담은 늘어 가기만 했다. 일본의 중앙·지방 정부가 국민에게 진 빚, 즉 재정 적자가 일본 GDP의 130퍼센트에 이르는 사태가 벌어졌다. 그러면서도 일본 정치인들은 일본의 적자는 외국에 대한 빚이 아니니까 IMF 경제 위기와는 다르다고 국민들을 안심시키려 했다. 하지만 국민들은 정부의 소비 진작 정책에도 불구하고 알 수 없는 미래에 대비하기 위해 장롱 속에 돈을 묶어 놓았다. 돈은 있지만 돈이 안 풀려서 경제가 살아나지 않는 이상한 현상이 지속되었다.

자민당 일당 지배의 종언

1980년대 말까지 독주가 계속되면서 자민당은 정치적 경쟁력과 비판 정신을 잃어 갔다. 너무나 성공한 까닭으로 정적이 사실상 없어지자 자민당 정치는 소위 '말아먹기' 식 행태를 드러냈다. 나카소네 총리 시대의 황금기를 지나면서 지나친 자신감을 드러내기 시작한 것이다.

야당도 여당인 자민당에 대한 견제와 비판에 충실하기보다는 자기 못 챙기기에 급급한 자기 만족형 정치가 벌어졌다. 기업의 비상장 주식을 정치인에게 공여하는 방식으로 주류 기업으로 성장하려던 리쿠르트 코스모스 사(社)의 주식이 여당인 자민당은 물론 공산당을 제외한 거의 모든 정당 간부들에게 뿌려진 것은 이 같은 정치적 비판과 경쟁 의식의 상실을 여실히 보여 주는 사건이었다.

리쿠르트 스캔들이 발각되면서 정치 개혁의 시대가 열리는 듯했지만 이는 정치적 불안정과 정계 재편 시대의 개막을 알리는 신호탄이었을 뿐이다. 정계 최고의 실력자였던 타케시타 수상은 리쿠르트 스캔들과 소비세 인상으로 물러났고, 그 뒤를 이은 우노 수상은 기생을 첩으로 둔 스캔들로 물러났다. 1989년 자민당은 리쿠르트 스캔들, 소비세 인상, 우노 수상의 여성 스캔들이라는 '3점 세트' 때문에 처음으로 참의원 과반수 확보에 실패했다. 그 후 자민당은 참의원에서 과반수를 확보하는 데 계속 실패했다. 견고한 자민당의 일당 지배가 무너진 것이다. 다른 정당과 연합을 모색했지만, 내부 권력 투쟁의 여파로 오자와 그룹이 자민당을 뛰쳐나오면서 자민당은 일시적으로 권력을 손에서 놓아야 했다. 결국 자민당은 다른 정당과 연립하지 않으면 권력을 유지하지 못하는 반쪽짜리 정당이 되고 말았다. 이후 '적과의 동침'을 통해 여당 자리로 되돌아올 수는 있었지만, 자민당이 독주하던 시절은 끝이 났다.

걸프 전의 아픈 추억: 일국 평화주의의 포기

평화 헌법 때문에 자위대 해외 파병의 길이 막혀 있던 일본은 걸프 전이 발생하자 미국의 요구에 의해 130억 달러라는 막대한 전비를 지출했다. 하지만 전쟁이 끝나고 일본은 쿠웨이트가 《뉴욕 타임스》에 게재한 전면 광고에 이름이 누락되었다. 미국 국무성 기념품

상점에 걸려 있던 걸프 전 종전 기념 티셔츠에도 일본의 국기는 빠져 있었다. 미국의 요구에 따라 국민의 세금을 지출하고도 감사조차 제대로 못 받는 현실에 일본 국민들은 극도로 화가 치밀었고, 이 일은 일본의 외교 안보 정책을 대전환시키는 계기가 되었다.

일본이 이제 '수표 발행식 외교'에 종지부를 찍고 돈만 내는 대국이 아닌 인적 공헌도 할 수 있는 '보통의 국가'가 되어야 한다는 논리가 정치의 전면에 등장했다. 일본의 국제 공헌에 반대만으로 일관하던 사회당과 공산당은 수세에 몰리기 시작했다. 그 여세를 몰아 보통 국가를 지향하는 오자와의 선도로 통칭 PKO 법안으로 불리는 국제 평화 협력 법안이 1992년 국회를 통과하게 되었다.

이후 일본은 자신의 경제력에 걸맞은 '국제 공헌'을 하겠다고 나서는 한편, 미국과 더불어 지역 안정을 위해 노력하는 방식으로 미일 동맹의 성격을 재규정해 나갔다. 1995년 하시모토-클린턴 공동 선언은 이 같은 움직임의 시작이었다. 이로써 일본은 전후 평화 헌법의 구도 아래에서 극도로 자제해 왔던 자위대의 해외 파병의 길을 열었으며, 일본 본토의 방위에 한정되지 않는 정치 외교적 역할의 확대에 박차를 가하게 되었다.

평등 신화의 붕괴와 불신의 증대

사회의 불안정도 늘어 가기만 했다. 일본 사람은 모두 평등하다고 믿었던 신화는 무너졌다. 아버지가 관리직이나 전문직이 아니면 여간해서 전문직이나 고소득 경영인이 될 수 없음을 밝혀 낸 한 사회학 연구 결과가 발표되면서 일본은 들끓었다. 일본이 불평등 사회라는 사실이 드러나면서 보통 사람들은 희망이라는 말을 입에 담지 못하게 되었다. 평등 신화에 젖어 있던 일본인들이 현실에서 사회적 양극화가 심화되고 있고, 부와 명예의 세습이 이루어지고 있다는 사실에 눈을 뜨기 시작한 것이다.

　의료와 복지의 발달로 고령화 사회의 문제가 심각하게 대두되기 시작했다. 연금만으로 살아가는 노인들이 늘면서 젊은이들은 자기가 부은 연금마저도 찾아먹지 못할지 모른다는 우려를 품게 되었다. 제대로 된 직장을 찾기가 어려워지자 프리타 족이라고 불리는 비정규직 노동자로 만족하는 젊은이들이 늘어 갔다. 나이가 들어도 부모님과 생활하는 패러사이트 싱글 족(parasite singles 族, 부모에게 얹혀 사는 독신 남녀)이 늘고, 결혼을 해도 아이를 낳지 않아 출산율은 급격히 낮아졌다. 소자화(少子化, 아이를 적게 낳는 현상)와 고령화의 결합은 미래 일본의 모습을 어렵게 만들고 있다. 학생들이 학교에 가지 않고 거리에서 소일하는 불량 행태의 증가도 일본의 어른들을 신경 쓰게 만드는 요인의 하나이다.

　재정적 조치를 수반하는 일들이 계속 늘어나고 있는데도 일본 국민들은 소비세의 인상만은 극도로 회피하고자 한다. 소비세가 5퍼센트로 다른 선진국에 비해 아주 낮은데도 국가에 세금을 더 낼 생각은 추호도 없다. 이는 어찌 보면 국가 및 관료에 대한 신뢰의 상실이 근저에 깔려 있다고 할 수 있다. 실제로 1990년대 중반까지 엘리트로서 일본을 이끌어 간다고 여겨졌던 관료들의 부패와 스캔들이 밝혀지면서 국가에 대한 신뢰는 땅에 떨어졌다. 대장성 관료는 권한을 이용하여 고급 요정에서 접대를 받고, 후생성 관리가 의료 보호 시설 건설 과정에서 대금을 착복하고, 외무성 관료는 정상 회담 비용을 불법으로 사용하는 것이 발각되었다. 국가에 대한 신뢰가 바닥에 떨어지고 그 자리를 대신할 만한 건전한 사회 기관이나 시민 사회가 육성되지 않은 상태에서 나날이 불안감과 불신감만 커져 가고 있다.

일본 내 우익 사회 운동의 발흥은 이와 같은 사회 분위기와 무관하지 않다. 일본이 자신감을 상실하고 주변국으로부터 비판과 질타의 대상이 되는 것을 보면서 일본의 극우 세력들은 자신의 잘못을 반성하기보다는 일본인이 자긍심과 자신감을 회복해야 한다는 일념 아래 역사 인식을 바꾸려는 운동에 전념하고 있다. 한 학자에 의하면 이 같은 운동은 '마음을 달래기 위한' 민족주의 운동이다. 하지만 이 같은 우익 사회 운동의 확산이 일본과 주변국의 갈등을 심화하고 있다는 점에서 그냥 강 건너 불 구경 하듯 스쳐 지나갈 일만은 아니다.

2 일본 신화는 왜 무너졌나?

한 국가의 영욕에 대한 책임은 국가 전체가 지는 것이며 어느 하나를 집어서 비판할 수 없는 것이다. 그런 점에서 일본의 잃어버린 10년의 도래를 불러온 요인들을 지적할 때 누구 하나 총체적인 책임으로부터 자유로울 수 없다.

1) 혁신 없는 자기 만족의 정치

우선은 자기 혁신과 도전을 포기한 안일한 정치권을 지적하지 않을 수 없다. 경쟁 없는 '자기 만족의 정치'가 정치 발전의 걸림돌이 되었다. 자민당은 오랫동안 타성에 젖어 구태의연한 방식에 의한 집권 연장에만 몰두했다. 한국에서는 구태의연한 생각과 행동을 버리지 못한 이들을 '꼴보수'라고 부른다. 자민당의 일부에도 꼴보수가 있다. 자기 혁신을 거부하는 일본형 꼴보수는 다음과 같은 특징을 가진다. 그들은 정치란 정치가의 문제이자 권력을 다루는 게임으로, 정치가들끼리의 비즈니스에서는 어떠한 일도 가능하다고 본다. 따라서 대의 명분과 정책보다는 권력 야합이나 인기 영합을 통해서라도 권력은 절대 손에서 놓지 말아야 한다는 강박 관념이 있다. 적과 손을 잡고서라도 권력을 유지해야 마땅하다. 국민은 안중에도 없다. 권력만이 있을 뿐이다.

또한 성장 시대의 생리에 젖어 있는 일본형 꼴보수는 성장의 혜택을 나누어 주기만 하면 유권자는 모인다고 생각한다. 공공 사업을 벌여 일자리를 만들어 주고, 보조금을 나누어 주어 일시적으로 아픔을 없애 주고, 세금을 줄여 주면 유권자는 자민당을 지지할 것이라고 믿는다. 세금을 어떻게 거두느냐가 아니라 세금을 어떻게 쓰느냐가 자민당 정치에 직결된다고 믿는 것이다. 따라서 어렵게 정책에 대해 설득하고 대안을 제시하기보다는 선심형 복지 사업에 힘을 기울인다. 그리고 정치 지도자란 파벌 간 합종연횡에 의해 정해지는 것이어서 일반 유권자는 물론 정계 내에서도 거래를 모르는 순진한 초선 의원들은 감히 관여해서는 안 되는 것으로 여긴다. 지도자의 창출에 참여하고 그 대가로 관직을 얻는 것을 당연하게 여긴다. 이처럼 구태의연한 일부 자민당 정치인들이 일본의 유권자로 하여금 자민당 정치에 싫증을 느끼도록 만들어 갔다.

자기 혁신과 대안 제시에 게으르기는 일본의 혁신 세력도 마찬가지였다. 1990년대 일본 정치가 활력을 잃은 데는 자민당을 중심으로 한 보수 세력보다는 제3의 길을 선택하지 못한 혁신 세력에게 책임이 더 크다. 전후 평화 헌법 수호와 미일 동맹·자위대 반대 운동을 펼쳐 온 사회당은 자신들을 평화의 당으로 규정하고 자민당에 대한 반대로 일관했다. 하지만 자민당에 대해 반대하는 것 이외에 현실적 대안 제시에는 눈을 감았다. 사회당이 본래 지향해야 할 사회 복지 부문에서의 전향적인 정책 제시 및 새로운 평화 사상의 전개보다는 어떠한 대가를 치르고라도 평화 헌법을 사수해야 한다는 강박 관념에 사로잡힌 탓에 경직성이 늘어났다.

결국 자민당이 걸프 전을 계기로 해석 개헌을 통한 보통 국가화를 시도하고 국민의 여론이 자민당 지지로 돌아서자 사회당은 설 땅이 좁아졌다. 그럼에도 사회당은 새로운 모습으로 틀바꿈하기보다는 자기 변명의 정치에 바빴다. 당내 일각에서 새로운 대안을 모색하려는 움직임이 일자 내부 분열로 비칠까 우려하여 논쟁을 덮고 은폐하기에 급급했다.

사회당의 전략 부재는 소선거구제를 찬성한 데서도 여실히 증명되었다. 자민당이 소선거구제 도입을 통해 소수 정당들을 사장하려는 의도를 가졌음을 간파하면서도 정치 개혁이라는 명분을 거부하지 못해 스스로 무덤을 팠던 것이다. 소선거구제로 선거법이 바뀐 후 바로 다음 선거에서 사회당은 반수 이상 의석을 잃었다. 반자민 연합에 가입했지만 가장 큰 지분을 가지고 있다며 연립 내 제 몫 찾기만 하다가 결국 버림을 받았다. 그러던 중 자민당이 연합을 제의하자 이번에는 적과의 동침도 마다하지 않았다. 이는 곧 사회당의 최대 명분이었던 헌법 문제, 미일 동맹 문제, 자위대 문제 등에서 백기를 들고 투항하는 격이었다. 그 후 사회당은 사회민주당으로 이름을 바꾸었지만 간판만 바꾼 것일 뿐 정책 전환의 시도가 없는 상황에서 이미 때늦은 선택이었다.

결국 일본의 정계가 내분에 시달리고 자기 혁신을 이루지 못하는 와중에 일본의 잃어버린 10년은 찾아들었다. 자신들의 성공에 도취해 있던 정당과 정치 지도자들이 과감한 정책 전환과 대안 모색에 실패한 결과라고 할 수 있다. 불안정과 유동성의 시대를 넘어 대안을 모색하기까지는 상당한 조정 기간이 필요했다. 1989년에 시작된 자민당 정치의 유동화는 2001년 고이즈미가 탄생해서야 불안하나마 안정을 회복하고 있다.

2) 안이한 투자와 때 늦은 구조 조정

경제 관리의 회복에도 시간이 걸린 것은 마찬가지다. 일본은 흔히 국가 주도형 발전 모델을 대표한다고 일컬어진다. 하지만 심층적으로 들여다볼 때, 국가의 역할은 '지시'보다는 '유도'인 것이다. 국제 경제의 동향을 읽고, 자원의 집중적·장기적 사용을 유도하도록 시스템을 정비한 것이 유효했다고 볼 수 있다. 나아가 세계 초일류 기업으로 성장한 도요타나 혼다, 소니 등은 국가의 직접적 재정 지원이나 행정 계도에 의해 만들어진 기업이 아니다. 끊임없는 기술 계발과 자기 혁신으로 세계적인 기업을 일구어 냈고, 일본 정부는 이를 옆에서 도와주는 역할을 수행한 것이다. 따라서 일본이 국가 주도형 경제 성장을 했다는 주장엔 시장 경쟁 체제를 선택하고 있는 서구의 편견이 담겨 있다.

1990년대 초반 이후 일본이 경제 불황에 빠진 것은 이 같은 세계 초일류 우량 기업들이 실패해서가 아니었다. 잃어버린 10년 동안에도 세계적 경쟁력을 갖춘 기업들은 수출에서 호조를 보였고, 수익도 그리 떨어지지 않았다. 문제는 국가 재정 운영 체제와 세계화에 뒤처진 기업들에 대한 정책에서 나타났다. 우선 일본 정부는 은행들이 막대한 자금을 유동성이 떨어지는 부동산·건설 부문에 집중적으로 투자하는 것을 막지 못했다. 수출 증대 및 대기업의 해외 자금 조달에서 기인한 유휴 자금을 리스크가 적은 부동산 등 부가가치 재생산이 적은 부문에 대량 투입되는 것을 허용한 데서 정책적 실패가 있었다. 단기적으로 반짝 효과는 있지만 장기적인 투자 반환 효과는 낮은 것이 뻔한 데도 자금 운용상의 규제를 하지 않았다. 역설적으로 말하자면, 일본은 국가 규제가 강해서 경제 체질이 나빠진 것이 아니라 규제를 제대로 하지 못하고 손을 놓고 있었기 때문에 경기 침체로 이어진 것이라고 할 수 있다.

또한 중소 기업 부문에 대한 구조 조정에 게을렀다. 이는 이들 기업들이 자민당의 정치적 지지 기반이라는 점과 무관하지 않다. 세계화의 물결 속에서 경쟁력이 약한 부문, 특히 기술 경쟁력이 약한 중소 기업 분야가 타격을 받을 것이라는 점은 익히 예상할 수 있는 범위 안에 있었다. 하지만 일본형 경제 체제를 지나치게 믿고 신자유주의적 조치에 반대만 하다가 뒤늦게 산업 구조 조정 및 미시적 회계 구조 전환에 뛰어든 것이다. 결과적으로 도산과 브채에 시달리는 중소 기업 등에 경제가 발목을 잡히는 사태가 나타났다. 그로 인해 부동산 분야와 중소 기업 등은 일본 경제의 '돈 먹는 하마'로 변신했다. 결국 일본 정부의 공적 자금 투입이 불가피하게 되었고, 기업 체질 강화를 위한 각종 조치 및 구조 조정이 1990년더 후반부터 본격화될 수밖에 없었다. 버블 붕괴의 초기에는 일본 경제 체제에 대한 과도한 자신감이, 1990년대 중반에는 세계화에 대한 거부감이 적시의 정책적 대응을 미루게 했다. 결국 아시아에서 암처럼 번져 가는 금융 위기를 목격한 후에야 일본은 본격적인 경제 수술에 들어갔다.

3 왜 다시 살아나고 있나?

1) 고이즈미의 정치 혁신

우여곡절 끝에 탄생한 고이즈미 정권은 일본의 잃어버린 10년으로부터의 탈피와 재도약을 상징한다.

위기감의 공유

우선 고이즈미는 일본 국민들에게 희생과 고통을 감수하라고 외치면서도 수상이 될 수 있었던 첫 번째 정치가이다. 사실 고이즈미 이전에는 본격적으로 유권자들에게 자기를 어필할 기회조차 주어지지 않았다. 하지만 모리 총리가 밀실에서 탄생한 것에 대한 반작용으로 지방 당원에 의한 투표를 늘리면서 고이즈미는 직접 국민들에게 자신의 메시지를 어필할 수 있었다. 고이즈미가 외친 가장 큰 구호는 "구조 개혁 없이 성장 없다."라는 말이었다. 일본 유권자들에게 근거 없는 희망을 심어 주기보다는 국민들에게 허리띠를 졸라매고 개혁에 동참해 구조를 개혁해야만 경제의 체질을 개선하고 재도약할 수 있다는 위기감을 고취시킨 것이다. 위기 의식의 고취를 통한 국민적 단결을 호소한 점에서 고이즈미의 정치 스타일은 주목된다. TV와 미디어를 적극 활용하는 정치 스타일도 국론을 모으기 위한 포인트로 작용하고 있다.

국민과의 일체화

또한 고이즈미는 '나가카 쵸의 괴짜'라고 불릴 만큼 기존의 전통과 스타일을 고집하지 않고 고정 관념을 깨는 정치인이다. 그는 록

밴드 X-Japan을 사랑한다며 최신곡을 흥얼거리는가 하면, 혼자 있는 시간에는 문을 닫고 음악을 즐기고, 요정에서 동료 의원들과 술을 마시기보다는 가부키나 연극을 관람한다.

이러한 스타일은 요정과 호텔의 어두운 구석에서 국민이 모르는 나쁜 짓을 하고 있다는 정치인의 이미지를 바꾸는 데 기여했다. 국민과 가까이 있는 정치인의 이미지를 연출한 것이다. 결국 유권자들의 절대적인 지지를 이끌어 냄으로써 역으로 매너리즘에 빠진 이익 집단들을 견제한 것은 고이즈미의 탁월한 정치 역량이다. 정치권 내, 특히 여당인 자민당 내에서 그의 개혁 주도 정치에 반발을 일으키자 고이즈미는 다시 '저항 세력'이라는 말을 만들어 오히려 그들을 고립시켰다. 이는 거시적 맥락에서 보면, 고이즈미가 국민과의 일체감을 형성하는 방식을 통해 기득권과 이권 조작에 물든 세력들을 고립시키고 적극적으로 개혁을 추진해 가는 방식을 채택했음을 의미한다. 인기를 동원해 기득권을 파괴해 가는 방식으로 정치를 바꾸어 가고자 하는 것이다.

미일 동맹의 강화

고이즈미의 외교 노선도 자신의 지지도 향상 노력과 무관하지 않다. 그는 1980년대 초 론야스(로널드 레이건과 나카소네 야스히로의 이름을 합친 합성어) 관계보다도 더 강한 개인적 관계를 부시 대통령과 구축해 갔다. 9·11 테러 이후 바뀌어 가고 있는 신질서에 적극적으로 참여함으로써 초강국인 미국으로부터 강한 지지를 받고 있는 것이다. 이는 일본의 외교 정책 실현을 위한 탄탄한 기반을 조성했다. 미국과 함께 가기를 선언함으로써 일본은 현실적으로 여러 면에서 유연한 외교 정책을 펼 수 있게 되었다.

관저 주도의 정책

고이즈미는 대통령제 요소를 가미한 정치 스타일을 취하면서도 국민적인 합의 유도를 위해 국론을 수렴하는 장치들을 적극 활용하고 있다. 심의회, 간담회, 협의회 등 수상 및 관저를 중심으로 한 정책 결정 체제를 제도화해 가는 노력을 지속하고 있는 것이다. 이는 정치에서 가장 중요한 일의 하나인 어젠다 설정을 관저가 주도하는 양상을 가져왔다. 결국 정책 결정의 심장부를 자민당이나 국회에서 수상 관저로 옮겨 오는 방식을 통해 주도적인 개혁 어젠다의 실현을 추구하고 있는 것이다. 민중주의적 요소를 적절히 배합하고 있다고 하겠다.

이와 같은 제반 요인들이 어우러져, 국제화에 적극적으로 대응하는 신자유주의적 개혁 조치들을 도입하는 동시에, 국제 사회에서도 적극적으로 정치 외교적 존재감의 증대를 도모하고 있다.

2) 반면교사 일본

날뛰는 우익 세력, 맥없는 진보 진영

고이즈미의 등장 이후 일본 내 좌파는 쇠퇴일로를 걷고 있다. 사회당 세력이 1990년대 중반 힘을 상실한 이래, 좌파의 경쟁력은 사라진 지 오래다. 하지만, 그 후로도 혁신 세력을 향한 보수 세력의 공격은 지속되었고, 특히 우익 세력에 의한 좌파 말살 정책은 점점 힘을 더해 가고 있다. 한국에서도 문제가 되고 있는 '새로운 역사 교과서를 만드는 모임'은 당초 좌파 잔존 세력의 본산인 '일본 교직원 노동 조합'과 그들에 의한 진보적 역사관 교육을 수정하기 위해 생겨난 정치 모임이다. 이들은 1997년 이후 정치적 움직임을 가시화하고 있으며, 전국적으로 세력을 확장하면서 국민적인 관심을 고취하려고 노력하고 있다. 이에 대한 좌파·진보 세력의 반격은 미미한 수준에 머물러 있다.

문제는 우익 세력의 발흥 자체보다는 진보 세력의 약화에 있다. 진정한 좌익이 없기 때문에 제대로 된 우익이 없다는 지적은 이 경우에 타당하다. 새로운 이념 무장은커녕 구체적이고 현실적인 사회 운동 전개를 위한 논리도 제시하지 못하고 있는 탓에 진보 진영은 맥이 빠져서 한탄하는 신세로 전락하고 말았다. 진보 진영은 '침묵의 나선'에 빠진 느낌이다. 일본 사회가 건강성을 회복하기 위해서는 정치권 내의 탄력성 회복은 물론 이들을 지지하는 사회 운동권 내에서의 경쟁력 복원도 필요하다. 균형추가 기울어져 있는 일본의 사회 운동은 일본 정치권을 한 방향으로 몰아가고 있으며 국민의 여론과는 동떨어진 정책을 추진해 나갈 위험성도 있다.

미국 일변도의 외교, 아시아 경시

고이즈미 정권에서 미국 일변도의 외교를 지속하고 있는 점도 우려된다. 일본이 최대의 우방이자 동맹 파트너인 기국과 우호적인 관계를 구축하는 것은 결코 나무랄 일도 비판할 일도 아니다. 다만 아시아 국가로서의 정체성을 상실한 채 미국으로만 달려가는 듯한 인상을 주는 것은 장래 일본의 국가 전략과 관련해 우려할 만하다.

일본은 근대 초기 '탈아입구(脫亞入歐)'라는 발상의 전환을 통해 서구 열강을 따라잡으면서 열강의 대열에 합류한 경험이 있다. 최근 일본의 외교적 움직임을 보면 그때를 연상시키는 행동들이 이어지고 있다. 북한 두들기기에 미국보다도 앞서고 있고, 중국과는 야스쿠니 신사 참배 문제로 정상 간 대화가 단절되어 있으며, 한국과는 역사

왜곡 및 독도 문제로 갈등이 재연되고 있다. 심지어 러시아와도 북방 4도 문제로 사이가 껄끄럽다. 주변국 중에서 관계가 원만한 것은 미국 정도이다. 근대 초기와 같이 '탈아입구'는 아니지만 미국을 통해서 아시아 국가들과 관계를 가지겠다는 '통미입아(通美入亞)'의 발상이 눈에 띈다.

포퓰리즘의 유혹

고이즈미식 포퓰리즘은 저소득층이나 중하위층을 겨냥한 남미형 포퓰리즘과는 다르다. 그렇다고 특정 이념을 팽창시키기 위한 이념 주입형 포퓰리즘도 아니다. 오히려 현대 문명의 이기인 미디어를 적극 활용하여 자신의 이미지를 업그레이드하고 이를 통해 지지도를 높임으로써 자신의 정통성을 향상시키고자 하는 요소가 강하다. 따라서 개인적 인기를 유지할 뿐 다른 정치 지도자들에게 힘을 실어 줄 수 없다는 점에서 한계가 있다. 본인에게는 유혹적이지만 다른 이에게는 부담스러운 것이 고이즈미식 포퓰리즘이다.

4 한국과 일본의 도전: 제3의 길의 모색에 성공할 것인가?

한국과 일본은 서로 다른 방향을 향해 달려가는 것처럼 보인다. 한국이 좌경화하고 있다면, 일본은 우경화하고 있다. 좀 더 순화된 표현을 쓰자면, 한국에서는 보혁 갈등이 거세지고 있고, 일본에서는 보혁 갈등이 사라지면서 보수 내부에서 세력 간 경쟁 구도가 생겨나고 있다. 그러나 한일 양국 모두 현 단계에서는 온건한 정치적 경쟁을 지향하고 국민의 자발적 참여를 유도하는 제3의 길 창출에는 실패한 것으로 보인다.

1) 외교 안보적 합의의 도출

우선 양국에 가장 필요한 것은 냉전 시대와는 다른 혁신과 보수의 제자리 찾기이다. 냉전형 논리의 연장선에서 보수와 혁신을 논하는 것은 별로 의미가 없고 신선미도 없다. 국민들도 새로운 것을 갈망한다. 그러나 정치권은 극단적인 형태의 대결과 인기 영합주의적 발상으로 국민을 끌어가고자 한다. 더구나 한일 양국 모두 외교·안보 쟁점을 둘러싸고 보수와 혁신으로 갈라져 있다. 본래 서구형 보혁 갈등이라면 국내 정치·경제의 대립축을 중심으로 전개되어야 할 보혁 구도가 대외 정책을 중심으로 형성되어 있다. 그런 점에서 중도 보수와 중도 혁신이 대결하는 제3의 길을 모색하기 위해서는 우선 외교·안보 전략에 대한 국민적 공감대의 형성이 필수적이다. 그런 다음 진정한 보수와 혁신의 토대인 국내 정치적·경제적 대결 구도로 쟁점을 전환하여야 마땅하다.

2) 미국과 아시아의 접점 모색

한국과 일본 모두 외교 전략적 선택 또한 극단적 형태를 띠고 있다. 한국은 한반도에서 냉전 구도를 해체하기 위해 전력을 쏟고 있다. 발상이 너무도 한반도 고착적이다. 이에 더하여 동북아 지역 협력을 지향하는 목소리가 강해서 미국과의 관계 설정을 애매하게 남겨 두거나 반미적 성향을 노출하는 경향이 강하다.

반면 일본은 미일 동맹을 일방적으로 강화하면서 아시아에 대해서는 제스처에 불과한 움직임만 보여 주고 있다. 또한 외교적 시야를 지역 차원에서 지구 차원으로 넓히려 시도하고 있다. 그러나 한일 양국 모두 균형 있는 외교 노선을 회복하기 위해서는 미국과 동아시아의 접점을 찾아내는 온건한 보수 노선을 회복해야 한다. 그렇지 않고서는 갈등과 대립이 사라지지 않을 것이고, 지역 국가 간 신뢰 구축도 어려울 것이다.

3) 폐쇄적 민족주의의 극복

한일 양국은 또한 서로 민족주의적 담론에 함몰해 가고 있다. 한국에서는 좌파 민족주의가, 일본에서는 우파 민족주의가 기승을 부리고 있다. 21세기 국제화 시대에 양국이 내부 지향적인 움직임으로 협소해지고 있는 것은 안타까운 일이 아닐 수 없다. 국제화에 대한 적극적 대응이 결코 외부 문화 및 경제에 대한 완전한 개방과 수용을 의미할 수는 없다. 하지만 세계화 시대의 담론은 국수주의적 생존을 허락하지 않는다. 자국의 자긍심을 가지면서도 열린 민족주의를 지향해야 하며, 초국가적 담론에 적극 참여할 수 있는 토대를 닦아 가야 한다.

4) 사회적 불평등의 해소

과격한 사회 세력의 배양소는 사회적 불평등의 확산과 양극화에 있다. 현상 타파적·반동적 사회 세력을 정치적으로 융화하고 흡수해 내기 위해서는 불평등과 양극화를 해소할 수 있는 조치들을 담아 내야 한다. 한국 일본 모두 현재 진행되고 있는 양극화 현상이 사회적 불만의 탈출구로서 과격한 운동으로의 지향성을 이끌어내고 있다. 온건한 제3의 길을 모색하기 위해서는 가진 자도 조심하고 사회적 책임을 다하며, 못 가진 자도 노력하면 대접받고 성공할 수 있는 체제를 만들어 가야 한다. 고도 성장 시대에 가능했던 사회적 신분 상승의 기회가 차단되면서 나타나는 불만이 사회적으로 분출되지 않도록 하는 정책적 조치들이 구상되고 실현되어야 한다.

꿈의 대륙에서 좌절의 대륙으로
—— 라틴아메리카의 잃어버린 20세기

이영조

1 날개가 있어도 추락한다 : 아르헨티나의 파산

2001년 12월 18일 크리스마스를 일주일 앞둔 아르헨티나의 부에노스아이레스. 여느 해 같았으면 축제 분위기였을 이곳에서 대규모 폭동이 발생했다. 폭동은 배고픔을 참지 못해 슈퍼마켓을 습격한 시민들에게 경찰이 발포한 것이 발단이 되었다. 보통 때 같았으면 이튿날 신문의 한 귀퉁이를 장식하고 말았을 사건이었지만, 이 날 경찰의 발포는 가스가 가득 찬 방에 성냥불을 그어 댄 것처럼 대규모 유혈 폭동의 도화선이 되었다. 오랜 경제적 어려움으로 누적된 시민들의 불만이 일시에 폭발하면서 폭동은 걷잡을 수 없게 번져 갔다. 이튿날 속수무책의 상태에서 델라루아 대통령이 사임을 발표했다. 이후 열하루 동안 다섯 명의 대통령이 줄줄이 사퇴하는 극도의 혼란상이 빚어졌다.

다른 나라도 아닌 아르헨티나에서 어떻게 이런 일이 일어날 수 있단 말인가. 아르헨티나가 어떤 나라인가? 온화한 기후, 기름진 땅, 풍부한 자원. 그야말로 천혜의 땅이다. 당연히 아르헨티나는 20세기 전반까지만 해도 세계에서 손꼽히는 부자 나라였다. 이미 1930년대에 문자 해득률이 90퍼센트를 넘어섰던 나라였다. 남미판 아메리칸 드림의 나라였다. 우리에게도 잘 알려진「엄마 찾아 3만 리」라는 만화 영화는 바로 아르헨티나에 돈 벌러 간 엄마를 찾아 나선 이탈리아 소년이 겪게 되는 여러 사건을 그린 작품이다. 그만큼 아르헨티나는 가난한 유럽인들에게 기회의 땅으로 여겨졌다. 그랬던 아르헨티나에서 먹을 게 없다고 폭동이 일어나다니 말이나 되는 일인가.

당연한 의문이다. 전문가들도 실로 궁금해하는 대목이다. 그래서 아르헨티나 사람들은 이렇게 말한다. "하느님은 아르헨티나를 만들었지만 동시에 아르헨티나 사람도 만들었다." 천혜의 조건에서 나라를 이토록 엉망으로 만들 수 있는 것은 아르헨티나 사람들밖에 없을 것이라는 자조 섞인 한탄이다.

2 아직도 오지 않는 미래

사실 아르헨티나가 가장 극단적인 예이지만 아르헨티나만 그런 게 아니다. 남미 다른 나라들도 사정이 크게 다르지 않다. 예컨대, 이웃한 브라질도 한때는 잘 나갔지만 그 잠재력이 충분히 살아나지 않고 있는 나라 가운데 하나이다.

비근한 예로 20세기 지휘사에서 푸르트벵글러와 함께 양대 산맥을 이룬 이탈리아의 토스카니니가 지휘자로 데뷔한 곳이 브라질이다. 1886년 오페라단에 첼리스트 겸 합창 부지휘자로 입단한 열아홉 살의 토스카니니는 브라질에서 「아이다」 공연에 참가하게 되었는데, 이때 연습 도중 지휘자가 악단과의 불화로 공연 직전에 갑작스럽게 사퇴하는 사건이 벌어졌다. 다급해진 오페라단에서는 부지휘자에게 지휘를 맡겼으나 청중들로부터 심한 야유를 받았다. 이어서 지휘봉을 잡은 합창 지휘자도 역시 쫓겨나 버렸다. 이렇게 되자 극장 측에서는 거의 자포자기의 심정으로 평소 지휘에 관심이 많다고 알려져 있던 토스카니니에게 지휘를 맡겼는데, 지휘대에 오른 토스카니니는 악보를 덮고는 암보로 리허설 한 번 없이 이 대곡을 성공적으로 지휘함으로써 일순간에 유명해졌다. 여기서 중요한 것은 토스카니니의 소설 같은 출세담이 아니라 당시 유럽의 유명 오페라단이 출장 공연을 나갈 만큼 브라질이 호황을 누리고 있었다는 점이다. 이런 브라질이었기에 흔히 브라질은 '미래의 나라'로 불렸다. 하지만 그 미래는 문자 그대로 '아직도 오지(來) 않고(未)' 있다.

아무튼 한때는 북미보다도 잘 살았던 남미의 나라들이 지금은 칠레를 제외하고는 모두 그 잠재력을 살리지 못한 채 실패의 상징으로 전락해 버렸다. 그 이유는 무엇일까? 이 의문에 답하기 위해 함께 남미로 시간 여행을 떠나 보자.

3 첫 단추를 잘못 끼웠다

라틴아메리카를 이해하는 첫 번째 열쇠는 라틴아메리카가 15세기 말에서 16세기 초에 이베리아 반도의 스페인과 포르투갈에 의해 식민지가 되었다는 사실이다. 이것은 이들 국가의 역사 발전에 여러 가지 함축적인 의미를 지닌다. 스페인과 포르투갈은 중세적인 요소가 많이 잔존해 있어 완전한 근대 국가로 보기 어려운 나라였다. 이러한 중세적 제도와 문화는 식민지에 그대로 이식되었다. 이식된 제도나 문화는 흔히 이식될 당시의 상태로 얼어붙거나 화석화된 채 그 형태와 내용이 유지된다. 라틴아메리카도 예외는 아니었다. 이베리아 반도의 전통은 이식될 당시의 원형에 가깝게 보존되면서 라틴아메리카의 정치와 사회를 형성하는 데 커다란 영향을 주게 된다.

첫째, 유럽은 피레네 산맥에서 끝난다는 말이 있을 정도로 15세기 말 16세기 초의 스페인과 포르투갈은 피레네 산맥 이북의 서유럽과는 사뭇 달랐다. 수백 년 동안 회교도인 무어 인들의 지배를 받았고, 무엇보다도 무어 인들에 대한 재정복 전쟁의 과정에서 비교적 일찍부터 중앙 집권화가 시작되어 봉건주의의 전통이 상대적으로 약했다. 봉건주의를 제대로 경험하지 못했다는 것은 바로 근대 민주주의의 발달과 정착에 크게 기여한 계약과 분권의 관념이 이들 국가에서는 제대로 발달하지 못했다는 것을 의미한다. 민주주의가 발달하기 어려운 토양이 라틴아메리카에서 자라났다.

둘째, 구조나 작동 그리고 사회에 대한 침투력에서 근대 국가와는 상당한 차이를 지니는 관료제 이전의 중앙 집권적 국가 기구가 라틴아메리카의 식민지로 이식되었다. 이러한 제도는 소국의 경영에는 적합했는지 모르지만 라틴아메리카의 광활한 제국을 경영하는 데는 기술적·물리적인 뒷받침(도로, 통신, 군대 등)을 결여하고 있었다. 따라서 국가는 시민 사회나 지방 권력의 도전에 언제나 노출되어 있었다. 그 결과 명목상의 중앙 집권 제도와 실제상의 지방 분권 사이에 갈등이 상존했다. 브라질에는 "왕의 권위는 대농장의 문 앞에서 멈춘다."라는 말이 있다. 라틴아메리카에서 농지를 개혁하려는 시도가 무수히 많았지만 거의 모두가 실패한 것은 바로 정부의 침투력이 제한된 데 크게 기인한다.

셋째, 중세의 지체주의[1] 전통이 강한 이베리아 반도의 교회가 라틴아메리카에 이식되었다. 스페인과 포르투갈은 종교 재판과 반종교 개혁의 본거지이자 중세적 교회 전통의 마지막 보루였다. 이러한 이베리아 반도의 교회가 그대로 이식됨으로써 권위주의적 문화가 정복 이전에 존재하던 권위주의적 전통과 접목되어 라틴아메리카에 뿌리 깊게 자리 잡게 되었다.

마지막으로 라틴아메리카의 가장 심각한 문제의 하나인 불평등의 씨앗도 식민 초기에 뿌려졌다. 스페인과 포르투갈의 국왕은 한편에서는 광활한 땅에서 식민 사업을 벌이기에는 제한된 왕가의 재정 때문에 또 다른 한편에서는 사업 실패에 따른 위험을 줄이기 위해 넓은 땅들을 이윤 공유의 조건으로 '벤처 사업가(정복자)'들에게 나누어 주었다. 이들은 다시 정복에 참여한 군인들에게 땅을 나누어 주었다. 정복자는 적고 땅은 넓었기 때문에 이들이 나누어 받은 땅은 본국에서는 상상할 수도 없는 규모였다.

물론 스페인 왕가의 경우 순전히 경제적인 이유 때문에 땅을 정복자들에게 나누어 준 것만은 아니었다. 포교의 의무를 지고 있던 스페인 왕은 인디오들을 기독교로 개종시키기 위해 이들을 스페인 인들에게 위탁하는 동시에 이 인디오들이 먹고 살 수 있게 땅도 나누어 주었다. 하지만 '엔코미엔다(encomienda)'로 불린 이 제도는 곧 정복자들이 토지를 차지하고 인디오 노동력을 착취하는 도구로 전락했다. 훗날 이 제도의 폐해에 눈뜬 스페인 국왕은 이 제도를 폐지하지만 이미 대농장제와 인디오 착취는 깊이 뿌리를 내린 다음이었다.

오늘날 라틴아메리카의 불평등과 부의 집중은 우리로서는 상상하기도 어려울 정도이다. 대부분의 나라에서 인구의 3, 4퍼센트가 전체 토지의 70퍼센트가량을 소유하고 있다.

　이해를 돕기 위해 1986년 브라질의 리오데자네이루에서 살바도르까지 버스로 여행하는 일주일 동안 함께 지냈던 농장주의 얘기를 해 보겠다. 우루과이에 접경한 히우그랑지두술 출신인 이 농장주 부부가 보여 준 사진에는 씨 뿌리고 농약 뿌리는 데 사용하는 경비행기도 있었다. 그래서 "당신 부자로군요." 했더니 아니란다. '생산자'는 브라질에서는 부자가 될 수 없단다. 자신의 농장에서는 1년에 쌀을 80킬로그램짜리로 3만 부대를 생산하는데, 중간 규모에 불과하다면서 큰 농장들은 자기 농장의 10배는 된다고 한다. 당시 사르네이 정부가 농지 개혁법을 내놓고 있었다. 그래서 농지 개혁법이 시행되면 어떻게 되느냐고 물었더니 자신의 농장에서 일하는 일꾼이 40가구가 있는데 농지 개혁은 최악의 경우에도 이 일꾼들 집에 새 텔레비전 수상기가 생기는 것을 의미할 뿐이라고 대답했다. 명목상으로 이들에게 땅을 팔았다가 잠잠해지면 다시 사 들이고 감사의 표시로 텔레비전 한 대씩 사 주면 그만이라는 얘기였다.

4 국민은 있어도 민족은 없다

　첫 단추를 잘못 끼우면 그 다음 단추도 잘못 끼워지게 마련이듯 식민 초기의 제도와 관행은 오늘날까지 라틴아메리카에 짙은 그림자를 드리우고 있다. 그 가운데 하나가 사회적 통합의 결여이다. 오랫동안 인디오는 지배와 착취의 대상에 불과했다. 그래서 같은 권리와 존엄성을 지닌 사람이라는 의식이 별로 없다.

　한국에도 소개되었던 영화 「로메로」에 주목할 만한 장면이 하나

나온다. 엘살바도르의 젊은 농업 장관이 암살되자 그 미망인을 대주교인 로메로가 위로한다. 미망인은 자기의 아들이 세례를 받아야 하는데 언제 오면 좋겠느냐고 묻는다. 이에 로메로 대주교는 유아 영세는 한 달에 한 번 준다고 대답한다. 무슨 뜻인지 이해하지 못한 미망인이 다시 묻는다. "어느 날에 오면 되나요?" 로메로는 개인적으로 유아 영세를 주지 않으니 정해진 날에 오라고 대답한다. 그랬더니 이 미망인이 로메로에게 날카롭게 되묻는다. "우리 애보고 인디오 애들과 같이 영세를 받으라는 말씀이세요?" 이 일이 계기가 되어 미망인은 로메로의 반대편으로 돌아선다.

이것이 라틴아메리카이다. 국민은 있으되 민족은 없다. 처음에는 인디오만 차별의 대상이었지만 이제는 인종이나 신분, 처지가 다른 사람들은 모두 일체감의 대상이 아니다. 국적이 같으니 같은 국민이라고는 생각하지만 자신과 같은 사람이라고는 생각하지 않는다. 중앙아메리카나 안데스 지역과 같이 인디오 인구가 많은 나라에서는 인종이, 백인이 인구의 대부분인 나라에서는 부가 차별의 기준이 된다. 신분이 다른 사람들과는 이야기도 하지 않는다. 신분이나 집단에 따라 사교 클럽도 나뉘어 있다. 신분이 다른 내국인보다는 신분이 같은 외국인을 상대하는 게 심리적으로 거부감이 덜한 것이 라틴아메리카 사람들이다.

경험담 하나, 미국에서 공부할 때 내가 살던 아파트 단지에 브라질에서 온 청소부가 있었다. 우리 단지에 살던 브라질 유학생 가족들은 청소부와 알은체도 하지 않고 지냈다. 물론 서로 같은 브라질 사람이라는 것을 알고 있었다. 하지만 말을 하지 않았다. 서로 인사를 나눌 사이가 아니었던 것이다. 나만 브라질 유학생들과도, 청소부와도 인사를 하고 지냈다.

설마 하겠지만 라틴아메리카의 아파트 구조를 보면 생각이 달라질 것이다. 라틴아메리카의 아파트에는 엘리베이터가 두 대 있다. 하나는 주인과 그 손님들이 사용하는 엘리베이터이고, 다른 하나는 파출부나 기사, 아파트에 고용된 사람 등이 이용하는 엘리베이터이다. 고급 아파트만 이런 게 아니다. 서민 아파트에도 어김없이 두 대의 엘리베이터가 있다. 만약에 하인이 주인용 엘리베이터를 이용하면 그날로 해고다. 설사 주인이 봐주려고 해도 다른 주인들이 내버려 두지 않는다. 아파트에서 또 하나 눈에 띄는 것은 주민과 아파트 경비가 서로 일상적인 인사도 주고받지 않는다는 점이다. 서로 인사를 주고받기에는 신분이 다르기 때문이다.

한국에서 이런 일이 벌어진다면 아마도 난리가 날 것이다. 다행하게도 한국은 사회 통합의 정도가 훨씬 높다. 물론 한국에도 지연이나 학연에 따른 사회적 균열이 존재한다. 하지만 라틴아메리카와는 비교도 되지 않는다.

이렇게 공동체 의식 내지는 사회적 통합이 결여되어 있으니 무슨 일이 닥쳤을 때 누가 대아(大我)를 위해 소아(小我)를 희생하겠는가? 개혁이 필요할 때 누가 개혁의 비용을 부담하려고 하겠는가? 누가 고양이 목에 방울 매려고 들겠는가? 가능한 한 비용은 부담하지 않으면서 눈앞의 이익을 극대화하는 데만 혈안이 되는 것이 너무나도 당연하다. 라틴아메리카에서 개혁이 거듭 실패한 데는 이러한 공동체 의식의 결여도 한몫 했다.

5 수출 경제의 명암

　200년 동안 수탈의 대상이 되었던 라틴아메리카는 나폴레옹 전쟁으로 본국의 지배가 약화된 틈을 타 19세기 초 마침내 독립을 쟁취한다. 이후 25년 동안 유럽과 교류가 없는 상태에서 정치적 혼란과 경제적 침체를 겪은 라틴아메리카는 19세기 후반 한두 개의 특화된 1차 산품을 생산해서 유럽의 산업화된 국가들에 수출하고 대신에 이들로부터 공산품을 수입하는 이른바 '수출 경제'의 형태로 세계 경제 체제에 다시 편입했다. 유럽은 급속한 산업화와 도시화 그리고 인구 증가로 많은 농산품과 광물을 수입해야 했고, 라틴아메리카는 이러한 수요를 충족시킬 수 있는 조건들을 갖추고 있었다.
　이러한 국제 분업 체제는 라틴아메리카에 수십 년간 경제적 번영을 가져다주었다. 아르헨티나가 세계 7대 부국의 반열에 오른 것도 바로 이 시기였다. 수출 경제의 호황에 힘입어 수출 경제의 주역이었던 소수의 대규모 농장주들이 지방과 중앙의 정치 권력도 장악했다.
　하지만 한두 개의 산품에 편중된 산업 구조는 라틴아메리카 경제의 균형 잡힌 발전을 가로막았다. 무엇보다도 산업화가 늦어지고 제조업이 발달하기 어렵게 되었다. 뿐만 아니라 경제의 대외적인 취약성도 심각하게 증가했다. 다시 말해 라틴아메리카 각국의 경제는 스스로는 손쓸 수 없는 상태에서 국제 산품 시장의 가격 변동에 좌우되게 되었다.
　이러한 문제점들은 20세기에 접어 들어 현실로 나타나기 시작했다. 라틴아메리카의 '수출 경제'는 제1차 세계 대전을 전후하여 교역 조건[2]의 악화로 서서히 활력을 잃어 갔다. 공산품과 1차 산품 사이의 상대적 가격 차이가 증가하는 것은 어디에서나 나타나는 현상이지만 (이것을 경제 학자들은 '협상 가격차'[3] 또는 '가위꼴 가격차'라고 부른다.) 산업 구조가 소수의 수출용 1차 산품 중심으로 짜인 라틴아메리카의 경우 그 부정적인 영향은 특히 심각할 수밖에 없었다.

그리고 마침내는 1929년 미국 증시의 폭락으로 촉발된 대공황으로 라틴아메리카 경제는 결정적인 위기를 맞게 된다. 공황에 빠진 선진국들이 수입을 줄이자 라틴아메리카의 수출은 큰 타격을 입게 되었다. 수출의 양도 줄었지만 그보다도 가격 폭락이 문제였다. 예컨대, 브라질 커피의 수출 가격은 6개월 만에 절반 이하로 떨어졌다. 수출이 줄어든 라틴아메리카는 필요한 공산품을 수입할 돈이 없었다.

이러한 위기 상황에서 그동안 수출 경제 체제에서 경제·정치를 독점해 온 농촌 과두 세력은 힘을 잃었고, 새로운 정치·경제 체제에 대한 모색이 시작되었다. 그리하여 수출 경제와 농업 과두 체제의 대안으로 등장한 것이 수입 대체 산업화와 민중주의 체제였다.

6 세 가지 숙제와 민중주의 정치 경제의 등장

수출 경제와 과두 체제가 붕괴한 1930년대 이후 라틴아메리카의 정치·경제는 서로 연관된 세 가지 숙제와 씨름해 왔다. 첫째는 한계가 드러난 1차 산품 수출 경제를 대신할 새로운 경제 발전 모델을 확립하는 일이었다. 둘째는 막 시작된 산업화의 과정에서 자라난 새로운 사회 세력, 특히 조직 노동에 대해 효과적인 대응책을 마련하는 일이었다. 셋째는 이러한 두 가지 문제를 효과적으로 다룰 수 있는 정치 체제 내지는 정치 연합을 형성하는 일이었다.

1930년대 이래 지금까지 라틴아메리카에서 권위주의 체제와 민주주의 체제가 교대로 등장한 것은 두 체제 모두가 끊임없이 제기되는 이들 문제를 해결하는 데 실패했기 때문이다. '자유주의 대 개입주의', '민중주의 대 반민중주의'의 상반된 정책이 교대로 등장한 것도 상당 부분 이들 문제를 해결할 수 있는 묘책이 쉽게 발견되지 않았던 탓이라고 할 수 있다.

아무튼 파탄한 수출 경제 체제가 경제의 대외 개방과 자유 방임을 결합한 것이었던 만큼 이에 대한 반작용으로 1930년대 이후 민족주의적 성향이 짙은 국가 주도의 성장 전략이 등장한 것은 어찌 보면 너무나도 당연했다. 그럼에도 불구하고 19세기 후반 이래 수십 년 수출 경제가 유지되는 동안 경제 및 사회 구조가 그에 알맞게 굳어 버렸기 때문에 새로운 전략은 상당한 제약과 견제에 직면할 수밖에 없었다. 특히 수입 공산품에 대한 의존도가 여전히 높았고, 수입 능력을 결정하는 외화를 벌어들이는 전통적 수출 부문을 완전히 무시하기는 어려웠다.

조직 노동에 대해서는 정치 과정에의 편입 여부와 편입의 방식이 문제가 되었다. 정치적 편입은 경제적 양보를 수반할 수밖에 없다는 점에서 단순히 정치적 문제에 그치는 것이 아니라 경제적인 함축을 지닌 것이었다. 경제적 양보와 소비 요구의 충족은 정부에 대한 정치적 지지를 구축하는 데는 보탬이 되었지만 경제적으로는 투자에 쓰일 잉여를 축소시킬 우려가 있었다. 과두 세력을 대체한 민중주의 연합의 선택은 조직 노동의 편입과 동원이었다. 1930년대 이래 남미 민중주의의 공통된 믿음은 성장과 분배를 동시에 달성할 수 있다는 것이었다. 그 수단이 된 것이 수입 대체 산업화였다.

7 민중주의의 파탄 : 한계에 이른 수입 대체 산업화

　라틴아메리카의 수입 대체산업화는 처음에는 자연 발생적으로 시작되었다. 라틴아메리카의 무역 상대국들이 전쟁(제1차 세계 대전과 제2차 세계 대전)에 휘말려 라틴아메리카가 필요로 하는 공산품을 공급할 수 없게 되자 필요에 의해 어쩔 수 없이 비교적 단순한 수입 공산품을 국내에서 생산하기 시작했던 것이다. 그러다가 제2차 세계 대전 이후에는 정부가 나서서 본격적으로 수입 대체 산업화 전략을 펼치기 시작했다. 한편에서는 아르헨티나 출신의 라울 프레비쉬 같은 경제 학자들이 라틴아메리카의 왜곡된 산업 구조를 바로잡을 발전 모델로서 수입 대체 산업화를 권고한 결과이기도 하지만, 다른 한편에서는 수입 대체 산업화만이 민중주의 체제에서 요구되는 성장과 분배를 동시에 달성해 줄 전략이라고 여겨졌기 때문이다.

　실제로 수입 대체 산업화는 처음 얼마 동안은 성장과 분배를 동시에 달성할 뿐 아니라 대외적 취약성도 극복하는 묘책처럼 보였다. 국내 시장에서 외국 제품과 경쟁할 필요가 없었던 기업가들은 비교적 높은 임금을 지불하면서도 일정 수준의 이윤을 누릴 수 있었다.

　하지만 수입품과의 경쟁을 차단한 결과 국제 경쟁력이 없는 비효율적인 기업들이 양산되면서 경제는 점차 활력을 잃게 되었다. 거기에 더해 수입 대체가 점차 고도화되면서 중간재와 자본재의 수입이 급증했다. 수입의 필요를 줄임으로써 대외적 취약성을 극복하려던 수입 대체 산업화가 오히려 대외적 취약성을 증가시키는 역설적인 결과를 빚었다.

　대부분의 경제 학자들은 수입 대체 산업화 전략이 근본적으로 잘못된 발전 전략이었다고 주장한다. 그러나 앨버트 허쉬만이 잘 지적하고 있듯이, 수입 대체 산업화가 본질적으로 잘못된 것은 아니었다. 후발국의 경우 수입 대체도 필요하다. 수출 주도 산업화로 전환했던 1960년대의 한국을 봐도 수입 대체의 경제 성장 기여도가 남미의 브라질이나 아르헨티나에 못지않게 높았다. 라틴아메리카의 문제는 수입 대체 산업화를 지나치게 고집했던 것이라고 할 수 있다. 수출 경제가 극단적인 대외 개방과 시장 방임으로 흘렀다면 라틴아메리카의 수입 대체 산업화는 지나친 국내 시장 보호와 국가 개입으로 이어졌다. 동아시아가 전후의 개방적 무역 질서를 최대한 이용하고 있을 때 라틴아메리카는 고립주의 정책을 펴고 있었다. 단적인 예로, 멕시코는 1986년에야 관세 및 무역에 관한 일반 협정(GATT, 세계 무역 기구(WTO)의 전신)에 가입했다. 그것도 외채 위기 이후 외채 협상 과정에서 IMF와 채권단의 압력 때문에 마지못해 가입한 것이었다. 그만큼 외부와 담을 쌓고 내부 지향적 성장 전략을 추구했다는 이야기이다.

8 민중주의의 파탄: 재정 적자와 살인적 인플레이션

수입 대체 산업화가 한계에 다다른 것보다 더욱 심각한 문제는 재정 적자의 급증과 이로 인한 초인플레이션이었다. 이것은 민중주의 정권이 필연적으로 '타협 국가(compromise state)'의 형태를 취할 수밖에 없었다는 데서 기인했다. 수출 경제 시기 정권을 독점했던 농촌 과두 세력은 수출 경제의 붕괴로 약화되긴 했어도 여전히 막강한 경제력을 지니고 있었다. 뿐만 아니라 중앙 정치 무대에서는 밀려났지만 지방 정치는 장악하고 있었다. 이러한 상황에서 민중주의 연합을 주도한 도시 중간 계급은 농촌 과두 세력에 대항하기 위해 도시 노동자들을 동원했고, 막 자라나기 시작한 자본가 계급도 연합에 끌어들였다. 반면에 여전히 강력한 과두 세력을 지나치게 자극하지 않기 위해 농민은 연합에서 배제했다. 결국 민중주의 연합은 농민을 제외한 사회의 모든 주요한 세력들을 포함하게 되었다. 그리고 이 다양한 세력을 결합하는 시멘트 역할을 한 것이 국가가 각 세력에 제공한 각종 시혜였다.

민중주의 연합을 유지하기 위해서 국가는 처음부터 사회 주요 세력이 쏟아 내는 분배 요구를 들어줄 수밖에 없었다. 경제 발전 수준을 넘어서는 복지 프로그램이 도입되었고, 기업가에게는 투자 자금을, 중산층에게는 정부와 공기업의 한직을 제공해야 했다. 문제는 국가의 시혜가 일정한 시간이 지나면 당연한 것으로 여겨지게 되고, 같은 수준의 지지를 얻기 위해서도 기존의 시혜를 늘리거나 아니면 새로운 시혜를 베풀어야 한다는 점이었다. 그 결과 국가의 재정 적자는 눈 덩이처럼 불어나기 시작했다. 재정 적자는 주로 새로운 통화의 발행으로 충당되었다. 민중주의 말기에 시작된 초인플레이션은 이미 예견된 것이었다.

경제의 불확실성이 증가하면서 투자는 위축되었고 따라서 성장도 눈에 띄게 둔화했다. 당연히 구조 조정이 요구되었지만 민중주의에 힘입어 규모와 영향력이 커진 조직 노동의 반대로 사실상 불가능했다. 경제 정책이 표류하면서 정치적 혼란도 증가했다. 결국 민중주의 정권은 군사 쿠데타로 전복되었다.

9 민중주의의 끈질긴 유산

1960년대 중반 이래 남미의 곳곳에서 등장했던 군부 권위주의 정권은 이전의 민중주의가 남긴 유산, 특히 조직 노동의 영향력을 불식하려고 시도했다. 하지만 워낙 뿌리가 깊은 병이라 칠레를 제외하고는 군사 정권의 철권으로도 그렇게 성공적이지 못했다.

남미의 군사 정권은 예외 없이 정치 조직과 사회 운동을 탄압하고 시민의 자유와 권리를 억압했다. 탄압과 억압은 군정 이전에 민중주의 혹은 혁명의 위협이 컸을수록 심했다. 아르헨티나와 같이 혁명적 게릴라 운동이 존재했던 곳에서는 반대 세력에 대한 광범한 폭압과 체계적인 박해, 고문, 암살이 자행되었다. 군대와 준군사 집단들에 의해 수행된 '더러운 전쟁'의 결과로 9000명에서 2만 5000명까지 '실종'되었다고 추정되고 있다. 군사 정권에 대한 조직화된 움직임은 모조리 제거되었다.

민중주의 정부에 의해 높은 수준의 민중 동원이 일어났던 브라질에서도 탄압은 상당한 정도에 이르렀다. 이른바 '청소 작전'으로 수만 명이 경찰과 군 정보 기관에 연행돼 조사를 받은 외에 441명이 공민권을 상실했다. 이 가운데는 전직 대통령 3명, 주지사 6명, 연방의원 55명, 군 장교 122명, 그리고 상당수의 외교관, 노동 지도자, 지식인, 공무원 등이 포함되어 있었다.

하지만 이러한 탄압은 미국 영화 「실종」과 칠레 영화 「산티아고에 비는 내린다」로 외부 세계에도 잘 알려졌듯이, 자본주의 체제 자체가 심각한 위협에 직면했던 칠레에서 가장 철저하고 무자비하게 일어났다. 쿠데타 직후 노동 총연맹과 민중 연합을 불법화한 데 이어 모든 정당을 해체하고 노동 조합의 활동을 제한했으며 군부를 포함한 모든 사회 조직에서 잠재적인 체제 반대 세력을 숙청했다.

일단 구체제를 청소한 군사 정권은 '정치 없는 정치' 혹은 '반정치의 정치(politics of antipolitics)'를 제도화하려고 했다. 아르헨티나 비델라 정권의 '국가 재편'에서 볼리비아 반체제 정권의 '헌법화', 칠레 피노체트 정권의 '권위주의적 민주주의'에 이르기까지 구 정치 체제를 대신할 다양한 반정치 프로젝트가 시도되었다. 브라질의 경우 옛 헌법을 명목상으로는 남겨 두었지만 새로운 '제도법'을 통해서 사실상 민주적 참여를 봉쇄했다.

그러나 민중주의의 뿌리를 뽑고 정치 없는 정치를 이루겠다는 꿈은 이루어질 수 없는 꿈이었다. 민중주의의 물리적 유산은 부분적으로 제거할 수 있었지만, 국가의 시혜를 기대하는 보통 사람들의 사고조차 바꾸어 놓을 수는 없었다. 더욱 심각한 문제는 남미의 군사 권위주의는, 기예르모 오도넬의 지적대로, 바로 그 배제적 성격 때문에 스스로를 정당화하기 어려웠다는 점이다. 기존의 제도는 부정되었지만 새로운 제도가 정착되지 않은 상태였기 때문에 제도를 통한 정당화는 처음부터 어려웠다. 게다가 시민의 정치 참여를 배제하고 있었기 때문에 선거를 통한 정당화도 불가능했다.

결국 군부 정권에 남은 선택은 실적을 통한 정당화밖에 없었다. 다시 말하여 높은 경제 성장률을 달성하는 것이 최선이었지만, 이것이 마음대로 되지 않으면 하다못해 물질적 혜택이라도 나누어 주어 민심을 달래야 했다. 역설적으로, 남미의 여러 탈민중주의 국가에서 민중주의 정권에 못지않게 각종 복지 지출이 증가한 것은 이러한 '생존의 정치'로밖에 설명하기 어렵다. 취약한 정당성을 각종 시혜로 메운 것이다. 그 결과 군사 정권도 민중주의 정권 못지않게 재정 적자에 시달렸다. 물론 재정 적자는 새로운 통화의 발행으로 충당되었고 이것은 또다시 인플레이션을 불러왔다.

10 외채를 통한 탈출

군정의 경제 문제는 제1차 석유 파동 이후에 더욱 심각해졌다. 1960년대 후반부터 여러 해에 걸쳐 지속적으로 고도 성장을 이루는 데 성공한 브라질 같은 나라에게도 석유 파동으로 인한 세계적 불황의 충격은 엄청났다. 국제 수지는 악화되었고 성장은 둔화했다. 명백히 구조 조정이 필요한 상황이었지만 정당성이 취약한 군부 정권은 국민들로 하여금 허리띠를 졸라매게 해야 하는 구조 조정을 감행할 정치적 의지를 결여하고 있었다. 이러한 진퇴양난의 상황에서 남미의 군사 정권은 외채를 통한 탈출을 시도했다. 구조 조정은 미룬 채 외채를 끌어들여 성장 동력을 키워 보겠다는 전략이었다.

당시 좋은 조건으로 끌어들일 수 있는 외채는 무궁무진하다시피 했다. 석유 가격이 하루아침에 4배나 오른 바람에 엄청난 외화가 석유 수출국으로 흘러 들어갔고, 이들 '석유 달러'는 구미의 은행에 예치되었다. 구미의 은행들로서는 이 석유 달러를 회전시키는 것이 최대의 관심사였다. 대출 신디케이트,[4] 변동 이자율,[5] 연쇄 지급 불능 조항[6] 등 각종 위험 분산 장치를 갖춘 유럽의 은행들은 무모할 정도로 적극적으로 대출에 나섰고 남미의 정부도 필요한 이상으로 외채를 끌어다 썼다.

많은 외채를 들여왔지만 성장률은 크게 개선되지 않았다. 수익성을 충분히 고려하지 않고 무분별하게 투자한 탓도 있었고 부패한 공직자들에 의해 외채의 일부가 외국의 비밀 계좌로 빼돌려진 탓도 있었다. 국제 수지 또한 크게 개선되지 않았다. 브라질처럼 경상 수지가 흑자였던 나라들조차 외채 원리금을 상환할 수 있을 만큼 흑자 규모가 크지는 않았다. 따라서 원리금 상환을 위해서 또 새로운 외채를 끌어들여야 했다. 그 결과 외채는 눈 덩이처럼 늘어났다.

물론 이런 상태가 오래 지속될 수는 없었다. 제2차 석유 파동이 터지면서 중남미의 외채 상황은 '심판의 날'을 맞았다. 제2차 석유 파동 후 구미 선진국들은 인플레이션을 잡기 위해 긴축 통화 정책을 펴기 시작했다. 그 결과 국제 금리가 인상되었다. 이자율의 갑작스러운 상승은 중남미 국가의 외채 상환 부담이 그만큼 증가했음을 의미했다. 지불 불능의 상태에 빠지는 건 시간 문제였다.

11 외채 위기와 경제 주권의 상실

1982년 8월, 마침내 멕시코가 외채에 대한 이자 지불 중단을 선언하기에 이른다. 발등에 불이 떨어질 때까지 수수방관하던 서방 은행들은 서둘러 채무국들에 대한 추가 대출을 중단했다. 사실상 모든 채무국들이 연체 상태에 빠지면서 국제 금융 질서는 심각한 위기에 봉착했다.

외채 위기가 발발할 당시 채권 은행도, 채무 국가도, IMF도, 채권 은행의 정부도, 이러한 규모의 금융 위기에 대해서는 미처 준비가 되어 있지 않았다. 은행들의 파산 도미노를 우려한 미국과 IMF의 적극적인 개입으로 협상이 진행되기는 했으나 타결은 쉽지 않았다.

외채 협상의 주된 쟁점은 기존 채무에 대한 상환 시기를 연장해 주는 것과 눈앞의 자금 경색을 해결할 수 있도록 신규 대출을 제공하는 것이었다. 하지만 이 두 가지 사안에 대해 큰 은행과 작은 은행, 미국계 은행과 유럽계 은행의 이해가 엇갈렸다. 라틴아메리카에 많이 노출된 대규모 미국계 은행들은 상당한 양보를 할 용의가 있었지만 비교적 노출이 적은 소규모 유럽계 은행들은 신규 자금 제공에 난색을 표했다. 표준적인 협상 절차가 확립되어 있지 않은 점도 협상을 어렵게 했다.

그런 가운데서도 국가별로 협상이 진행되면서 서서히 절차가 자리 잡아 갔지만 협상 자체가 쉬워지지는 않았다. 채권 은행들은 채무국이 IMF의 구조 조정 조건에 합의하고 IMF가 급전을 대출할 경우에만 신규 자금을 제공하겠다는 입장이었고 IMF는 채권 은행이 신규 자금 대출을 약속해야만 단기 혹은 중기 차관을 제공하겠다는 입장이었다. 결국 채권 은행, 채무국, IMF 3자 사이에 동시에 합의가 이루어져야 협상이 타결될 수 있었다. 게다가 채무국들은 정치적인 이유 때문에 IMF나 채권 은행이 요구하는 조건들에 쉽사리 동의하기도 어려운 형편이었다. 그 결과 외채 연장 협상이 타결되고 나서도 이 조건들을 제대로 이행하지 못해서 협상이 파기되고 재협상이 벌어지는 일이 되풀이되었다.

하지만 10여 년간 외채 협상이 단속적으로 계속되는 과정에서 라틴아메리카 국가들은 결국에는 '워싱턴 컨센서스'[7]로 불리는 신자유주의적 개혁 프로그램을 채택하지 않을 수 없었다. 이것은 채권 은행들이 1980년대 후반 브라질의 모라토리움에 대응하여 대손충당금을 크게 늘림으로써 협상력이 제고된 데 기인한다.

1987년 봄, 브라질은 일부 채무에 부과된 고율의 이자율을 인하하기 위해 이자 지불 중단을 선언하는 한편 같은 처지에 있는 다른 채무국들과 카르텔을 형성하려고 시도했다. 이에 브라질의 최대 채권 은행인 미국의 시티 은행은 나쁜 선례를 남길 것을 우려해 강경하게 대응했다. 브라질 채권을 장부에서 제외하고 대손충당금을 크게 늘려 추가적인 부실에 대비하는 한편 브라질에 대한 모든 여신을 차단했다. 동시에 멕시코와 필리핀 같은 다른 채무국에게 유리한 조건으로 외채 협상을 타결해 줌으로써 채무국 카르텔의 형성을 방지했다. 그러자 다른 채권 은행들도 시티 은행과 같은 조치를 취했다.

모든 여신이 차단된 상태에서 모든 무역 결제를 현금으로 해야 하는 궁지에 몰린 브라질은 채 1년도 되지 않아 백기를 들었다. 이 사건은 브라질 같이 큰 나라조차도 대규모 국제 은행에 대항하기에는 역부족임을 보여 주었다. 이 사건을 계기로 채권 은행들은 대손충당금을 크게 늘리게 되었고 그 결과 외채 협상의 주도권을 채권 은행이 장악하게 되었다. 아울러 세계 최대 채무국인 브라질이 모라토리움을 선언하더라도 파산 도미노가 발생하지도 않고 국제 금융 질서가 붕괴하는 일도 없다는 것을 보여 줌으로써 채권국 특히 미국 정부와 그 영향하에 있는 IMF가 채무국을 위해 개입하기보다는 채권 은행과 채무국의 양자 협상에 외채 문제를 맡겨 두는 쪽으로 정책을 선회하게 만들었다. 고립 무원의 상태에 빠진 라틴아메리카의 채무국들은 마침내 IMF와 채권 은행이 요구하는 신자유주의적 개혁을 수용했고, 이 과정에서 경제 정책상의 자율성을 상당 부분 포기할 수밖에 없었다.

12 신자유주의의 짙은 그늘, 다시 고개 드는 민중주의

아무튼 1990년대에 접어들면서 라틴아메리카의 나라들은 신자유주의, 즉 대외 개방형 시장 주도 경제로 전환했다. 나라마다 정도의 차이는 있지만 신자유주의 경제 개혁은 표면적으로는 상당한 성과를 거둔 것처럼 보인다. 하지만 신자유주의는 그 본질상 분배 불평등의 심화와 사회 복지의 후퇴를 내장하고 있다. 뿐만 아니라 과거 수출 경제 시기와 마찬가지로 대외적 취약성을 크게 증가시킨다. 여기에 더하여 몇 개의 나라를 제외하고는 새롭게 노동 시장에 진입하는 인력을 제대로 흡수하지 못할 정도로 경제 성장률이 낮다.

신자유주의 모델의 실적 부진은 선동 정치가들을 낳는 비옥한 토양이 되고 있다. 민중주의 정치 스타일은 이미 문민 정부가 재등장하면서 다시 고개를 들기 시작한 바 있다. 페루의 후지모리, 아르헨티나의 메넴, 베네수엘라의 차베스 등이 바로 민중주의 정치인의 전형적인 예라고 할 수 있다. 페루와 같은 곳에서는 숫제 본격적인 민중주의 정권도 등장했다. 페루의 민선 대통령 알란 가르시아는 고전적인 민중주의자였다. 그는 내수 자극과 내부 지향적 산업화를 통해 성장이 가능하다고 낙관하고 있었다. 초기의 결과는 그야말로 환상적이었다. 그러나 2년이 채 지나지 않아 예산 적자는 폭증하고 물가는 천정부지로 치솟는 등 경제는 파탄을 맞았다.

아무튼 이들의 정치 스타일은 과거 1940~1950년대의 카리스마 넘치는 민중주의 정치가들을 연상시킨다. 이들은 국민에게 직접 호소한다. 차이가 있다면 과거 민중주의자들의 정치적 지지 기반은 조직 노동이었는 데 반해 신민중주의자들의 지지 기반은 경제 위기를 겪으면서 증가한 비공식 부문의 노동자들이라는 것뿐이다. 흔히 신자유주의 정책은 민중주의와는 배치되는 것으로 여겨지지만, 신자유주의적 정책 집행과 더불어 민중주의가 재등장하고 있는 것은 바로 이 때문이다. 구민중주의자들의 가상의 적이 외국 자본이었다면 신민중주의자들의 가상의 적은 기득권층이다. 이들은 기득권층을 (최소한 말만으로라도) 공격함으로써 밑바닥의 민심을 훑고 있다. 기득권층만 물러나게 하면 성장과 분배가 동시에 이루어질 수 있다는 환상을 팔고 있다.

13 민중주의의 본질

　민중주의라고 하면 흔히 경제 전략으로서는 수입 대체 산업화, 지지층으로서는 조직 노동 등을 연상하게 되지만 이런 것들은 최초 발생기의 주어진 상황에서 비롯한 역사적·지역적 특수성일 뿐 결코 본질이라고 하기는 어렵다. 상황이 달라지면 구체적인 정책이나 지지 기반은 얼마든지 달라질 수도 있다. 오늘날 헝가리와 같이 동떨어진 나라에서도 등장하고 있는 것을 볼 때 민중주의는 역사적·지역적 특수성을 뛰어넘는 특질들을 가지고 있음에 분명하다.

　아울러 민중주의는 권위주의적인 정치 체제와도 결합할 수 있고 민주적인 정치 체제와도 결합할 수 있다. 뿐만 아니라 이념 스펙트럼에서 좌에 쏠릴 수도 우에 쏠릴 수도 있다. 애당초 민중주의는 라틴아메리카판 '제3의 길'이었기 때문이다. 벌거벗은 자본주의의 불평등과 평등 지상주의적 공산주의의 비자유 사이의 샛길로 모색되었다는 점에서는 동시대에 등장한 스웨덴의 사민주의(스웨덴 사람들은 중도로 부른다.)나 이탈리아의 파시즘, 독일의 나치즘과 괘를 같이한다.

　일반화해서 정리하면, 민중주의는 크게 네 가지 특징을 지니고 있다. 우선 정치 면에서 세 가지, 그리고 경제 면에서 한 가지를 꼽을 수 있다.

첫째, 제도적인 지위보다는 개인의 매력이나 특질에 의존하는 인격적인 지도자가 이끈다. 라틴아메리카 각국의 민중주의를 보면 언제나 상징적인 인물이 있다. 민중주의가 얼마나 인물 중심적인가는 지도자의 이름을 딴 아르헨티나의 페론주의, 브라질의 바르가스주의만 봐도 알 수 있다.

둘째, 이질적인 지지층에 의존한다. 이들은 대개 발전의 주류에서 소외되어 왔지만 새롭게 동원 가능한 계층이다. 흔히 이들은 '민중'으로 불리지만 누가 민중인지에 대한 해석은 주어진 여건에 따라 달라질 수 있다. 특히 주목할 것은 민중은 내부의 이질성 때문에 적극적으로 규정되기보다는 '반민중', 즉 가상 혹은 실제의 적을 설정하고 이와 대비하여 소극적으로 규정된다는 점이다. 다시 말하여, 민중에 대한 정의는 누가 민중인가가 아니라 누가 민중이 아닌가를 통해 반사적으로 이루어진다.

셋째, 지도자는 지지층에 직접적 호소한다. 정당이나 이익 단체 같은 기성의 매개 조직은 거의 이용하지 않는다. 지도자가 새로운 조직을 만들거나 기왕의 조직을 재활용하는 경우도 있지만, 이들 조직은 지도자의 개인적인 도구에 불과하면 제도화의 수준이 낮다.

넷째, 경제 운영에서 민중주의는 성장과 소득 재분배의 동시 달성을 강조하고 인플레이션과 적자 재정의 위험, 외부적 제약, 비시장적 정책에 대한 경제 주체들의 반응은 상대적으로 무시한다. 물론 이러한 경제적 접근법은 지지층의 사회 경제적 지위와 이질성을 반영하는 것이다. 민중주의 경제 정책은 많은 경우 민중주의 연합을 유지하고 확대하는 철근과 시멘트에 머물기 일쑤다. 신자유주의적 개혁이 상당한 성과를 거두었음에도 이들 나라가 여전히 비교적 높은 인플레이션에 시달리고 있는 것은 결코 우연이 아니다.

14 라틴아메리카의 실패에서 배운다

『백년의 고독』에서 마르케스는 주인공의 면면은 바뀌지만 다른 모든 것은 똑같이 남아 있는 세계를 그리고 있다. 이처럼 라틴아메리카는 과거가 이미 미래이고 종말이 곧 시작이며 회고가 예언에 가름하는, 영원한 데자뷰의 세계인지도 모른다. 완전히 동일하지는 않을지 몰라도 라틴아메리카의 역사는 계속해서 되풀이되는 듯한 인상을 준다.

이것은 라틴아메리카가 지난 수십 년간 기본적으로 같은 문제로 고민해 온 것과 결코 무관하지 않을 것이다. 최근까지 라틴아메리카를 괴롭혀 온 중요한 경제적 문제, 즉 재정 적자와 인플레이션은 민중주의 시기에 그 뿌리를 두고 있다. 민중주의 붕괴 이후 정권들은 줄곧 민중주의의 유산과 씨름해 왔다. 지금도 민중주의와의 싸움은 계속되고 있다. 민중주의의 제도적 유산은 많이 불식된 것이 사실이지만 그 정신 구조는 온존하고 있기 때문이다. 뿐만 아니라 연방 수준을 벗어나 주나 지방 정부 수준에서는 여전히 민중주의적 정책이 횡행하고 있다. 1999년 브라질 레알화의 평가 절하를 가져온 경제 위기도 주 정부의 대규모 재정 적자에 기인했다.

우리가 라틴아메리카의 실패에서 배울 교훈이 있다면 그것은 어떤 경우에도 민중주의의 유혹에 넘어가서는 안 된다는 점이다. 정통 경제학에서도 마르크스주의 경제학에서도 성장과 분배는 맞바꾸기가 불가피한 것으로 되어 있지만, 민중주의자들은 사악한 외국 자본의 착취만 배제하면 사회의 여러 부문을 모두 보듬고 잉여를 광범하게 분배하는 동시에 성장도 이룰 수 있다고 생각했다. 정치적으로 민중주의는 조직된 이익을 동원하고 강화했다. 동원의 수단은 분배였다.

경제의 기본적인 작동 원리를 무시하고 지나치게 분배 위주의 정책과 제도를 채택하고 나면 이를 돌이키거나 해체하는 것은 사실상 불가능하다는 것을 라틴아메리카의 경험은 말해 준다. 기존의 시혜는 당연한 것으로 여겨지고 점점 더 많은 새로운 시혜가 요구된다. 어떠한 경제 실적도 이러한 요구를 장기적으로 충족시킬 수 없고, 결국에는 재정적 파탄을 맞게 된다. 적자 재정으로 이를 충당하면 다른 투자가 밀려나고, 새로운 통화의 발행으로 이를 메울 경우 인플레이션이 뒤따른다.

또 하나 라틴아메리카의 경험에서 배울 점이 있다면 경제의 정치화를 피해야 한다는 점이다. 군정 이후의 칠레를 제외한다면 20세기 라틴아메리카의 경제 정책은 거의 예외 없이 정치적 고려에 종속되었다. 그 결과 경제 정책은 일관성을 잃고 거듭 표류했다. 이런 상태에서는 경제 주체들이 미래에 대한 안정된 전망을 가질 수가 없다. 인플레이션의 경우와 마찬가지로 경제의 불확실성은 증가하고 투자는 감소한다. 그 결과 성장은 더욱 후퇴하고 실적과 요구 사이의 격차는 더욱 커져 소요와 사회 불안이 증가한다.

마지막 교훈은 개혁은 그것이 필요해진 시점에서 즉각 실행해야 한다는 점이다. 미룬다고 해서 문제가 저절로 사라지지는 않는다. 미루면 미룰수록 문제점은 더욱 커지게 마련이다. 지금까지도 라틴아메리카 경제를 멍들게 하고 있는 외채 문제는 제1차 석유 파동 후에 했어야 할 구조 조정을 정치적 이유 때문에 미룬 채 외채를 가지고 생활 수준을 유지하려고 든 데서 비롯했다. 당장에 고통스럽다고 해서 언 발에 오줌을 누는 우를 범해서는 안 된다는 점을 라틴아메리카의 경험은 웅변하고 있다.

강소국의 도전과 교훈

오세훈

1 소국(小國)의 '살아남기'

1) 그들에게는 뭔가 특별한 것이 있었다

'만승천자(萬乘天子)'라는 말이 있다. 전차의 수가 국력의 척도가 되었던 주나라와 춘추 시대에, '천자는 1만 승의 전차를 가지고 있다.'라는 의미이다. 전차를 만들기 위해서는 자원, 기술력, 인력이 삼위일체가 되어야 했고, 그래서 인구와 자원이 넉넉한 나라에서나 많은 수의 전차를 보유할 수 있었다. 춘추 시대의 대표적인 패자로 알려진 '춘추 오패'의 제나라·진(晉)나라·초나라·오나라·월나라 역시 적게는 1000승에서 많게는 4000승에 이르는 전차를 보유하고 있었던 국가들이었다.

그러나 예외가 없는 것은 아니다. 제나라의 10분의 1에도 미치지 못하는 영토를 가지고 있었던 정(鄭)나라는 '춘추 오패'보다는 못하지만 '소패(小覇)'로서 자리 매김을 하면서 한때 춘추 시대를 주도하기도 했다.

인구나 자원, 영토 등 모든 것이 오패 국가에 비해 미약했던 정나라가 이러한 위치를 차지할 수 있었던 이유는 무엇일까? 약육강식이 지배 논리였던 전국 시대와는 달리, 명분을 중시했던 춘추 시대에 주나라를 침범한 견융족을 격퇴하다 전사한 정나라 왕으로 인해 주나라를 떠받치는 기둥의 자리를 얻은 것이 큰 이유일 것이다. 그러나 하루에도 몇 개의 나라가 없어지고 생겨나는 상황에서 명분만으로 나라를 유지하기는 어려웠다. 정나라가 한때나마 중국 전역을 호령하는 위치에 있었던 가장 큰 이유는 중원의 중심지인 지정학적인 이점을 이용하여 교통과 상업을 발달시켰기 때문이다. 상업을 통해 부를 축적하고, 축적된 부로 군사력을 증강함으로써 영향력을 유지해 왔던 것이다. 그러나 이후 정나라는 자식들 간의 왕권 다툼으로 분열되면서 다시 약소국으로 전락했고, 결국 망하고 말았다.

500년에 걸친 춘추 전국시대의 혼란을 수습한 진(秦)나라는 춘추 시대에 서쪽의 오랑캐 나라에 불과했다. 오늘날 중국의 영어명인 'China'가 진(秦)의 중국 발음인 '친(Chin)'에서 유래했을 정도로 강대국을 형성한 진나라였지만, 춘추 시대에는 산이 많고 토지는 척박하여 가난했으며 인재도 나오지 않는 나라였다. 진나라가 이러한 악조건을 극복하고 중국을 통일한 강대국으로 성장한 데에는 외국의 인재를 등용한 것이 큰 역할을 했다. '영입(迎入)'이라는 말이 여기에서 유래한다. 진나라는 상앙, 장의, 범저 등을 영입하여 춘추 시대 말기에는 강대국의 하나로 등장했으며, 이사라는 인재를 영입하여 마침내 중국 전역을 통일하게 된 것이다. 여기에서 중요한 것이 역대 왕들의 혜안이다. 당시 진이 영입했던 인사들은 하나같이 자신의 조국에서는 등용되지 못했던 자들이었다. 하지만 진시황은 과감하게 이들을 기용했고 결국 성공을 거두었다.

조그마한 도시 국가로 출발하여 유럽, 아프리카, 아시아로 확대된 역사상 최대의 제국을 만들었던 로마는 다른 민족을 포용하는 다양성과 지중해의 중심에 위치하고 있는 지리적 특성을 최대한 활용했다. '모든 길은 로마로 통한다.' 라는 말이 있듯이, 어느 지역에서든 로마와 연결될 수 있는 도로는 로마 번영의 견인차가 되었다. 로마 가도는 놀랄 만한 속도로 군대와 보급품을 옮기고, 다른 나라의 수많은 상품을 들여오는 것을 가능케 했다. 또 오늘날 미국이 자랑하는 인종적 다양성의 원 모델이 로마 제국이다. 로마는 정복한 지역의 주민들에게도 로마 시민권을 부여함으로써 로마와 일체감을 갖도록 장려했다. 그 결과 아직까지 미국에는 흑인 대통령이 없지만, 로마에서는 북아프리카 출신의 흑인인 셉티미우스 세베루스가 황제가 되기도 했다.

그러나 로마의 이러한 다양성이 로마 멸망의 원인을 제공했다는 것은 아이러니라고 할 수 있다. 로마에 굴복한 해의 각지로부터 제한 없이 들어오는 값싼 곡물과 상품으로 인해, 로마 군단의 중추적인 역할을 담당하고 있던 소규모 자영업자와 농민들은 큰 타격을 받았다. 정복지에서 노예를 대량으로 받아들인 시민과 그렇지 못한 시민 간의 심각한 빈부차와, 중·소농의 몰락에 의한 군사력의 위기는 로마를 내적으로 황폐하게 만들었다.

2) 국력의 차이는 태생적이다(?)

예나 지금이나 한 나라의 국력을 이야기할 때, 가장 기본이 되는 기준이 인구와 자원, 국토의 크기이다. 지금은 소프트 파워가 중요해졌지만, 국가 간의 충돌이 전쟁으로 표출되던 과거에는 병력 동원에 직결되는 인구의 많고 적음이나, 보급품을 만들 자원의 유무가 그 나라의 생존과 직결된 문제였다.

인간의 힘을 대신하는 과학 기술의 꾸준한 발전이 있었던 현대에 들어와서도 국가 경쟁력의 척도에서 인구와 자원이 차지하는 비중은 여전히 높다. 국가 간의 경쟁이 칼을 들고 싸우는 단계에서 생산품의 교역으로 변화되어도, 자체에서 그것을 만들 수 있느냐, 자국 내에서 내수 시장이 형성되느냐에 따라 경쟁력에서 차이가 있을 수밖에 없기 때문이다.

따라서 지금도 인구가 1억 이상인 경우에는 대국가, 5000만~1억 사이를 중간 국가, 5000만 이하를 소국가로 분류하고 있다. 인구가 1억 이상인 경우에는 내수 시장만으로 국가를 유지하기에 충분하고, 또 국내 시장을 통해 검증된 제품을 수출할 수 있다는 점에서 분명 유리하다.

지난해 삼성전자의 핸드폰이 유럽 시장에서 처음으로 점유율 10퍼센트를 넘었을 때 나온 유럽 전문가들의 의견은 인구가 국가 경쟁력에서 차지하는 비중이 얼마나 큰지를 시사해 준다. 유럽 핸드폰 시장에서 노키아의 점유율은 50퍼센트에 가깝다. 그럼에도 전문가들은 삼성전자 점유율이 10퍼센트를 넘은 것을 높이 평가하면서, 조만간 노키아가 큰 위기에 빠질지도 모른다는 예측을 했다. 삼성전자에게는 핸드폰의 새로운 모델과 성능을 시험해 볼 수 있는 4000만 명이 넘는 내수 시장이 있는 반면, 노키아는 그 10분의 1이 조금 넘는 500만 명에 불과한 내수 시장을 가지고 있다는 이유에서였다.

그렇다면 인구가 적은 소국은 국력의 차이를 극복할 수 없는 것인가? 그렇지 않다. 나라 간 교류와 통상이 자유롭지 못했던 과거에도 소국이 살아남는 나름대로의 방법이 있었듯이, 현대에도 특화된 자기만의 경쟁 무기를 갖춘 나라들은 상당한 번영을 누리고 있다. 국가 간의 벽이 무너지고, 자유로운 경쟁이 이루어지고 있는 세계 시장에서는 국가 경쟁력이 나라의 크기에 의해 좌우되지 않고, 그 나라가 차지하고 있는 시장의 크기에 따라 결정되기 때둔이다. 실제로 국가 경쟁력을 측정하는 순위를 살펴보면, 인구 규모가 작은 국가들이 상위권을 점령하고 있다. 10위권을 벗어나지 않는 국가 중에 아일랜드 400만 명, 핀란드 500만 명, 인구가 많다는 네덜란드도 1600만 명에 불과하다. 국가의 크기는 작지만, 경제의 강력함에서는 '강대국'과 경쟁할 만하다는 의미에서 이들을 '강소국'이라고 부른다.

'강대국'과 '강소국'이 경제 강국을 이룬 과정은 여러 모로 차이가 많다. 기본적으로 자산이 많은 대국과 자산이 없는 소국이 경쟁을 하는 과정은 불평등할 수밖에 없기 때문이다. 따라서 '강소국'이 그 격차를 극복하고 '강대국'과 어깨를 나란히 할 수 있었던 과정에 대한 검토는 소국과 중간 국가 사이에 위치해 있는 우리에게 많은 시사점을 줄 것이다. 특히 이들 '강소국'들이 국가적 위기를 경험하고 오늘날의 성장을 이룩했다는 점에서, 외환 위기 이후 저성장 터널에 들어선 우리에게 타산지석이 될 만하다.

2 유럽의 작은 거인, 네덜란드

1) 롤러 코스터 국가

1997년 열렸던 G7 회의에서 당시 미국의 대통령이었던 클린턴은 네덜란드의 성공 사례를 언급하면서, 네덜란드가 미국과 경쟁하는 단계에 이르렀다고 격찬했다. 국토 면적이 한반도의 5분의 1에 불과하고, 인구도 세계 54위인 1600만 명에 불과한 소국이 최고의 강대국으로부터 위협을 느낀다는 찬사를 받은 것이다.

이처럼 강소국의 선두 주자라는 평가를 받은 네덜란드이지만, 불과 20여 년 전에는 유럽의 문제 국가였으니 그 연구 가치는 충분하다고 볼 수 있다. 당시 네덜란드는 늘어나는 재정 적자와 급증하는 실업, 하루에도 몇 개씩 쓰러지는 기업으로 인해 치유가 불가능하다는 말까지 들었다.

17세기 중반 스페인으로부터 독립한 네덜란드는 20여 년 만에 활발한 무역을 발판으로 강력한 해상 파워를 키웠고, "네덜란드의 무역이 전 세계를 지탱해 준다."라는 풍자시가 나올 정도의 강대국이 되었다. 당시 유럽의 전체 선박이 약 200만 톤 정도였는데, 이중 절반에 가까운 90만 톤이 네덜란드 소유였다고 한다. 네덜란드는 해상에서의 우위를 바탕으로 당시 패권 국가였던 포르투갈을 눌렀고, 동양에서는 페르시아로부터 말레이 제도까지 세력을 넓혔고, 북아메리카에도 자국의 식민지를 건설했다. 그러나 두 차례에 걸친 영국과의 제해권 싸움에서 패하면서, 네덜란드는 서서히 기울기 시작했다. 해양으로 진출하지 못하면서 네덜란드는 농업을 기반으로 하는 경제 구조만을 가질 수밖에 없었다. 하지만 좁은 국토를 가진 네덜란드의 특성상 농업만으로 경제 발전을 이루기는 어려웠고, 산업화마저 뒤처지면서 20세기 초까지 빈곤의 악순환을 되풀이했다. 설상가상으로 나치 독일의 강점을 당하면서 혹독한 피해를 입었고 국토는 완전히 폐허가 되었다.

회생 가능성이 전혀 없어 보였던 네덜란드였지만, 제2차 세계 대전이 끝나면서 유럽에서 가장 빠르게 폐허를 복구하고 경제를 발전시키는 기적을 이룩했다. 네덜란드는 유럽의 중앙에 위치하면서 대서양에 접해 있는 지정학적인 이점과 해양 활동의 경험을 바탕으로 유럽의 물류 관문이자 유통 센터의 역할을 수행했다. 그 결과 1971년에는 국민 소득이 1만 달러를 넘을 정도로 괄목할 만한 성장을 이뤄냈다.

1957년 북부 해역에서 발견된 천연가스 유전은 네덜란드에게는 '달콤한 독약'이었다. 네덜란드는 가스 개발에서 얻은 이익으로 서유럽 국가 중 최악이었던 사회 복지 수준을 스웨덴 다음 수준까지 끌어올릴 수 있었다. 그러나 곧 값비싼 대가를 치러야 했다. 전후 복구를 가능케 했던 국민들의 위기감이 사라지고 긴장이 풀렸다. 1970년 석유 파동이 찾아왔어도 국민들은 열심히 일하기보다는 정부의 복지 지출에만 의존했다. '일하지 않는 복지'의 전형적인 모습을 보이면서, 네덜란드는 다시 추락의 길로 들어서게 된 것이다.

국가의 흥망을 살펴볼 때, 네덜란드만큼 드라마틱한 나라도 없다. 마치 롤러코스터를 타듯이, 20~30년의 짧은 기간에 정점에 올랐다가 바닥으로 떨어지는 상황을 두 번이나 반복한 사례를 찾기는 쉽지 않기 때문이다. 회생이 불가능하다는 평가를 받았음에도 오뚝이처럼 다시 일어나 오늘날 미국과 어깨를 나란히 하는 강국으로 대접받고 있는 네덜란드의 성공 사례는, 지난 30여 년의 압축 성장을 뒤로하고

IMF와 경기 침체의 위기를 겪고 있는 우리에게 많은 시사점을 줄 것이다.

2) 폴더 모델

한 소년이 구멍난 제방을 손으로 막아 바닷물이 들어오는 것을 막았다는 네덜란드 이야기는 우리에게 친숙한 동화이다. 그러나 이 동화는 허구가 아니다. 실제로 네덜란드는 제방이 터져서 2000명 이상의 국민이 희생되기도 했다. 국토의 25퍼센트가 바다보다 낮은 간척지(Polder)로 되어 있는 네덜란드에게 있어, 물은 두려움의 대상이자 극복의 대상이다. 네덜란드의 운명이 언제 물이 범람하여 간척지를 삼켜 버릴지 모르는, 불안한 상황 앞에 놓여 있었기 때문에 네덜란드 국민들에게는 체질화된 전통이 있었다. 서로 돕고 협동하며 서로의 의사를 충분히 통합하는 성향과 강력한 지도자를 중심으로 뭉치는 성향이다. 이러한 두 가지 성향은 오늘날 네덜란드 경제의 기적을 이룬 원동력으로서, '폴더 모델(Polder Model)'이라고 불린다.

폴더 모델은 특히 위기 시에 힘을 발휘한다. 제2차 세계 대전이 끝나고, 전쟁의 폐허에서 네덜란드 국민들은 폴더 정신을 되살렸다. 그들은 광범위한 사회적 합의를 만들고, 국가를 재건하기 시작했다. 노조는 스스로 임금을 낮추고 정부와 기업과 협력하여 경제를 부흥시켰다.

1971년 국민 소득 1만 달러를 넘어서면서, 외부적으로는 네덜란드호가 순항하고 있는 것처럼 보였다. 하지만 네덜란드는 내부적으로 병들어 가고 있었다. 단지 그것을 느끼지 못했을 뿐이다.

예상하지 못했던 천연가스 유전이 발견되면서 네덜란드 정부와 국민들은 흥청대기 시작했다. 천연가스 수출로 벌어들인 수입을 산업 현대화 등 장기적인 국가 정책에 사용하기보다는 사회 보장 제도를 확충하는 데 투입했다. 유럽에서 가장 낮은 사회 복지 수준을 보였던 네덜란드의 입장에서는 당연한 선택이었을 것이다. 그러나 20여 년이라는 짧은 시간 동안에 만들어진 스웨덴 다음의 복지 수준은 네덜란드 경제를 병들게 만드는 가장 큰 원인이 되었다.

광범위한 사회 보장이 이루어지면서, 폴더 정신의 위기감은 사라지고 놀고먹는 인구가 증가했다. 1970년 160만 명이었던 사회 보장 수혜자가 15년이 지난 1985년에는 350만 명으로 2배 이상 늘었다. 국민들의 노동 기피가 늘어나면서 경제적 활력은 감소한 반면, 사회 복지에 투입되는 정부 재정은 비례해서 늘어났다. 1982년 예산 적자가 GDP의 7퍼센트나 되었어도, 복지에 지출하는 예산은 여전히 GDP의 20퍼센트나 되었다. 그런데도 당시의 완벽한 사회 보장 제도 덕에 사람들은 임금이 마음에 들지 않으면, 자발적으로 실업 수당을 받았다.

안으로 곪아 가던 상처는 1980년대에 들어서면서 터지기 시작했다. 1981년과 1982년, 2년 연속 GDP는 마이너스로 감소했고, 제조업체들이 25개 중 1개꼴로 도산했다. 매월 1만 명씩 실업자가 증가해 실업률이 12퍼센트를 넘었고, 물가는 매년 평균 6.4퍼센트 상승했다. 1981~1983년 사이 30만 개의 일자리가 사라졌다. 국민들의 노동 기피가 초래한 과도한 사회 보장 지출과 이로 인한 재정 적자가 심각한 스태그플레이션을 야기하는 네덜란드의 모습은 '네덜란드 병'이라는 신조어를 낳게 했다.

네덜란드 국민들은 제방이 무너지고 폴더가 물에 잠기는 듯한 위기 의식을 느끼기 시작했다. 그러나 멍이 들 대로 든 네덜란드 경제가 하루아침에 회생하기는 어려웠다. 여유 있게 놀고먹었던 시절의 타성에서 벗어나는 것도 쉽지 않았다. 1982년 들어선 중도 우파의 루버스 연립 정권은 더 이상 과도하게 복지 예산을 지출해서는 네덜란드 경제를 구할 수 없음을 주장하고, 예산 동결 조치를 단행했다. 노조는 이에 반대했고, 격렬한 노사 분규가 전국을 휩쓸었다. 네덜란드는 이제 치유 불가능한 상태로 접어든 것처럼 보였다.

3) 식탁에서 이뤄진 기적

1982년 당시 네덜란드 전경련 회장인 크리스 반 빈은 직장에 나가는 아내 대신 아이를 돌보느라 주로 집에 있었다. 당시 그는 네덜란드 노조 총연맹 대표인 빔 코크 회장과 자기 집에서 모임을 자주 가졌다. 만약 우리나라에서 이런 일이 일어났다면, 노조 대표는 당장 어용 노조라는 평가를 받으며 쫓겨났을 것이다. 그러나 협동과 협의의 전통이 있는 네덜란드에서는 노조의 작은 이익보다는 나라를 살리는 큰 이익을 볼 줄 아는 현실적인 지혜가 있었다. 네덜란드의 부활을 가져온 가장 핵심적인 사건으로 평가받는 '바세나르 협약'은 이렇게 전경련 회장의 식탁에서 이루어졌다.

'바세나르 협약'의 핵심은 '임금 인상을 억제하는 대신 고용은 최대한 늘리는 것'이다. 노동 시간을 40시간에서 38시간으로, 그 후 다시 36시간으로 줄이는 대신 일자리를 더 많이 창출하기로 했다. 고통 분담을 통해 위기를 극복하자는 것이었다. 이 협약에 따라 1970~1979년 동안 연평균 8퍼센트에 이르던 임금 상승률이 83년 -0.5퍼센트, 84년 -2.8퍼센트 등으로 하향 안정되었다. 네덜란드 정부도 국민들의 이러한 노력에 화답했다. 세금을 내려서 국민 부담을 줄이고, 예산을 건전하게 운영하겠다는 약속을 했다. 공무원의 노동 시간도

40시간에서 38시간으로 단축하고, 공공 부문의 임금을 3.5퍼센트 삭감했다.

그러나 1987년부터 경제 안정은 다시 위협받게 된다. 국제적인 경기 호조 분위기에 따라 노조는 고통 분담을 끝낼 것을 요구하고 나섰다. 협약 정신이 흐트러지면서 네덜란드 경제는 1992년 다시 불황에 빠졌다. 세계적인 전자 회사 필립스와 포커 항공사 등 네덜란드의 대표 기업들이 심각한 경영난에 봉착했다. 네덜란드의 제조업 일자리 100만 개 중 10퍼센트가 1992~1994년 사이에 사라질 정도였다.

또다시 추락할지도 모른다는 위기감이 팽배했던 1994년 총선에서 바세나르 협약을 이끌어 냈던 노조 지도자 빔 코크가 수상이 되었다. 새로운 정부는 정부 지출 삭감, 감세, 시장 경제 활성화, 규제 완화, 사회 복지 제도 수정, 민영화 등 과감한 조치를 실시했다. 1982년 때보다 훨씬 강도가 높은 회생책이었다. 빔 코크 정부는 1994~1998년 중앙 정부의 지출을 6퍼센트 삭감하기로 했다. 또 사회 보장 지출에도 과감히 칼을 들었다. 본인이 원하면 노동 장애인으로 분류되어, 편안히 나랏돈을 받고 살 수 있는 복지 제도가 수술 대상이었다. 사실상 저임금층에게는 실제 임금과 사회 보장비 사이에 거의 차이가 없을 정도였다. 오죽하면 1990년대 초 국민들의 건강이 가장 좋은 나라로 손꼽히는 네덜란드에서 600만 노동자 중 100만 명이 노동 장애인으로 분류될 지경이었다. 네덜란드 정부는 노동 장애인을 엄격히 심사하고, 기업의 부담을 늘리는 방향으로 제도를 민영화했다.

사회적 비용이 감소하면서 네덜란드의 경제는 시간이 지날수록 호전되었다. 1991~1995년까지 네덜란드는 다른 유럽 국가보다 평균 성장률에서 0.6퍼센트 높았고, 1996~2000년에는 1퍼센트 이상 높았다. 고용 증가율에서도 다른 유럽 국가의 평균인 0.4퍼센트의 5배 가까이 되는 1.9퍼센트에 달했다. 네덜란드의 이러한 성공은 유럽 특유의 사회 복지 제도의 근간을 유지하면서, 유럽 경제가 공통적으로 안고 있는 고질적인 실업난과 재정 적자 문제를 해결함과 동시에 높은 경제 성장을 이룩했다는 점에서 특별한 평가를 받고 있다.

4) 네덜란드의 기적

경제 위기를 겪고 있는 나라들은 네덜란드가 유럽 최고의 문제 국가에서 스타 국가로 급부상한 것을 두고 '네덜란드의 기적'이라고 부르며 벤치마킹 대상으로 삼고 있다.
네덜란드 경제 성장은 전통적인 네덜란드 국민성인 합의와 타협의 정신에서 출발한다. 합의가 깨지면 폴더에 다시 물이 범람하게 된다는 위기 의식의 공유가 있었기에 가능했던 것이다. 여기에 좌우에 치우치지 않고 중도 노선을 지키면서, 국민들을 하나로 묶은 지도력이 결합되어 이루어진 것이다. 네덜란드 정부는 국민적 합의를 바탕으로 정부 지출을 억제하고 세율을 낮추며 시장 기능을 강화하여 경제를 회생시켰다.
또 네덜란드의 지리적인 위치를 최대한 활용한 특화된 정책을 추진했다. 네덜란드는 지리적으로 작은 나라이고, 자연 자원이 풍부하지 못해 제조업 발전은 한계가 있었다. GDP에 대한 제조업의 기여도도 16퍼센트에 불과하다. 그러나 서비스 분야는 일찍부터 발달하여 GDP의 70퍼센트를 기여하고 있다. 서비스 분야 가운데서도 물류 산업은 세계 제일이다. 로테르담 항은 유럽 최대 항구이고, 여기에 자리 잡고 있는 물류 기업은 매년 네덜란드 GDP의 10퍼센트를 담당하고 있다.

네덜란드 경제의 또 다른 강점은 경쟁력 있는 산업만 특화하여 집중적으로 발전시키고, 그 밖의 다른 분야는 외국 기업에게 과감히 개방하고 있다는 점이다. 예컨대 물류 산업은 국가가 특화하고 있지만, 다른 분야는 외국인이라 하여 차별을 두지 않는다. 그 결과 폴라로이드, 다우케미컬, 닛산 자동차 등 5000여 개의 다국적 기업들이 네덜란드에 자리 잡고 있다. 외국 기업들이 창출하는 일자리는 전체의 10퍼센트에 달한다. 네덜란드에서 외국 자본의 유입에 대한 우려는 없다. 독립 후 해상 무역으로 경제를 일으킨 네덜란드 국민에게 '세계의 모든 공장은 네덜란드 공장이고, 모든 나라는 네덜란드의 시장'이라는 중상주의적 인식이 자연스럽게 배어 있다. 어릴 때부터 세계에서 가장 값싸고 질 좋은 물건을 사서, 가장 필요로 하는 나라에 파는 재질을 익히고 배우기 때문이다. 자신의 특화된 분야를 발전시키고, 외국의 좋은 점을 자신의 것으로 흡수하는 능력이 오늘의 성장을 이룩한 것이다.

　네덜란드의 경제 성장은 미국식 자본주의와는 다른 길을 걸었다는 점에서 특히 주목받는다. 미국의 시장 경제주의가 정글의 법칙이 지배하는 '강자 우위의 논리'라면, 네덜란드의 자본주의는 '함께하는 논리'였다. 네덜란드는 정부보다는 민간의 자율과 협력에 기반을 둔 '협의주의' 전통이 강하다. 네덜란드는 모든 것을 협의체를 구성해 결정하는 전통을 가지고 있다. 국제 무역을 주름잡던 동인도 회사 역시 각 도시 상인들의 협의체에 의해 경영됐다. 17~18세기의 네덜란드 공화국도 절대 왕권이 없는 상태에서 7개 주 대표들이 협의체를 구성해 국정을 주도했다.

　그런 전통을 가진 네덜란드식 경제의 가장 큰 특징은 소득 불평등의 약화이다. 경쟁을 기반으로 하는 자본주의는 필연적으로 소득 불평등을 심화한다. 소득 불평등은 미국에서 눈에 띄게 심화되고 있고, 우리도 마찬가지다. 그러나 네덜란드에서는 소득 격차가 매우 적고 저임금층도 그리 많지 않다. 네덜란드의 빈민율은 세계 최저 수준이다. 낮은 실업률, 작은 소득 격차 같은 요소는 개별적으로는 다른 나라에서도 존재한다. 그러나 이들을 성공적으로 결합한 케이스는 네덜란드 말고는 달리 찾아볼 수 없다.

5) 공동체적 자본주의의 성장과 한계

모두가 함께 살기 위해 나누는 정신은 네덜란드 기적의 가장 큰 성공 요인이다. 임금 상승을 억제하고 노동 시간을 줄여, 그만큼의 고용을 더 늘림으로써 네덜란드 특유의 '공동체적 자본주의'를 만들었다.

지금까지의 성장을 이끌어 왔던 이러한 모델에 대해 우려의 목소리가 없는 것은 아니다. 네덜란드의 앞날을 볼 때 가장 우려되는 부분은 비정규직 비율이 특이할 정도로 높고, 경제 활동 인구의 62퍼센트만이 직업을 가지고 있다는 점이다.

1979~1997년 사이에 네덜란드의 고용률은 28퍼센트 증가했다. 그러나 내용을 살펴보면, 연 4퍼센트씩 비정규직이 늘어나고, 임시직은 1989년 이후 급격히 증가해 노동자의 3분의 1을 비정규직이 차지하고 있다. 네덜란드의 비정규직 비율은 유럽 평균의 2배에 이른다. 또 청년 고용에서 비정규직의 비율이 높아지고 있는 것도 우려할 만하다. 직업을 가진 청년 중 3분의 1이 주당 12시간 미만을 일한다. 게다가 청년들의 임시직 비율은 나날이 늘어나고 있다. 최근 주당 12시간 정도 일하는 청년의 비율은 16.5퍼센트에서 27.5퍼센트로 급증했

다. 네덜란드의 경제 구조가 물류 산업 등 서비스 산업이 중심이 되고 있다는 점에서 비정규직 활성화가 긍정적인 측면도 있지만, 산업 안정적인 측면에서는 부정적인 효과가 더 크다고 할 수 있다.

이와 함께 경제 활동 인구의 62퍼센트만이 직업을 가지고 있다는 것은, 뒤집어 보면 노동 장애 수당을 받거나 조기 은퇴 수당을 받는 사람이 많다는 뜻이다. 이는 노동 시장의 유연성과 잘 정비된 사회 복지 제도가 오히려 성장 잠재력을 약화시킬 수 있다는 의미가 되는 것이다. 사회 복지 제도의 어두운 그림자는 1년 이상의 장기 실업자 비율에서 잘 나타나 있다. 실업자의 절반 이상이 1년 이상 장기 실업자이며, 6개월 이상으로 환산하면 80퍼센트에 이른다. 미국 장기 실업률 10~17퍼센트의 4배가 넘는 수치이다. 유럽의 다른 복지 국가들처럼 함께 나누는 분위기보다 일하는 사람만이 힘겨워하는 형태로 발전할 가능성이 다분한 것이다.

'공동체적 자본주의'가 가능하도록 만들었던 협약 체제의 취약성에 대한 우려도 있다. 협약 참여자의 선택에 영향을 주는 외부 변화에 따라 효율성을 상실할 수도 있기 때문이다. 실제로 제2차 세계 대전 이후 지속적인 발전을 거듭하던 네덜란드가 1970년대와 1980년대 초 위기를 맞은 것은, 네덜란드의 노조가 기업의 의욕을 잃게 할 정도로 임금을 올린 것이 큰 원인 중의 하나였다. 1982년 바세나르 협약 이후, 회복되어 가던 네덜란드 경제가 1987년 다시 휘청거린 것도 노조의 임금 인상을 둘러싼 갈등 때문이었다.

인간의 본성이 원래 '서 있으면 앉고 싶고, 앉으면 눕고 싶다.'고 하지만, 협약 체제의 취약성과 복지 체제의 딜레마가 함께 나타난다면 네덜란드의 미래는 어두울 수밖에 없다. 그러한 우려에도 불구하고 네덜란드 모델이 민간에서 시작된 합의가 정부의 강력한 의지와 실천과 결합되면서 경제 성장을 이룩한 가장 성공적인 모델이라는 점은 누구도 부인할 수 없을 것이다.

3 셀틱 타이거, 아일랜드

1) 유럽의 고아

북아일랜드 분리 독립 운동으로 우리에게 친숙한 아일랜드는 1980년대 초까지만 해도 유럽 변방의 가장 못 사는 농업 국가였다. 19세기 말 다른 유럽의 나라들이 공업국으로 전환되고 있을 때도, 아일랜드는 농업국을 벗어나지 못하고 있었다. 그나마 자연 재해로 인해 대기근이 찾아오면서, 1845년부터 1855년의 10년 동안 무려 250만 명이 아일랜드를 등지고 미국, 영국, 호주로 뿔뿔이 이민을 떠났다. 아일랜드는 텅 빈 나라가 되다시피 했고, 남은 사람들도 척박한 땅에 기대어 하루하루를 연명할 뿐이었다.

1921년 아일랜드는 오랜 영국의 식민 지배에서 벗어나 독립을 얻었지만, 먹을 것을 찾아 해외 이민을 떠나는 현상은 멈추지 않았다. 독립 직후, 아일랜드는 노동력의 50퍼센트가 농업에 종사하고 있었으며, 농산물이 전체 해외 수출의 90퍼센트를 차지하고 있었다. 특히 수출의 90퍼센트가 이웃 영국에 집중되어 있어, 영국의 경기 변동에 따라 국가 경제가 흔들리는 취약한 구조를 벗어나지 못하고 있었다.

그럼에도 아일랜드 정부는 변화를 모색하기보다는 나라의 문을 잠근 채, 국내 산업을 보호해야 한다는 생각에 머물러 있었다. 이제 막 싹을 틔우고 있는 제조업에 대한 보호가 필요하다는 생각에서였다. 이를 위해 수입품에 대해 15~75퍼센트에 달하는 높은 관세 제도를 도입했고, 교통 서비스와 전력, 금융 산업을 정부가 관장했다.

1930년대에 들어서는 더욱 강력한 법안을 만들었다. 정부에서 특별히 면제를 인정하는 경우를 제외하고는 새롭게 설립되는 제조업 분야 기업들은 지분의 51퍼센트 이상, 그리고 의결권을 가지는 주식의 3분의 2 이상을 아일랜드 인이 소유해야 한다는 법을 제정하였다. 이러한 보호주의적 정책들은 1950년대 말까지 계속되었다. 제2차 세계 대전 후, 유럽 전체가 전쟁의 폐허에서 다시 나라를 일으키기 위해 동분서주하고 있을 때에도, 그들만의 울타리에 안주해 있던 아일랜드에는 여전히 희망이 없었던 것이다. 그 결과 1950년대 말까지 약 100만 명이 또다시 아일랜드를 떠났다.

아일랜드의 안개만큼이나 음울했던 아일랜드의 미래에 서광이 비치기 시작한 것은 1958년이었다. 당시 재무부 사무 차관이었던 위태커는 '아일랜드 경제 발전' 구상을 발표하면서, 문호 개방을 제1의 과제로 제시했다. 만약 아일랜드가 국내 산업을 보호한다는 명목하에 계속 문을 닫고 있다면, 살아남을 수 있는 회사도 몇 개 되지 않지만, 그나마도 경쟁력을 가질 수 없기 때문이었다. 그는 일자리가 없어 우수한 경영인과 숙련된 노동력이 떠나게 된다면, 아일랜드는 경제적 성장은커녕 나라를 유지할 수도 없다는 점을 강조했다.

위태커의 이러한 구상은 아이러니하게도 다음 해 새로 집권한 레마스 정권에서 현실화되었다. 레마스 총리는 보호주의적 색채가 강했던 공화당 소속이었음에도, 아일랜드의 위기를 극복하기 위해서는 위태커의 구상을 받아들여야 한다는 믿음이 있었다.

8년 동안 집권했던 레마스 정권은 아일랜드 개방 정책의 기초를 닦았다. 경제 개발의 발판을 마련하고자 학교, 주택, 병원 등에 과감한 투자를 했다. 기초 인프라 시설이 있어야 외국의 투자를 유치할 수 있고 아일랜드의 고질적인 약점인 이민을 막을 수 있다는 고려에서이다. 이와 함께 그동안의 쇄국의 빗장을 풀고, 1961년에는 유럽 경제 공동체(EEC)에, 1973년에는 유럽 연합에 가장 먼저 가입했다. 외국인 투자 유치를 활성화하기 위해 아일랜드 인의 지분 비율을 규정했던 법안들을 폐지하고, 모든 편의를 제공할 수 있는 산업 개발청(IDA)을 만들었다. IDA는 토지, 보조금, 전기, 용수 등 인프라 문제에서 인가나 허가, 사후 관리에 이르기까지 모든 문제를 일괄적으로 처리해 주는 원스톱 서비스를 제공한다. '유럽의 고아'였던 변방의 아일랜드가 세계로 진출하기 위한 발판을 마련한 것이다.

2) 기업하기 좋은 나라

이러한 노력은 1960년부터 효과가 나타나기 시작했다. 1960~1973년까지 연평균 경제 성장률은 4.5퍼센트에 달했으며, 19세기 이후 처음으로 인구가 20만 명이 증가했다. 1958년과 1973년 사이 제조업 분야 산출량이 2.5배 증가했으며, 그 수출 비중도 5퍼센트에서 30퍼센트로 증가했다.

10여 년 동안 순항했던 아일랜드 호는 1970년대 중반에 들어서면서 위기를 맞았다. 1973년과 1979년에 일어난 오일 쇼크는 1차 에너지의 70퍼센트를 수입에 의존하고 있던 아일랜드 경제에 큰 타격을 입혔다. 석유 가격은 10배로 뛰었고, 물가 상승은 연평균 15.7퍼센트나 되었다. 아일랜드 정부는 이러한 경제적 어려움을 극복하기 위해 공공 부문의 지출을 늘리는 등의 조치를 취했으나, 국민들의 세금 부담 가중, 국가 부채 증가 등으로 어려움만 더욱 키운 셈이 되어 버렸다. 그 결과 1980년대에는 실질 성장률이 마이너스를 기록했고, 실업률은 16퍼센트를 넘었다. 20만 명이 넘는 국민들이 해외로 나가면서, 아일랜드는 다시 과거로 돌아가는 듯했다.

1960년대에 아일랜드에 진출했던 외국 기업들마저 철수하면서, 자칫하면 국가가 전면적으로 붕괴할지도 모른다는 위기감이 국민들에게 퍼졌다. 천연 자원도, 산업 유산도 없는 나라에서 외국 자본의 유입은 생존을 위한 필수적인 요소라는 것을 아일랜드 국민들은 뼈저리게 느낀 것이다.

'국가 재건을 위한 프로그램'은 그런 공감대 속에서 만들어진 것이다. 위기를 해결하기 위한 새로운 경제적·사회적 접근이 필요하다는 노조의 의견에 기업과 정부가 화답하면서, 오늘의 아일랜드를 가능케 한 새로운 국가 발전 방향이 만들어졌다. 이 프로그램의 핵심적인 내용은 임금 인상을 연간 2.5퍼센트 이내로 제한하고, 정부 재정을 균형 재정으로 전환하며, 개인 세금을 낮춤으로써 낮은 임금 인상을 지속시킨다는 것이다. "국가가 존립하고 사회가 파괴되지 않는 기반 위에서만 노동자의 권익과 사회적 가치가 중요하다."라는 프로그램의 정신은 네덜란드의 '바세나르 협약'을 연상시킨다.

이러한 합의를 바탕으로 세계의 기업들이 아일랜드로 들어올 수 있도록 하는 제도적인 방안도 만들었다. 다른 유럽 국가들이 25~40퍼센트의 법인세율을 부과했지만, 아일랜드는 외국의 제조업체를 유치하기 위해 1980년부터 10퍼센트의 법인세를 부과했고, 최근에는 모든 경제 분야에 공통으로 12.5퍼센트의 낮은 법인세율을 유지함으로써 기업의 세금 부담을 줄여 주었다. 또 양질의 노동력을 공급하기 위해 전자, 제약, 컴퓨터 소프트웨어, 금융 서비스와 같은 산출과 고용이 증대되는 분야에 교육을 강화했다.

이러한 정책에 힘입어 1980년대 후반부터 다국적 기업의 아일랜드 진출이 가속화되었다. 현재는 1200여 개의 외국 기업이 13만 명의 신규 고용을 창출하고 있다. 진출 분야도 전도 유망한 하이테크에 집중되어 있다. 전자·컴퓨터 분야에서 인텔, HP, 델, IBM 등 300여 개 이상의 선진 기업이 진출하여 아일랜드 전체 수출의 40퍼센트 이상을 담당하고 있다.

지난 100여 년 동안 아일랜드를 떠났던 이민자들이 이 과정에서 큰 역할을 했다. 특히 미국으로 건너가 기반을 잡은 아일랜드 인들은 모국의 경제를 일으키기 위해 집중 투자를 했다. 화학 공업 분야와 컴퓨터 하드웨어, 소프트웨어 분야가 차지하는 비중이 GDP의 40퍼센트를 넘고 있는데, 이 부분에 대한 투자는 주로 미국에서 성공한 아일랜드 이민자들에 의해서 이루어진 것이다.

1990년대에 들어서면서 아일랜드는 눈부신 경제 번영을 이룩한다. 1989년 국민 소득 1만 달러를 달성한 후, 불과 7년 만에 2만 달러 시대에 진입했다. 두 자리 숫자였던 실업률이 2002년에는 4.5퍼센트로 줄었고, 1997년부터 2002년까지 5년 동안 44.8퍼센트라는 높은 GDP 성장률을 보였다. 유럽 최빈국의 하나에서 아시아의 네 호랑이에 빗댄 '셀틱 타이거'로 거듭난 것이다.

3) 개방 정책의 빛과 그림자

아일랜드 경제 발전의 가장 중요한 요인은 외국인 직접 투자이다. 그러나 아일랜드가 아무런 원칙 없이 투자를 모두 받아들인 것은 아니다. 그들은 엄격한 국가 발전 전략을 세웠고, 그 전략에 따라 투자를 유치했다. 산업화에 뒤처졌던 아일랜드는 굴뚝 산업에 대한 기반이 취약했다. 그러므로 세계 시장에서 경쟁하려면, 이미 다른 나라에서 앞서간 산업으로는 따라잡기가 불가능하다고 판단했다.

그러한 고민 끝에 선정한 것이 전자 통신(IT), 제약, 보건 분야였다. 우선 세계적인 IT 업체의 유치에 온 힘을 기울였다. IBM, 애플, 델 등 하드웨어 컴퓨터 회사와 더불어 마이크로소프트, 오라클, 시만텍, 넷스케이프 등 소프트웨어 기업의 유치는 그 결과이다. 반도체 회사인 NEC, 인텔, 제약 회사인 화이자도 아일랜드에 진출해 있다.

아일랜드의 비약적인 성장은 개방 정책에 대한 국민적인 공감대, 그리고 이를 구체화하기 위한 정부의 치밀한 전략과 실천에 의해 만들어졌다. 아일랜드가 1995년부터 2002년까지 유럽의 평균 성장률 2.5퍼센트의 3배가 넘는 연평균 8.8퍼센트의 성장률을 기록한 것은 이런 노력이 한데 모여 나온 것이다.

외국 기업의 성공적인 유치가 '개방 정책의 빛'이라면, 외국 기업에 대한 지나친 의존은 '개방 정책의 그림자'라고 할 수 있다. 이윤을 목적으로 하는 외국 자본은 아일랜드에서 매력이 떨어지면, 언제든 다른 곳으로 이동할 것이기 때문이다. 실제로 아일랜드는 1970년대 외국 기업의 철수로 큰 위기를 맞은 경험이 있다. '아일랜드의 경제 성장은 소수 다국적 기업이 주도하는 하나의 환상이며, 외국 기업의 이윤 확대 과정에 불과하다.'라는 평가가 나오는 것은 그런 이유에서이다.

그렇다고 아일랜드가 자생력이 높은 것도 아니다. 산업화에 뒤졌던 아일랜드는 그동안 외국인 직접 투자에 크게 의존한 관계로 자체적인 국가 기술 역량은 강하지 않다. 아일랜드의 연구 개발(R&D) 투자는 유럽 국가의 절반 수준인 GDP의 1.21퍼센트에 불과하고, 기업의 R&D 투자도 유럽 평균인 1.2퍼센트에 비해 낮은 0.95퍼센트에 불과하다. 여기에 우리와 같은 이공계 기피 현상이 나타나면서, 노동력 공급에서도 문제를 보이고 있다.

아일랜드가 안고 있는 또 다른 문제점은 국민들이 언제까지 희생을 견뎌 낼 수 있을 것인가이다. 아일랜드에서 GDP에 대한 임금의 비율은 1987년에서 2000년 사이에 71퍼센트에서 56.9퍼센트로 감소했다. 외자를 유치하는 과정에서 낮은 세금과 더불어 완만한 임금 인상을 제공했기 때문이다. 이는 역으로 외국 자본이 높은 수익률을 얻는다는 것을 의미한다. 미국 자본의 경우, 아일랜드에서의 수익률은 20.1퍼센트로 2위인 네덜란드의 14.6퍼센트, 독일 8.7퍼센트, 영국 7.6퍼센트에 비해 훨씬 높다.

아일랜드 정부에서도 이러한 문제들을 인식하고, 자체적인 경쟁력을 확보하기 위해 많은 노력을 하고 있다. 먼저 생명 과학, 문화 산업 분야에 집중적인 투자를 함으로써 자체 역량을 키워 나갈 계획이다. 또 투자 매력을 잃지 않으면서도, 국민들의 생활 수준이 나아질 수 있는 다각적인 방안들을 내놓고 있다. 유럽에서 세 번째로 높은 최저 임금제 도입, 각종 복지 수당의 증액, 물가 안정 및 조세 감면을 통한 실질 소득 증대 등이 그것이다.

아일랜드가 외자 유치로 만들어진 경제적 기반을 바탕으로 자신만의 색깔을 갖추기 위해서는 앞으로도 많은 시간이 필요하겠지만, 국가 경제의 세 가지 근간인 천연 자원, 산업 유산, 인구의 부족을 극복한 사례로 비슷한 상황에 처한 국가들에게 시사하는 바가 적지 않다고 할 수 있다.

4 작지만 강한 나라, 핀란드

1) 시수의 나라

'산타클로스'로 유명한 핀란드는 북구에서도 가장 동쪽, 러시아 접경 지대에 위치하고 있는 인구 500만 명의 작은 나라이다. 핀란드 사람들은 자신들의 정체성을 S로 시작하는 세 개의 낱말, 즉 시수(Sisu), 사우나(Sauna), 시벨리우스(Sibelius)로 표현한다. 사우나와 시벨리우스에 대해서는 우리에게도 잘 알려져 있지만, 사실 시수는 거의 알려져 있지 않다. 그러나 우리에게 가장 생소한 시수가 바로 국가 경쟁력에서 세계 1, 2위를 다투는 핀란드의 국민성을 가장 잘 나타내 주는 단어이다. 시수는 핀란드 국민 특유의 불굴의 정신을 말하는 것으로 역사의 굴곡을 지나면서 단련된 외유내강의 강건함을 일컫는다.

사실 우리와 핀란드 간에는 많은 유사점이 있다. 강대국 사이에 끼어 있고, 강대국의 침략을 받은 경험이 있다. 우리에게 중국과 일본의 침략을 받은 역사가 있듯이, 핀란드도 주변 강대국인 스웨덴과 러시아의 침략을 받고 지배를 당하기도 했다. 600여 년간 스웨덴에 종속되었던 핀란드는 우리가 일본에게 느끼는 것처럼, 운동 경기에서 절대 져서는 안 되는 상대가 스웨덴이다. 또 부존 자원이 부족하고 그것을 보완하기 위해 인적 자원의 개발과 근면성을 바탕으로 경제 성장을 이룩했다는 것도 비슷하다.

핀란드는 1917년 러시아로부터 독립한 이후, 유일한 부존 자원이라고 할 수 있는 삼림을 이용한 목재와 펄프 생산이 주요 산업이었다. 핀란드의 산업화는 19세기 후반부터 시작되었지만, 1940년대까지도 국민의 50퍼센트가 농업과 임업에 종사하고 있었다.

제2차 세계 대전에서 독일의 패배는 핀란드에게 가혹한 시련을 안겨 주었다. 나치 독일과 협력했던 핀란드는 소련에게 엄청난 전쟁 배상금을 지불해야 하는 상황에 처했다. 그러나 전쟁을 치르면서 그나마 가지고 있던 물자와 자금도 모두 동난 상태에서, 그러려면 허리띠를 졸라매고 생산성을 높이는 길밖에 다른 대안이 없었다. 국민 전체가 단합해 피나는 노력을 한 결과, 핀란드는 소련에 대한 배상금 지급을 기간 내에 완료했고, 참전국 가운데 유일하게 미국에 대한 전시 부채까지 갚았다. 역사 속에서 수많은 역경을 극복하도록 해 준 시수가 있었기에 가능한 일이었을 것이다.

1970년까지 연평균 5퍼센트의 성장을 유지하면서, 핀란드는 산업 구조의 개편을 추진했다. 그 결과 1946년 50퍼센트였던 1차 산업 비중이 1972년에는 15퍼센트로 줄었고, 3차 산업은 13퍼센트에서 65퍼센트로 증가했다. 26년이라는 짧은 시간 동안 산업 사회로의 전환이 이루어진 것이다. 이를 발판으로 핀란드는 1971년 1인당 국민 소득이 1만 달러를 넘는 등 1980년대 말까지 순조로운 성장을 했다.

2) 작은 나라의 큰 기업

1989년 핀란드 경제에 어두운 그림자가 드리워졌다. 핀란드는 서방 국가 중 러시아와 가장 긴 국경을 접하고 있다. 이러한 지정학적 위치를 활용하여, 핀란드는 자국의 금속, 섬유, 의류 등 제조업 상품과 소련의 원유와 천연가스를 교환하는 구상 무역을 해 왔다. 또 서방 기업의 대(對) 소련 중개 무역의 거점 역할도 수행했다.

그러나 1989년 러시아의 페레스트로이카 이후 러시아가 각국과 직

거래를 추진하면서 중개 무역 거점 기능이 퇴색했고, 1991년 구소련의 붕괴로 구상 무역 체제까지 무너졌다. 1989년 9.8퍼센트에 달했던 수출 증가율이 1991년에는 -8.2퍼센트로 추락했다. 여기에 1990년대 들어 주요 수출품인 제지와 펄프의 국제 가격 하락까지 겹치면서, 큰 위기를 맞게 된다.

이러한 상황에서 핀란드 경제를 침몰 직전까지 몰고 간 것은 IMF 금융 위기였다. 핀란드는 1980년대 초부터 대출 및 자금 조달, 자본 및 외환 거래에 대한 규제 완화 등의 금융 자유화를 추진했다. 금융 자유화로 치열한 경쟁 상태에 놓인 은행들은 대출을 공격적으로 확대했다. 때 맞춰 나타난 1980년대 중반의 3저(低) 호황으로 발생한 자산 가격의 거품으로 대출 자금의 상당 부분이 부동산 등 투기적 부분으로 유입되면서 대출 자금의 건전성이 떨어지고, 금융 부실화가 진행되었다. 전통 산업인 제지·펄프 산업의 사양화, 러시아 특수의 소멸, 3저 호황의 종료로 발생한 경제 위기는 금융 부문의 부실을 더욱 가속화했다. 1997년의 IMF 체제를 맞은 우리와 비슷한 경험을 바로 몇 년 전에 겪고 있었던 것이다. 1991년부터 3년 연속 마이너스 성장을 기록했고, 5퍼센트 선에 머물던 실업률도 1994년에는 18.4퍼센트까지 급증했다.

금융 위기를 겪으면서 핀란드는 위기의 재발을 막기 위해서는 근본적인 구조 개혁이 있어야 한다는 인식을 하게 되었다. 특히 전통 산업을 대신할 새로운 성장 동력 산업의 육성이 필수적이라는 것을 깨달았다.

핀란드 정부는 새로운 성장 엔진의 역할을 할 산업으로 정보 통신을 선택했다. 호수와 산림으로 뒤덮인 넓은 국토와 낮은 인구 밀도로 전통적으로 통신 산업이 발달했던 핀란드에게 정보 통신은 낯선 분야가 아니었고, 세계 시장도 정보화로 전환되어 가는 추세였다.

1994년 핀란드 재무부는 「정보화 사회를 지향하는 핀란드」라는 보고서를 통해, 그 계획을 구체화했다. 이후 핀란드 정부는 GDP의 3퍼센트에 이르는 국가 예산을 정보 통신 R&D에 집중 투자하는 한편, 1994년 1차, 1998년 2차 정보화 사회 세부 전략을 수립해 각 부처별, 기관별로 과제를 수행했다.

이러한 정부의 정보 통신 산업 지원과 기업의 노력이 결합되면서, 핀란드의 대표 기업인 노키아가 탄생했다. 1865년 목재 공장으로 출발한 노키아는 경제 위기 이후 이동 전화 단말기와 네트워크 인프라에 특화하는 전략을 추진했다. 정부의 전폭적인 지원과 맞물리면서, 노키아는 세계 최대의 휴대폰 제조 회사이자 핀란드 수출의 24퍼센트를 책임지는 대표 기업으로 성장했다. 노키아로 대표되는 핀란드의 정보 통신 육성 전략은 핀란드를 세계 일류 수준의 경쟁력을 가진 국가로 변모시켰다. HP의 CEO였던 칼리 피오리나가 "핀란드는 무선 기술의 실리콘밸리"라고 말했듯이, 핀란드는 정보 기술 분야에서만큼은 세계 어느 나라도 부럽지 않은 위상을 구축한 것이다.

3) 선택과 집중의 성공

핀란드는 네덜란드와 아일랜드와는 다른 형태로 경제 발전을 이룩했다. 네덜란드와 아일랜드가 위기를 맞으면서 국민들의 자각으로 얻어진 합의를 통해 경제 발전의 추진력을 얻은 '밑으로부터의 발전'이라면, 핀란드는 정부에서 경제 발전에 대한 방향과 전략을 제시하고 민간에서 이를 현실화한 '위로부터의 발전'이었다. 여기에는 역사적 굴곡 속에서도 강하게 지속되어 온 핀란드 국민 특유의 시수

정신이 작용한 면도 크지만, 유일한 자원인 인적 자원을 개발하는 데 집중한 것이 큰 역할을 했다는 평가이다.

핀란드 정부는 1980년대 초 각 지역별로 한 개씩 공과 대학을 설립하고, 이를 중심으로 대학과 기업이 한데 뭉쳐진 기술 거점형 도시를 구축했다. 정부는 이렇게 구축된 기술 거점 도시에 세계에서 가장 많은 GDP의 3.46퍼센트를 R&D 투자비로 지원했다. 이런 기술 거점형 도시가 오늘날 핀란드의 성장을 일궈 낸 배경이다.

1990년대에 들어서는 전국의 200여 개 전문 대학을 29개로 통폐합한 후, 현장 특화 대학으로 전환했다. 현장 특화 대학은 철저한 맞춤식 교육으로 산업 현장에 필요한 인력을 양성하는 데 초점을 맞추고 있다. 이들 현장 특화 대학은 연구 중심 대학과 역할 분담을 통해, 핀란드 산업 혁신 역량을 끊임없이 높여 나가고 있다.

이와 함께 초등학교부터 대학까지 전 과정의 학비를 국가에서 부담하는 건 물론 매달 40만 원가량의 생활비까지 지원해 준다. 교육비가 GNP에서 차지하는 비중이 7.2퍼센트로 OECD 회원국 중 최고다. 과감한 교육 투자의 결과로 핀란드의 1인당 국민 경제 생산성은 미국의 6만 1000달러보다 높은 6만 6000달러에 이른다. 핀란드의 국가 경쟁력은 이처럼 미래의 비전인 기술 경쟁력에 대한 정부의 체계화된 계획과 실천으로 만들어진 것이다.

핀란드 경제의 유일한 걸림돌은 노키아에 대한 의존이 너무 높다는 점이다. GDP 성장의 절반을 이끌고, 수출의 4분의 1을 차지하는 노키아의 사업 성과는 핀란드 경제 전체에 영향을 줄 수 있다. 그래서 노키아가 잘못될 경우, 핀란드 전체가 위기에 처할 수도 있다. 또한 노키아가 너무 지나치게 발전함으로써 다른 부분의 성장을 저해할 수 있다는 우려도 있다. 노키아에 대한 핀란드의 의존에 비춰 볼 때, 그러한 우려가 현실화할 수도 있을 것이다. 그러나 지식 정보화 사회에서 회사는 없어지더라도, 경험과 지식 자체가 사라지는 것은 아니다. 따라서 설령 노키아가 잘못되더라도, 핀란드 경제가 장기적으로 침체하지는 않을 것이다. 새로운 성장 엔진을 찾을 수 있는 기술 경쟁력 면에서 핀란드는 다른 어느 나라보다 강점을 가지고 있기 때문이다.

5 강소국이 던지는 메시지

1) 성장과 분배의 조화

네덜란드와 아일랜드의 경제 성장에는 공통적인 요소가 한 가지 있다. 벼랑 끝 위기에 서 있는 절박한 상황에서 같은 방식으로 새로운 활로를 찾은 점이다. 국민들의 자발적인 노력을 통해 위기를 헤쳐 나가고, 새로운 성장의 전기를 마련한 것이다. 이 과정에서 정부가 먼저 나서지 않았다. 노사가 먼저 대화로 문제를 풀고 결론을 내린 뒤, 정부가 정책적으로 해야 할 일이 있으면 그때 나섰다. 이렇게 한번 형성된 국민들 사이의 공동체 의식은 경제 사정이 나아져도 쉽게 변하지 않았다. 경제 성장에 맞추어 새로운 합의를 이끌어 내고, 새로운 도약을 준비했다. 죽기 살기식의 대결보다는 양보하고 타협하는 문화가 자연스럽게 형성된 것이다.

우리도 위기 시에 공동체 의식을 보인 적이 있었다. IMF가 시작되면서 '금 모으기 운동'을 통해 온 국민이 하나가 되었다. 참으로 소중한 불씨였다. 그러나 당시 정부는 위기 의식에서 오는 국민적 극복

의지를 자기 희생적 공감대의 형성으로 승화하는 데는 실패했다. 경기 회복의 기미가 보이자 서둘러 IMF 극복을 선언하는 성급함을 보였던 것이다. 이로써 단기적으로 경기를 조금 빠르게 회복시켰는지는 모르겠으나 위기 의식이 급격히 사라져 버리는 결과를 초래했다. 장기적으로 2단계 대도약의 비전을 세우고 집행하는 것을 가능케 해 줄 각 경제 주체들의 희생 정신이라는 소중한 무형 자산을 아쉽게도 너무 쉽게 놓아 버린 것이다.

또 한 가지 공동체 의식 형성에 걸림돌이 되는 것은 바로 사회 곳곳의 갈등 구조이다. 지난날 정경 유착과 지도층의 도덕 불감증으로 쌓인 불신과 적대의 벽이 너무나 높다. 네덜란드와 아일랜드의 경우처럼, '우리 모두가 한 배를 탔다.'는 공동체 의식이 없다면 우리의 미래는 여전히 어두울 수밖에 없을 것이다. 우리의 경우 공동체 의식은 2부에서 자세히 살펴보겠지만 과거에 대한 반성과 화해가 있어야 비로소 형성될 수 있다. 또한 편 가르기를 중단하고 함께 노력할 수 있도록 만드는 지도력도 반드시 필요하다. 이 부분도 2부에서 상세히 살필 기회가 있을 것이다. 노동자들은 그들만의 집단 이기주의나 지나친 피해 의식을 버려야 하며, 기업은 투자에 적극 나서 일자리를 만들어야 한다. 특히 고소득 노동자가 자신들의 월급을 깎더라도 실업자나 비정규직 노동자와 일자리를 나누겠다는 생각이 있어야 한다. 이렇게 모두가 조금씩 자신들의 손해를 감수할 때, 비로소 공동체 의식은 싹트고 한마음으로 뭉칠 수 있을 것이다.

강소국들이 복지에 대해 주는 교훈은 '복지는 각 나라의 실정에 맞는 속도로 가야 하고, 복지를 위해서라도 성장을 해야 한다.'는 것이다. 강소국들이 임금 인상을 최소화하고, 비정규직의 증가를 감수하면서도 성장에 매달린 것은 성장 없는 경제에서 실업은 물론 분배도 악화된다는 것을 잘 알고 있었기 때문이다. 파이를 키워야 나눌 것도 있는 것이다.

아일랜드가 우리에게 주는 교훈은 '개방'과 '국제 사회에서의 신뢰 구축'이다. 21세기 업그레이드된 개방의 구체적 모습은 자유 무역 협정(이하 FTA로 쓴다)으로 나타날 것이고, 향후 10년 내 한·중·일뿐 아니라 미국, 유럽 연합 등과의 FTA를 피하고 생존할 길은 없다. 이러한 정면 승부를 통해 가장 경쟁력 있는 산업만 살아남을 것이다. 지금부터는 '선택과 집중을 통한 핵심 부품 소재 산업 육성'이 산업 정책의 핵심을 이루어야 한다.

2) 모방의 한계

유럽 강소국의 사례를 우리 현실에 그대로 적용하는 데는 한계가 있다는 지적도 없지 않다. 우선 이들 나라는 인구 5백만~1500만 명의 소국이며 제조업 등 전통 산업의 비중이 낮지만, 우리는 남한 인구만 4800만 명이 되는 등 훨씬 복잡한 경제 구조를 가지고 있다. 이들 국가의 안정된 노사 관계와 유연한 노동 시장의 배경에는 잘 정비된 사회 복지 시스템과 사회 민주주의 정권 집권 등의 역사적 경험이 있다는 점도 우리와는 다르다. 따라서 사회 복지 제도가 아직은 취약한 우리의 입장에서 강소국의 산업 구조를 지향한다면 소득 분배 격차가 더 심화될 우려도 있다. 일찍부터 대외 개방에 나섰고 사회적 합의의 전통이 뿌리내린 점 등 이들 국가에게 배워야 할 점이 많지만, 국가 모델로 삼는 데는 적절하지 않다는 말은 그래서 나오는 것이다.

이에 따라 최근 들어서는 우리와 인구 규모가 비슷한 '강중국' 모델을 벤치마킹하자는 의견도 있다. '강중국' 가운데 특히 인구 8천만 명에 1인당 GDP 2만 5000달러 수준인 독일을 배우자는 움직임이 있다. 독일은 우리나라와 산업 구조가 비슷하지만 정밀 기계 등의 강세가 유지된 덕분에 지금도 제조업 비중이 높다. 국민 소득 2만 달러를 일궈낸 1990년 당시 독일은 제조업의 GDP 비중이 29.3퍼센트, 고용 비중이 28.4퍼센트로 우리보다 훨씬 높았다. 굴뚝 산업이라며 뒷전으로 밀린 탓인지 제조업 공동화가 무서운 속도로 진행되는 우리와는 상황이 다르다고 할 수 있다.

국민 행복 지수와 삶의 질을 국민 소득 등으로 수치화하는 것에는 함정도 숨어 있으나, 명료한 미래의 청사진이 없으면 국민적 동참이 불가능하기에 우리는 흔히 숫자로 이야기하곤 한다. 2만 달러 달성의 길은 멀고 험난하다. 이미 2만 달러의 벽을 넘어선 국가들도 많은 굴곡과 좌절을 겪어야 했다. 강소국들도 1만 달러를 넘는 시점에서, 위기를 맞고 그것을 극복하면서 2만 달러의 벽을 넘었다. 1만 달러까지는 이미 앞선 선진국의 사례를 좇아가도 달성할 가능성이 있다. 그러나 2만 달러로 진입하기 위해서는 자기만의 창조적인 역량이 있어야 한다는 것을 강소국의 사례를 통해서 알 수 있었다. 남보다 앞서 정보 통신에 투자했기에 오늘날의 핀란드 경쟁력이 있는 것이다.

창조적 역량으로 처절한 국제 경쟁에서 재도약하기 위해서는 첫째, 지식 기반 강화를 위한 '다이내믹한 지식 생태계의 조성', 둘째, 위험을 감수하면서도 과감히 연구 개발비를 비롯한 각종 투자가 이루어질 수 있도록 여건을 조성하는 등의 시장 친화적 '기술 혁신 시스템의 구축', 그리고 셋째, 고부가가치 창출에 필요한 인적 자원을 공급할 수 있는 '교육 제도 개편'이 이루어져야 한다. 이 세 가지는 아무리 강조해도 지나침이 없는 핵심 조건의 정수이다. 이러한 인프라가 만들어진 다음에 비로소 우리만의 고부가가치 기술 집약형 성장 동력의 적극 육성이 가능해질 것이며, 향후 10년 내에 양과 질의 모든 면에서 세계 10대 선진국에 진입할 수 있을 것이다.

2부 >>
강한 한국을 꿈꾼다

경쟁이 경쟁력이다

이재승

1 왜 경쟁이 필요한가?

축구 국가 대표전을 보면서 많은 사람들은 해외에서 활동하다가 대표팀에 합류한 한국 선수들의 활약을 기대한다. 유명 골프 대회가 열리면 밤잠을 설치면서도 해외에서 활동 중인 한국 선수들의 경기 모습을 지켜본다. 한국 선수들의 활약을 보고자 생면부지의 외국 프로야구 팀 경기를 조마조마하게 지켜보기도 하다. 세계적으로 유명한 한국 음악가들이 국내에서 연주회를 할 때면 연주회장은 북적대기 일쑤이다. 이들이 주목받는 이유에는 한 가지 공통점이 있다. 그것은 바로 이들이 치열한 국제 경쟁에서 살아남은 승자들이라는 것이다.

한정된 재화를 다수의 사람들이 원할 때 경쟁은 자연적으로 발생한다. 재화가 모두에게 무조건적으로 균등하게 배분되는 것이 아니라 능력에 따라 분배가 되면 참가자들은 서로 원하는 것을 얻기 위해 경쟁하게 된다. 이기기 위해서는 강해야 한다. 이기기 위해 경쟁력을 키우는 것은 국내에서는 물론 국제 사회에서도 똑같이 적용된다.

한국의 경우는 좁은 국토에 자원도 풍부하지 못한 반면 많은 인구를 가지고 있다. 살아남기 위해서는 국제적으로, 또 국내적으로 경쟁을 피할 수 없는 환경이다. 수출에 의존하는 경제 구조상 국제 시장에서의 성공 여부가 경제 성장의 주요 척도가 되어 왔고, 대다수 기업들은 끊임없이 국제 경쟁 구도 아래 놓여 왔다. 국내적으로 교육열도 유난히 높고 신분 상승에 대한 욕구도 강하다. 입시 제도를 어떻게 바꾸든지 간에 좋은 대학에 가기 위한 경쟁은 사라지지 않았다.

그럼에도 이처럼 태생적으로 안고 있는 경쟁에 대한 우리 사회의 인식은 그다지 곱지 못하다. 경쟁의 공정성에 대한 불신, 그리고 지나친 경쟁의 폐해에 대한 반발로 승자에게 박수 대신 증오를 종종 보여 오기도 했다. 경쟁에 기반을 둔 신자유주의적 논리를 타파하자는 내용을 담은 대자보들이 대학가뿐만 아니라 작업장 곳곳에까지 붙어 있는 사실이 더 이상 새로운 일이 아니다. 사회 한편에서는 경쟁 대신 모두 공평하게 똑같이 하자는 획일주의가 자리 잡아 가고, 경쟁에서 상대적으로 자유로운 공무원이 최고의 인기 직종으로 떠오르고 있다. 조금 덜 잘 살아도 공평한 게 제일 좋은 것 아니냐는 이야기도 종종 들린다.

그러나 문제는 이러한 획일주의가 한국 내에서는 단기간 통용될지 몰라도 국제 경쟁에서는 전혀 통용되지 않는다는 것이다. 무한 경쟁 시대에서 '조금 덜 잘사는' 것은 없다. 이기든지 지든지, 잘살든지 못살든지 양자 택일이 있을 뿐이다. 잠시 어느 한 선수가 정체되어 있는 동안 다른 선수들은 모두 뛰고 있다. 나중에 따라잡으면 되겠지 할 때는 이미 늦다. 좋든 싫든 계속 뛰어야 하는 것이다. 조금 덜 잘 살고, 대신 공평하게 살면 되지 하는 생각은 실제 경쟁을 겪어 보지 않은 사람들의 순진한 생각이다.

강한 한국을 건설하기 위한 국가 경쟁력을 확보하기 위해서는 경쟁 자체를 거부해서는 안 된다. 한정된 국토와 제한된 자원이라는 약점을 극복하기 위해서는 개방을 통한 경제적 경쟁력의 증대가 필요하고, 상대적으로 많은 인구는 교육 경쟁력의 제고를 통한 인적 자원의 계발로 이어져야 한다. 이러한 경쟁력은 건전한 경쟁에서 나올 수 있다.

2 경제 개방과 국가 경쟁력

1) 모래성을 쌓을 것인가, 파도타기를 할 것인가

비준 당시 많은 논란을 불러왔던 칠레와의 FTA가 발효된 지 1년이 지났다. 지난 1년은 한국-칠레 간 FTA에 대한 종합적인 평가를 내리기에 충분한 기간은 아니지만 협정 체결 당시의 우려를 불식할 수 있는 몇 가지 지표를 보여 준다. 지난 1년간 주요 공산품의 대 칠레 수출은 크게 증가하였다. 자동차, 휴대 전화 등 우리 주력 품목의 수출은 전년 동기 대비 58.7퍼센트 증가하여 남미 전체에 대한 한국의 수출 신장률 28퍼센트에 비해 2배에 달했다. 협상 초기에 우려했던 농산물 수입은 2.6퍼센트 증가에 머물러 농민 피해가 예상보다 크지 않았음을 보여 준다. 칠레와 FTA를 체결한 이후 한국은 싱가포르와 FTA를 체결하였고 일본 및 아세안과 FTA 협상에 나서고 있다.

칠레의 농업 부문이 가지고 있는 경쟁력은 상당 부분 부풀려진 측면도 있었다. 칠레의 과거 주력 산업은 구리 생산이었다. 구리 생산량 및 국제 구리 시장의 가격 변동에 국가 경제가 지나치게 의존하게 되면서 칠레 정부는 산업 다변화의 일환으로 과수 부문을 육성했고, 몇몇 품목에서 국제 경쟁력을 갖출 수 있었다. 따라서 칠레가 세계에서 손꼽히는 농업 대국이라는 평가는 과장된 것이었다. 그런 잘못된 통계 수치가 국회에서까지 그대로 인용되는 상황은 다분히 정치적인 성격을 띠었다고밖에 할 수 없다. 피해 보상 정책의 측면에서도 한-칠레 FTA는 또 하나의 반면교사가 된다. 한-칠레 FTA는 특히 농업 부문에 대한 대비책을 마련할 때 피해에 대한 인과 관계가 불분명한 가운데 우선주의적 보상 신청과 그에 따른 일회성 금전적 지원 등의 문제가 향후 발생할 수 있다는 가능성을 보여 주었다.

현재 FTA와 WTO 체제에서 경제 개방은 한국 경제의 가장 큰 화두가 되어 있다. 대외 경제 규모가 GDP의 70퍼센트 이상 차지하는 한국에서 개방은 선택의 문제가 아니라 생존의 문제이다. 2004년 말 기준으로 전 세계에 발효 중인 FTA가 150여 건에 이르고 이들 FTA 체결국 간 무역 비중도 50퍼센트대를 넘고 있다. 따라서 이 대열에 끼지 못할 경우 세계 시장에서 불리한 위치에 놓이는 것은 자명하다. 더욱이 수출 주도의 경제 체제에서 지속적인 성장을 이루어 나가기 위해서는 수동적인 개방이 아니라 능동적인 개방으로 나갈 수밖에 없는 상황이다.

또한 FTA는 단순한 무역 수지의 개선이 아니라 산업 구조 전반에 거쳐 총체적인 구조 조정을 목표로 한다. 이는 국내외 경제의 벽을 허물어 한국 경제를 세계 경제에 밀접히 통합함으로써 한국 경제의 질적인 변화를 유도한다는 전략에 기반을 두고 있다. 수출 의존형인 우리 경제 구조에 비춰 보았을 때 이러한 전략은 불가피한 측면이 있다. 사실 칠레나 싱가포르와 FTA를 체결한 것은 FTA를 통한 본격적인 경제 구조 조정이라기보다는 보완적 관계에 있는 중소형 경제와 일종의 연습 경기 성격을 띠고 있다. 궁극적으로 경쟁 관계를 포함하는 거대 경제권과의 FTA가 주요한 도전이 되는 것이다. 이러한 산업 구조 조정을 고려했을 때 FTA에서 무역 수지의 변화를 놓고 보는 1년의 성적표보다는 5년, 10년의 장기 성적표가 더 중요하다.

개방 경제 체제에서 이미 경쟁은 되돌릴 수 없는 대세이다. 국내에서의 생존이 국제 경제에서의 생존을 보장해 주지는 않는다. 물론 개방의 속도를 늦출 수는 있다. 본격적인 FTA 체결을 미루거나 WTO 협상에서 사력을 다해 특정 산업을 방어할 수도 있다. 어쩌면 이는 정부의 커다란 성과로 비칠 수도 있다. 그러나 빠른 속도로 통합되어 가는 세계 시장에서 결국 도태될 기업이나 산업은 언젠가는 도태되고 만다. 5년 후에 죽을 기업을 2, 3년 더 살게 할 수는 있지만, 근본적인 전환이 없는 한 되살릴 수는 없다. 정권 입장에서는 자신들의 재임 기간 동안 개방에서 오는 충격을 받고 싶지 않을 것이다. 가급적이면 큰 변화 없이 잘 끌고 나가다가 다음 정권에 넘기는 것이 최선의 방책일 수 있다. 사실 그렇게 하지 않으면 선거에서 질 공산이 크다. 하지만 이것은 '폭탄 돌리기'와 유사하다. 터지지 않은 폭탄을 다음 사람에게 넘기면 일단은 자기 책임에서 벗어난 것처럼 보이지만 실상 폭탄이 터지면 모두 다치게 된다. 폭탄 돌리기의 피해자는 결국 국민일 수밖에 없다. 누군가는 욕을 먹더라도 폭탄을 꺼야 한다. 현명하고 용기 있는 지도자가 그 일을 해 주어야 한다.

한국이 우위에 있는 제조업 부문은 정부의 지원이 축소되고 경제가 개방되면서 피나는 경쟁을 거쳐 왔고 여기서 살아남아 이제는 공세적인 입장에서 국제 경쟁에 참여하고 있다. 반대로 농업, 서비스 부문을 비롯하여 오랫동안 보호를 받아 왔던 부문은 이제 정부의 더 많은 지원 없이는 생존 자체가 어렵게 되었다. 물론 이들 산업의 구조상 경쟁 자체가 불가능할 정도로 위약한 측면이 있었던 것도 사실이고, 따라서 앞으로도 상당 기간 동안 지원과 보호가 필요할 수 있다. 그러나 이들 부문이 영원히 경쟁에서 면제되며 지원에만 의존할 수는 없다.

FTA를 포함한 경제 개방에서 가장 큰 문제는 개방을 통해 이익을 보는 승자와 피해를 보는 패자가 있다는 점이다. 따라서 개방과 지원이라는 두 개의 축을 동시에 고려해야 한다. 개방이 몰고 올 부작용과 피해를 미리 전제하고 이 충격을 최소화하는 것이 중요하다. 개방에 따른 부작용을 최소화하기 위해서는 개방 친화적인 사회 인프라 구축, 특히 실업 수당, 의료 보험, 교육비 지원 등을 포함한 사회적 안정망의 형성이 특히 선결 과제가 된다.

결국 경제 개방의 문제는 단순히 경제적인 접근만으로는 불가능하며, 정치적인 고려를 필요로 한다. 칠레와 FTA를 체결하는 과정에서 경제적인 이해 득실의 논리가 제대로 전달되지 않고 표류하게 된 데에도 이러한 정치적인 추진력이 충분히 확보되지 못한 측면이 있다. 미국의 경우, 주요 무역 협정의 체결에 있어 대통령이 의회에 신속 체결권을 요청함으로써 정치적 추진력을 확보하는 경우가 많았다. 특히 고도로 집중화된 의사 결정 구조를 가지고 있는 한국의 경우 경제 개방에서 최고 결정권자의 역할과 정치적 추진력의 확보는 더욱 중요하게 작용하게 된다.

바닷가에 가 보면 파도는 끊어지지 않고 밀려온다. 개방의 파고는 바로 이런 것이다. 한 번 몰려오고 나서 잠시 잠잠해지더라도 뒤에서는 더 큰 파도가 흰 물보라를 일으키며 밀려오고 있다. 개방에 대한 대응은 파도 치는 바다에서 무엇을 할지를 결정하는 것과 같다. 백사장에 예쁜 모래성을 짓고 이것이 부서지지 않게 노심초사하며 모래주머니를 더 높이 쌓을 것인지, 아니면 서핑 보드를 들고 뛰어나가 파도타기를 할 것인지를 생각해 볼 때이다.

3 누가 한국의 경쟁력을 만드는가?

개방의 문제는 비단 FTA와 통상의 문제만은 아니다. 자본 자유화에 따른 국제 자본의 이동은 무역의 속도와는 비교할 수 없을 정도로 빠르게 국내 시장에 영향을 미치고 있다. 자본의 자유화는 1990년대, 특히 1997년 금융 위기 이후 빠른 속도로 진행되었다. 현재 국내 주요 기업들의 지분 구조를 보면 외국 투자자의 비중이 압도적으로 높다. 이에 따라 외국인들의 투자 수익도 해마다 크게 늘어, 주식 투자에 따른 배당 수익만도 2003년 2조 7044억 원, 2004년 4조 8322억 원으로 급증했다. 주식 매매 차익까지 포함하면 그 규모는 훨씬 커진다.

이러한 외국 자본의 존재를 국부의 유출로 보는 우려의 시선도 있다. 물론 외국 자본이 변칙적으로 시장 질서를 교란하거나 불법 행위로 부당 이익을 취하는 것은 당연히 규제되어야 하지만 적법한 이익까지 부정적인 눈길로 바라보는 것은 곤란하다. 외국 자본에 대한 특혜도 안 되지만 국수주의적 정서에 기반을 둔 차별적인 시각도 지양되어야 한다. 이들 외국 자본들에 대한 지속적인 감시와 적절한 통제보다도 더 중요한 문제는 이들 해외 투자 자본을 활용해서 얼마나 많은 부가가치를 국내에서 생산할 수 있는가이다. 최근 벤치마킹의 주요 사례가 된 아일랜드의 경우도 적극적인 외자 유치의 결과로 불과 20년 전만 해도 유럽 연합 내에서 가장 가난한 국가에서 이제는 유럽 내에서 가장 잘사는 나라 중 하나로 변모하였다.

이러한 점에서 클린턴 정부에서 노동 장관을 지낸 로버트 라이시가 《하버드 비즈니스 리뷰》에 기고한 「우리는 누구인가」와 「그들은 누구인가」라는 두 편의 짧은 논문은 '우리'와 '그들'을 구분하는 흥미로운 시각을 제공한다. 1980년대 후반 일본이 막대한 무역 흑자와 엔화 강세에 힘입어 전 세계 시장을 석권하게 되자 '일본 때리기'는 미국 내에서 보편적인 현상이 되었다. 미국의 부를 가로채 가는 미국 내 일본 기업들에 대한 시선도 곱지 못했다. 그러나 라이시에 따르면 미국 내에서 좋은 고용을 창출하고 부가가치를 만들어 내는 일련의 외국 기업들은 궁극적으로 미국의 경쟁력을 증진시킨다. 이들은 우리 편이고 더 넓은 의미에서 '우리'이다. 반대로 외국에서 활동하며 현지에서 부를 순환시키는 미국 기업들은 미국의 경쟁력에 별 도움이 되지 않는다. 이들은 우리가 아니라 '그들'인 것이다.

자본 시장의 개방 이후 외국 자본의 한국 진출은 국부의 유출이라는 점에서 일각에서 우려를 불러일으키고 있는 것이 사실이다. 그러나 이들 중에서도 분명 한국의 경쟁력에 기여하는 주체들이 있다. 이들을 우리 편으로 만들어 가야 한다. 이를 위해서는 우리 사회가 오랫동안 가져온 순혈주의에서 벗어날 필요가 있다. 이는 기업뿐 아니라 정부에서도, 여타 조직에서도 마찬가지이다. 역사상 수많은 새로운 발전은 새로운 문명, 새로운 세력과의 만남을 통해 이루어졌음을 상기할 필요가 있다. 한 단계 높은 한국의 경쟁력을 위해서는 더 큰 '우리'의 개념이 필요한 때이다. 미래 '우리'의 모습이 반드시 검은 머리에 검은 눈동자를 가지고 있을 필요는 없는 것이다.

4 대표 선수를 키워라

월드컵 경기에서 그 나라가 축구를 얼마나 잘하는지는 대표 선수단의 경기에 의해 판단된다. 경제나 정치도 마찬가지이다. 한국의 기업이 얼마나 세계 시장에서 성공하는지, 한국의 정치 지도자와 외교관들이 외교 무대에서 어떻게 활동하는지에 따라 우리의 위상이 결정된다. 이런 점에서 최근 한국의 경쟁력을 말할 때면 삼성전자의 성장은 빼놓지 않고 등장한다. LG나 POSCO나 현대 자동차 등도 한국을 대표하는 세계적 기업으로 자리 잡아 가면서 한국의 국제 경쟁력을 실질적으로 선도하고 있다. 이들은 명실상부한 한국의 대표 선수로 활동하고 있다. 이러한 대표적인 세계적 기업이 열 개만 있어도 한국 경제는 세계 경쟁에서 어느 나라와도 당당히 맞붙을 수 있을 것이다. 선택과 집중은 어찌 되었든지 승리의 필수 조건이다.

그러나 이들 대기업을 바라보는 사회의 시선은 그다지 곱지 못하다. 과거 불공정한 관행과 정경 유착으로 얼룩져 온 원죄가 아직까지 남아 있다. 한정된 재원을 이들 소수의 기업들이 독식해 온 것도 사실이다. 이러한 대기업을 위해 정부와 민간 부문의 모든 역량을 쏟자는 논리는 국민의 지지를 받기 어렵다. 또 현행 WTO 체제에서 이러한 지원이 가능한 것도 아니다. 대신 정부는 기업이 성장하는 데 유리한 환경을 제공할 의무가 있다. 대표 선수단에 들어가고자 하는 기업들은 보다 투명한 경쟁 체제를 받아들여야 한다. 보다 큰 틀에서 정부와 기업은 정경 유착이 아닌 새로운 형태의 민관 협력 체제를 정립해 나가야 한다. 과거 국가 주도의 정경 유착이 한국의 경쟁력을 만들어 왔다면 이제는 보다 선진화된 민간과 정부 간의 콤비 플레이가 한국의 국제 경쟁력을 만들어 가야 한다.

그러나 대표 선수도 탄탄한 후보군과 경쟁을 해야 그 지위를 유지할 수 있다. 올림픽 양궁 경기에서 세계 정상의 위치를 굳건히 하고 있는 한국 대표 선수단의 인터뷰 중에서 한국 국가 대표 선발전이 올림픽 본선만큼이나 어렵다는 얘기를 되새겨 볼 필요가 있다. 국제 무대에서 한국이라는 이름을 걸고 뛸 대표 선수를 키우려면 내부에서부터 건전한 경쟁을 통해 다져 나가야 하는 것이다.

5 승부수는 교육 경쟁력이다

1) 맹모의 힘, 맹모의 한숨

한국의 교육 열풍은 가히 세계적이다. 유치원에 가기 전부터 시작되는 교육은 대학까지 이어진다. 좋은 학군에 보내기 위해 맹모삼천지교를 몸소 실천하고, 심지어 사교육비를 대기 위해 중산층 학부모가 파출부 일을 나가는 일도 그리 놀라운 것은 아니다. 진짜 맹자의 어머니는 한국에서는 그냥 평범한 학부모 수준일 수도 있다. 맹모·맹부의 힘은 한국 교육의 변하지 않는 막강한 경쟁력이다.

매년 어마어마한 돈이 교육에 투자되고 있다. 그러면서도 많은 학부모들은 국내 교육의 수준이 떨어진다고 불평하며 조기 유학에 매달린다. 안에서의 시각이 아니라 밖에서의 시각으로 우리의 교육 시스템을 보면 우리 공교육의 경쟁력이 분명하게 드러난다. 교육 강국으로 자처하는 한국 중고등학교에 자녀들을 유학 보낼 외국 학부모가 얼마나 있겠는가? 학생들 중 절반은 졸든지 학원 숙제를 하는 교실과 학교 폭력에 멍들어 인성 교육마저도 위기에 몰린 공교육 체제가 GDP 규모로 세계 10위권에 육박하는 한국의 인프라 체제를 구축하고 있다는 것은 아찔한 일이다.

사회 문제로까지 비화된 사교육은 아이러니하게도 붕괴된 공교육을 보완해 온 측면이 있다. 부모들이 뼈 빠지게 노력하고 기꺼이 기러기 아빠를 자청하면서까지 매달린 사교육이 어쩌면 이제까지 한국의 경쟁력을 유지하는 데 엄청난 기여를 했을 수도 있다. 미국에서 공부하는 교포 자녀들이 미국 수학 능력 시험(SAT) 준비를 위해 방학 때 한국에서 학원을 다닌다는 사실도 더 이상 뉴스거리가 아니다. 학원은 끝임 없는 혁신을 하고 고객이 원하는 서비스를 제공해 왔다. 경쟁을 통해 자신들만의 역량을 키워 왔기 때문에 공교육 분야와 비교해서 더 질 높은 교육을 제공할 수 있었던 것이다. 학원과 학교의 경쟁력 차이는 사실 학원 교사와 학교 교사의 실력 차이라기보다는 이들이 속한 체제와 제도의 차이에 기인한 바 크다. 경쟁 시장에 있는 학원 강사는 끊임없이 전문 과목에 대한 강의법 개발과 교재 연구를 해야 살아남을 수 있다. 그러나 일종의 통제 경제 체제와 유사한 학교는 다른 체제하에 있다. 현행 규정상 어차피 학생들은 추첨을 통해 들어오기 마련이고, 학교 간의 경쟁도 배제되어 있다. 교사들의 새로운 교재 연구나 강의법 개발에 대한 자극과 보상 체제도 미약하다. 이러한 구조 속에서 시간이 지날수록 양측의 경쟁력 격차가 커지는 것은 자명한 원리이다.

물론 시장 원리에 따른 교육이 바람직한 것만은 아니다. 본래 교육은 공공재인 성격을 가지며, 정부가 그 역할을 수행하게 된다. 또한 교육의 궁극적인 목적은 단순한 지식의 전달을 넘어서 학생 개개인을 소질 계발과 인격 수양을 통해 성숙한 인간으로 변화시키는 한편, 사회 구성원으로서의 시민 정신, 공동체 의식을 체득하게 하는 것이다. 이러한 목적은 시장 원리에 의해서는 달성되기가 어렵다.

하지만 가르치는 사람이나 배우는 사람 모두 비효율성을 인정하면서도 그대로 밀고 나갈 수밖에 없는 지금의 교육 시스템은 이제 한계에 다다르고 있다. 어떤 이유에서든 공교육 체제를 유지하고자 한다면 그 안에서라도 경쟁을 시켜야 한다. 국내 교육 기관 간의 경쟁은 필수적으로 도입되어야 한다. 또한 이미 학원 산업의 성장을 통해 사교육 시장의 경쟁력이나 효율성이 공교육보다 월등하다는 것이 증명된 상황에서 국가의 경쟁력을 증진하기 위해서는 이렇게 자발적으로 형성된 우수한 사교육 시장의 요소를 공교육 부문으로 도입하여, 공공재로서의 교육의 기능을 강화하는 방안을 찾아야 한다.

현행 공교육 체제에서 새로운 시도가 어렵다면 시범적으로라도 민간 주도의 사립 학교에 그 역할을 맡기는 방법을 고려해야 한다. 학생과 학부모들에게도 소비자의 입장에서 선택할 기회와 권리를 주어야 한다. 지금처럼 학교에 대한 선택이 없는 상황에서 유일한 대안은 학군이나 학원의 선택이다. 하지만 보내고 싶은 학교는 거주지로 묶여 있고, 유명 학원은 특정 지역에 몰려 있다. 이들 지역의 부동산 가격은 천문학적이다. 명문 학교와 과외 열풍을 없앤다고 도입한 평준화 교육이 어마어마한 학원 산업과 새로운 부자 동네를 만들어 내면서, 이제는 정말 돈이 없으면 좋은 학교에 가기가 더 힘들어지는 결과를 빚어 냈다면 과연 무엇을 얻었는지 반문할 때이다. 맹모가 아무리 이사를 하려고 해도 강남에 갈 전세금이 없으면 한숨밖에 더 나오겠는가? 실제로 시장 경제 체제에서 완벽한 평준화 교육이 가능할 것이라고 생각하는 것은 오산이다. 자본주의 국가 중 가장 사회주의적인 요소를 많이 가지고 있는 프랑스의 경우도 마찬가지이다. 프랑스는 대학들까지도 평준화되어 있지만 엘리트 교육은 별도의 특수

대학을 통해 오히려 강화되어 왔다. 평등주의 교육으로는 글로벌 경쟁 시대에 낙오할 수밖에 없다는 현실을 인식해야 한다. 뭉쳐서 죽기보다는 흩어져서 살아야 한다.

6 대학은 쉬는 곳이 아니다

이처럼 힘든 입시의 관문을 통과하여 몸담게 되는 대학의 교육도 경쟁력의 측면에서 많은 문제점을 안고 있다. 최근 스위스의 IMD(국가 경쟁력 지수)나 OECD에서 발표한 자료에 따르면 한국의 교육 경쟁력은 전반적인 국가 경쟁력에 비해 한참 뒤처지는 것으로 나와 있고, 특히 대학 교육의 경쟁력이 문제시되는 것으로 나타나고 있다. 물론 이러한 순위의 설정이 절대적인 기준이 될 수는 없고, 선정 기준에서도 여러 문제점이 있는 것이 사실이다. 그러나 이러한 기준들을 논외로 하더라도 상식적인 차원에서 대학 교육 경쟁력이 가지는 문제점들은 쉽게 지적할 수 있다.

입시를 통과하기까지 긴 경쟁을 거쳐 들어온 학생들은 긴장을 풀고 우선 그동안 쌓였던 스트레스를 대학 생활을 통해 발산하곤 한다. 그렇게 한두 해를 보내고 상당수 남학생들은 군대를 다녀오고, 복학을 하고 나면 취업 준비에 나선다. 어찌 되었건 한국 현실에서는 입학을 하고 등록금만 꼬박꼬박 내면 대부분 졸업장을 손에 쥘 수 있다. 사회로 진출할 전문가를 양성하는 가장 중요한 대학 4년 동안 전문성을 함양할 정규 교육 대신 영어 학원과 취업 준비에 시간을 보내는 상황에서 대학 경쟁력 제고의 길은 요원하기만 하다. 대학은 젊음을 만끽하기 위한 낭만의 장이 아니다. 중고등학교 시절보다 더 많은 시간을 들여, 기꺼이 밤잠을 희생해 가며 도전하는 분위기가 형성되어야 한다. 주말에 실컷 놀고도 다음 주 강의를 쫓아가는 데 아무런 문제가 없다면 뭔가가 잘못되어 있는 것이다. 주중에 두 번 이상 술을 마시고도 다섯 과목 강의를 소화해 낸다면, 그 역시 뭔가가 잘못되어 있는 것이다. 주중에 매일 술을 마시고 주말도 신나게 놀면서 학기말에 가서 별 문제 없이 넘어간다면 천재이든지, 뭔가 크게 잘못되어 있든지 둘 중 하나여야 한다. 가끔씩은 이렇게 힘들게 살려고 대학에 왔나 하는 생각이 들 정도의 부담감이 주어져야 제대로 된 경쟁력이 길러진다. 입학 정원과 졸업 정원이 같을 수는 없다. 편하게 지내고 싶은 학생은 그만두든가, 좀 더 편한 학교로 옮겨야 한다.

대학 경쟁력의 척도로 최근 가장 강조되는 교수들의 연구 업적도 경쟁력 제고에서 중요한 부분이다. 교수와 거지의 공통점 중 하나로 "되기는 어려워도 되고 나면 편하다."라는 우스갯소리가 한동안 나돈 적이 있었다. 대학이 임용 때까지의 긴 경쟁에 지친 교수들에게 들어와서 쉴 수 있는 곳이 되어 온 것도 사실이다. 하지만 최근 임용된 젊은 교수들 사이에서는 교수직이 3D 업종 중 하나라는 불평이 나오고 있다. 되기도 어렵지만 되고 나서도 힘든 경쟁이 주어지기 시작한 것이다. 물론 민간 부문에 비해서 아직은 덜 경쟁적인 구조 아래 있지만 끊임없이 연구 업적을 내야 하는 부담은 전과는 비교할 수 없이 늘어난 셈이다. 다행히 몇몇 통계 자료에 따르면 후속 세대의 연구 성과가 빠른 속도로 국제적 수준에 도달해 가고 있다고 하지만 아직은 갈 길이 너무도 멀다.

하지만 연구 여건도 갖추어지지 않았는데 연구 성과만을 강조한다는 지적도 타당성이 있다. 최근 대학 수가 급증하면서 그중 상당수가 취약한 재정으로 인해 등록금과 교육부 예산에 의존할 수밖에 없는 현실이다. 교수들이 발품을 팔며 입학 원서를 돌리러 다니고, 정부에서 가끔씩 뿌려 주는 연구 예산을 받기 위해 몇 주씩 야근을 하고, 10학점이 훨씬 넘는 강의를 하면서 국제적인 연구 성과를 낸다는 것은 결코 쉬운 일은 아니다. 가난한 대학이 미덕은 아니다. 개천에서 용이 나긴 하지만 자주 나오지는 않는다. 연구 성과도 결국은 투자에 비례한다.

또 하나의 문제는 수많은 대학들이 획일적인 교과 과정으로 동일한 서비스를 제공하려는 데서도 찾을 수 있다. 모든 학교가 연구 중심 대학이 될 수도 없고 되어서도 안 된다. 하지만 현재 대다수의 대학은 충분치 못한 재원을 가지고서도 연구 중심 대학을 표방하고 있다. 하지만 모든 대학을 연구 중심으로 육성하기보다는 교육 중심 대학과 연구 중심 대학을 구분해서 육성하는 것이 타람직하다. 미국의 수많은 대학 중 실질적인 연구 중심 대학은 기껏해야 50개 정도이다. 선택과 집중이 경쟁력을 기른다.

7 서울대 죽이기? 서울대 만들기?

사회에서는 서울대 죽이기가 종종 화두로 떠오른다. 서울대의 존재 자체가 교육 현실을 왜곡하고 기득권층을 만들어 낸다는 주장에 인터넷상에서는 찬성하는 댓글이 줄을 잇는다. 하지만 앞서 논의한 경제 개방의 문제를 보자. 바꿔 말해서 이는 삼성전자와 같은 대기업 몇 개만 없애면 국내 경제가 한결 좋아질 것이라는 주장과 일맥상통한다. 그렇다면 국제 경쟁력은 어떠한가? 중소 기업만으로 세계 시장을 누빌 수 있는가? 더군다나 평준화된 중소 기업들을 가지고 세계 시장에 도전한다면 승산이 얼마나 있겠는가? 서울대 죽이기를 하기보다 서울대 더 만들기를 하는 것이 필요하다. 이는 결국 대표 선수를 키우는 것과 같다. 현재 미국의 교육 경쟁력은 유럽이나 아시아 국가들을 압도적으로 능가한다. 비단 하버드 대학이나 예일 대학뿐만 아니라 10대 대학들은 실지로 우열을 가릴 수 없을 정도로 뛰어난 경쟁력을 갖추고 있다. 우리로 치면 서울대가 10개는 되는 것이고, 이들 대학들은 미국뿐만 아니라 전 세계의 똑똑한 학생들을 끌어들이고 있다. 우리도 이런 명문 브랜드가 필요하다. 서울대를 5개를 만들든지 아니면 하버드 같은 대학을 3개만 만들자. 글로벌 명문을 표방하는 대학이 있다면 경쟁을 시키면 된다. 중등 교육이 공교육적인 측면이 더 강하다면 대학 교육에서는 시장 원리를 도입할 수 있다. 하지만 정부가 명문을 만들 수는 없고 또 만들어서도 안 된다. 다만 발목을 잡지 않으면 된다. 대학들에 더 많은 자율권을 주고, 그 대신 엄격한 관리와 책임을 묻는 방향으로 나가야 한다.

세계는 교육 국제화, 자율화, 시장화를 통해 유능한 인재를 기르는 교육 개혁에 매진하는 추세다. 시장의 원리를 도입한다는 것은 분권과 탈규제를 의미한다. 우선적으로 분권과 자율성의 확대를 통한 자유 경쟁 체제의 도입이 시급하다. 교육부와 교육청이 장악하고 있는 권한들을 대폭 일선 학교로 일임하여 자치권을 확대해야 한다.

한국 교육에서 3불 정책(본고사, 고교 등급제, 기여 입학제)을 유지하는 비용은 급속도로 증가해 가고 있다. 3불 정책에 대한 논쟁은 거의 전적으로 국내 지향적이며 다분히 정치적인 성격을 띠고 있다. 3불 정책을 반대하는 논리도 타당성이 있으나 이러한 논리들은 대부분 국내에서의 형평성 문제를 다루고 있지, 국제 경쟁력은 거의 논외로 하고 있다. 결국 문제를 바라보는 시각이 바뀌어야 한다. 교육 경쟁력 제고는 국제 경쟁력 향상에 목표를 두어야 한다. 상대방 정당, 상대방 단체가 하는 논지를 비판하느라 수시로 밖으로 뛰쳐나가면서도, 미국이나 일본이나 중국이 하고 있는 교육보다 앞서 나갈 방향을 제시하는 논의에는 너무도 인색한 현실이 안타깝기만 하다.

이러한 점에서 교육 개방도 더 이상 피할 수 없다. 한국의 교육 기관도 세계의 유수 교육 기관과 경쟁해야 한다. 여기서 살아남는다면 더 이상 유학 열풍으로 국부를 낭비할 필요도 없다. 인위적으로 획일화된 교육 체제로는 결코 세계 경쟁에서 이길 수 없다. 외국 사람들이 자녀들을 한국으로 유학을 보내는 시대가 와야 진정한 한국의 교육 경쟁력이 생긴다.

8 개인 경쟁력에서 국가 경쟁력으로

1) 투쟁과 경쟁은 다르다

한국에는 유명한 음악가는 많지만 유명한 오케스트라는 없다는 말이 있다. 개인적으로는 다 훌륭한데 모여서 하는 데는 익숙하지 않은 것이다. 한국 사람들은 어려서부터 수많은 경쟁 속에서 살아 왔고, 개인의 경쟁력은 그 누구보다도 강하다. 그러나 이러한 개인의 경쟁력이 국가의 경쟁력으로 전환되어야 한국의 경쟁력으로서 의미가 있다. 국내 경쟁에서 승리하는 것도 중요하지만 그 경쟁 자체가 국제 경쟁에서는 무의미한 소모전일 수도 있다.

그런 의미에서 '경쟁'과 '투쟁'은 구별해야 한다. 오랫동안 지속된 한국 정치·경제의 구조적 모순을 해결하는 과정에서 '투쟁'이

'경쟁' 보다 우위를 점하는 상황이 종종 등장해 왔다. 그러나 투쟁은 경쟁에서 이기기보다는 게임 자체를 부인하고 그 결과를 부인하려는 측면이 있다. 투쟁은 결코 발전적 경쟁이 될 수 없다. 경쟁력은 유연한 사고에서 나온다. 나는 옳고 너는 나쁘기 때문에 당연히 내가 이겨야 한다는 주관적인 '절대 선'의 신화에서 벗어나야 한다.

국가 지도자의 역할 중 가장 중요한 것은 경쟁이라는 거대한 내부의 역동성을 우리의 국가 경쟁력으로 승화하는 것이다. 지도자는 오케스트라의 지휘자와 같다. 개별 연주자들의 뛰어난 연주를 합주로 만들어 내야 관객들의 박수를 받을 수 있다. 국가 지도자는 경쟁의 구도를 발전적인 방향으로 만들어야 한다. 우리의 진정한 경쟁자는 밖에 있다. 밖으로 눈을 돌리고 그들이 어떻게 하고 있는지를 보아야 한다. 내부의 힘을 모아서 밖에서 경쟁을 하자.

9 지도자를 키워야 경쟁력이 산다

국가 경쟁력을 강화해 나갈 비전을 제시할 리더십의 중요성은 아무리 강조해도 지나치지 않다. CEO의 경쟁력이 회사의 운명을 좌우하듯, 지도자의 경쟁력은 국가의 경쟁력을 대표한다. 그런데 사람이 워낙 넘쳐 나는 나라여서 그런지는 몰라도 한국에서는 사람이 아까운 줄을 모른다. 특히 부족한 것은 경륜 있는 지도자들과 사회 원로들이다. 이제까지 우리는 너무나도 많은 지도자들의 등에 칼을 꽂아서 물러나게 했다. 빠른 성장의 시대에서 도덕적으로, 정치적으로 흠집을 갖지 않은 지도자들이 얼마 없었다는 것은 우리의 안타까운 현실이기도 하다. 그러나 공은 공이고 과는 과다. 과오가 있다고 해서

공까지 무시할 수는 없다.

초등학교 때부터 가장 존경하는 한국의 위인이 누구인가 하는 질문을 숱하게 받게 된다. 그 질문에 대한 답은 사실 사지선다형에 가깝게 나온다. 정말 존경하는 마음에서인지, 생각나는 위인들이 손가락으로 꼽을 만해서 그런지 알 수 없다. 더구나 그중에도 한국 현대사의 인물들은 더욱 드물다. 특정인이라고 답을 썼을 때 그 사람은 이런 과오가 있다며 나무라는 질문자도 적지 않다. 세계에서 유래 없는 고도 성장을 이루었던 한국을 이끌었던 위인들을 자신 있게 대답하지 못하는 모습이 어쩌면 외국에서는 되레 의아스럽게 보일지도 모른다.

젊은 피와 열정만으로는 국제 경쟁에서 이기지 못한다. 경험과 경륜이 뜨거운 열정과 조화가 되어야 한다. 언뜻 보견 당연한 말이지만 우리의 상황은 실제 그렇지 못하다. 국민 여론을 좌지우지하는 신문이나 방송이 실제로는 대학 졸업장이 아직 따끈다끈한 젊은 기자들에 의해 만들어지고, 연애 한 번 제대로 해 보지 못한 총각 판사가 황혼 이혼을 판결하는 나라는 전 세계에서 그다지 흔하지 않다.

유능한 장수 하나는 부하 수백수천의 목숨을 살릴 수도 죽일 수도 있다. 유능한 CEO는 기업이 나갈 방향을 한 발 앞서 제시하고, 자신의 선택에 엄중한 책임을 진다. 부하들의 눈높이만 맞춰 주는 장수는 부대 안에서는 인기가 있을지 몰라도 전쟁에서는 패장이 될 수도 있다. 하지만 유능한 지도자는 하루아침에 나오지 않는다. 어느 날 하늘에서 떨어지지도 않는다. 지도자는 국민들 속에서 커 나가고 만들어진다. 국민은 똑똑한데 지도자가 별로여서 나라가 발전이 안 된다는 불평은 제 얼굴에 침을 뱉는 것과 같다. 정치는 민도를 반영하는 것이며, 그 이상도 그 이하도 아니다. 좋은 지도자를 키울 줄 아는 국민만이 훌륭한 지도자를 가질 자격이 있다.

10 열린 생각에서 경쟁력이 나온다

　이를 위해서 일차적으로 중요한 것은 의식의 개방이다. 머릿속은 그대로이면서 온갖 국제적 시설만 갖추어 놓는다고 한국이 세계적인 경쟁력을 갖출 수는 없다. 의식의 개방은 다른 것에 대한 포용을 의미한다. 앞서 논의한 "우리는 누구인가?"의 문제는 바로 이러한 열린 의식의 문제와 연결된다. 외국인 학교 하나를 짓는 데도 수많은 장애를 넘어야 하는 풍토에서 전 세계 비즈니스맨들을 불러와서 경제 중심을 만들자는 목표는 공염불에 지나지 않는다. 탈냉전기에 거의 유일한 초강대국으로 자리 잡은 미국의 경쟁력은 미국 국민에게서만 나오지 않는다. 전 세계에서 온 가장 뛰어난 인력들이 미국 내에서 활동하며 직접적으로 또는 간접적으로 미국의 경쟁력을 뒷받침해 주고 있다. 우수 인력이 한 명이라도 아쉬운 우리 입장에서 최근 순혈주의를 강조하고 조금이라도 여기서 벗어나면 남이라고 낙인 찍어 버리는 풍조가 발생하고 있는 것은, 사회 정의의 문제는 차치하고라도 국가 경쟁력의 차원에서는 대단히 안타까운 일이다. 힘을 보태줄 수 있는 다양한 '우리'를 포용하는 것이 절실히 필요한 때이다.
　의식 개방에서 또한 필요한 것은 다양한 언어의 활용도를 높이는 것이다. 최근 일각에서 논의된 영어 공용화론은 장단점이 모두 있다. 그러나 구태여 공용화론까지는 필요하지 않다 하더라도 영어가 자연스럽게 통용될 수 있는 시스템을 만드는 것이 중요하다. 영어뿐만 아니라 중국어와 일본어 구사 인력도 대폭 늘려야 한다. 동북아에서 이

것이 가능한 나라는 어쩌면 한국뿐일지도 모른다. 한국에만 가면 영어든 중국어든 일본어든 모든 언어로 자유롭게 활동할 수 있다면 한국의 국제 경쟁력은 엄청나게 커질 것이다. 과거 율곡 선생께서 '10만 군사 양병설'을 주장했다면 이제는 '1000만 다국어 구사 인력 양성론'을 주창할 때이다.

11 경쟁의 조건을 갖추자

획일주의는 경쟁력의 가장 큰 적이다. 경쟁에는 이에 상응하는 보상이 반드시 주어져야 한다. 다만 이러한 경쟁은 게임의 규칙을 공정하게 보장해 주는 투명성과 약자를 배려해 줄 수 있는 안전망의 구축에 의해 뒷받침되어야 한다. 사회 안전망을 만들어야 경쟁이 산다. 경쟁이 두려운 이유는 여기서 도태될 경우 다른 선택의 길이 없이 패배의 수렁으로 빠져 들 위험이 있기 때문이다. 금융 위기 이후 우리 사회는 사회 안전망을 준비할 충분한 시간 없이 빠른 속도로 구조 개혁을 하게 되었고, 이 과정에서 낙오된 계층에게는 다시 재기할 기회가 제대로 주어지지 못했다. 경쟁을 받아들이고, 정당한 성과를 존중해 주고, 경쟁을 즐길 수 있는 안전 장치를 확보하는 것이 정부의 가장 큰, 그러나 가장 어려운 과제가 될 것이다.

경제 개방에 있어서 패자를 배려하기 위해서는 재원이 필요하고 이는 생산성의 향상에서 나와야 한다. 사양 산업의 구조 조정을 위해서는 성장 산업의 동력이 끊임없이 제공되어야 한다. 서유럽 복지 국가가 위기에 직면한 것은 성장 동력이 느려지는 과정에서 사회 안전망 유지에 들어가는 비용을 감당하기 어려워진 데 기인한다. 한편에서는 안전망 확충을 위해 노력하고, 다른 한편으로는 성장 동력을 계속 유지해 나가야 한다. 정부는 성장 산업의 발목을 잡지 않으면서 패자를 보호할 분배의 효율성을 유지하기 위해 노력해야 한다.

교육 경쟁에서도 승자와 패자는 있기 마련이다. 무엇보다도 교육 체제는 대학 진학 외에도 직능 교육을 포함한 다양한 교육 과정을 제공해 줄 수 있어야 한다. 첨단 산업 사회로 진입하는 과정에서 실업 문제는 상당 기간 지속될 가능성이 높다. 여기서 가장 피해를 보는 계층은 전문성이 부족한 일반 사무직들이다. 실제로 대학을 졸업한 어설픈 사무직 종사자보다는 대학을 가지 않았더라도 전문 기술을 보유한 경우에 취업이 더 쉬운 경우를 종종 본다. 아무것이나 하나만 잘해도 대학에 갈 수 있다는 구호보다는 자신의 적성에 맞는 전공을 하나만 잘하면 전문 사회 인력으로 안정된 삶을 누릴 수 있다는 구호가 어쩌면 더 필요한지도 모른다. 치열한 입시를 뚫고 소위 명문대에 진학한 학생들도 끊임없는 경쟁에서 살아남지 못하면 언제라도 퇴출될 수 있다는 사실을 명심해야 한다.

승자와 패자를 나누는 구분이 입시에서 판가름 나는 것은 아니다. 입시는 마라톤 경기에서 반환점을 도는 지점일 뿐이다. 30킬로미터에서, 40킬로미터에서 주저앉는 선수보다는 자기 페이스를 유지하면서 끝까지 완주하는 선수가 더 훌륭한 선수다. 골인 지점을 통과하기까지 승자와 패자를 운운하는 것은 성급한 판단이다. 교육 경쟁에서 안전망의 확보는 모든 선수가 끝까지 뛸 수 있도록 해 주는 것이다. 빨리 뛰는 선수보고 윽박지르면서 천천히 뛰라고 하고, 뒤처진 선수에게 무조건 빨리 뛰라고 하는 것보다 각자에게 알맞은 페이스 조절을 시켜 주며 모두를 완주시키는 것이 낫다. 우리나라의 1군은 다른 국가의 1군보다 빨라야 한다. 2군도 다른 국가들보다 한 발 빠르면 된다. 3군도 다른 국가들보다 조금만 빠르면 된다. 각자에게 적절한 경쟁을 시켜 주면 되는 것이다. 이렇게 가면 모두가 한국의 경쟁력이 되고, 한국은 승자가 될 수 있다.

중견국 한국의 대외 전략
―― 힘에 걸맞은 한국의 목소리를 내자

박철희

1 소국주의와 대국주의를 넘어서야

외교는 한 나라의 힘을 반영한다. 또한 외교는 그 나라의 힘을 대외적으로 보여 주는 것이기도 하다. 한국의 외교를 돌아보면, 힘에 걸맞은 외교를 하고 있는지 의구심이 들 때가 많다. 어떤 이는 한국의 힘을 과소 평가하고, 어떤 이는 한국이 남부럽지 않은 대국인 것으로 과대 평가하기도 한다.

21세기에 접어든 지금 한국 외교를 논하는 여러 주장들을 들어 보면 이것이 더욱 자명해진다. 민주화와 경제 성장의 성과를 지나치게 높게 평가한 나머지, 이제 한국도 먹고살 만큼 되었으니 할 말은 해야겠다는 식의 간 큰 목소리들이 들려온다.

1) 대국주의적 발상: 균형자와 자주 외교

한국이 동북아 균형자가 되어야 한다는 발상의 근저에는 한국의 국력을 과대 평가하는 발상이 숨어 있다. 한국이 어떻게 움직이느냐에 따라 동북아의 판도가 달라질 것이라는 기대 섞인 목소리들이다. 중국이나 일본도 힘이 있지만, 한국이 어디에 붙느냐에 따라 동북아의 세력 판도가 바뀔 것이라는 것이다. 그렇게만 될 수 있다면 얼마나 좋으랴만은 한국이 그럴 만한 힘을 가지고 있느냐에 의구심을 품는 이들이 많은 것도 사실이다. 한국의 지정학적 위치는 강대국의 틈바구니에 끼어 있어 지도를 펴 놓고 생각해 보면, 확실히 일리가 있는 말이다. 하지만 한국의 국력이 균형자를 자처할 만큼 강한지는 확신이 안 간다.

미국의 일방주의에 비판적인 입장을 취하면서 자주 국가론을 내세울 때도 같은 논리가 적용된다. 동맹파냐 자주파냐를 내세우기 전에 한국의 힘을 과대 평가한 측면이 없지 않나를 생각해 보아야 한다. 한미 관계의 불평등과 의존성을 타파하기 위해 형평과 자주, 상호주의의 준수를 요구하는 것은 규범적으로 타당하다. 하지만 현실 외교의 논리로 보자면 아직은 선진국의 마지막 대열에 간신히 자리를 잡은 한국이 세계 유일 초강국인 미국에 딴죽을 거는 양상으로 보인다. 단적인 예로 한국이 미국과의 동맹 없이 단시일 내에 자주 국방을 달성할 수 있는지 새삼 되새겨 보아야 한다. 감성적인 논리가 아니라 대북 억지력의 현실에 눈을 돌려야 한다.

동북아 중심 국가가 되겠다는 발상의 기저에도 한국의 힘을 지나치게 높게 평가하는 경향이 숨어 있다. 한국도 일본이나 중국과 같이 동북아에서 일정한 영향력을 가진 중심 국가로 다시 태어나고 싶다는 발상이다. 한국이 중심이 되겠다고 하자, 일본도 중국도 그리고 미국도 곱지 않은 시선으로 한국을 바라보았다. 한국이 중심이 되기에는 아직 힘이 부족한 게 눈에 보였기 때문이다.

대북한 유화론에도 한국의 힘에 대한 평가가 부적절하게 반영되어 있다. 북한은 더 이상 한국의 적수가 되지 않는다는 발상의 연장선상에 대북 포용 정책이 있기 때문이다. 식량도 에너지도 없는 북한은 더 이상 경제적으로 성숙한 한국에게 위협이 안 된다는 것이다. 하지만 북한의 통상 전력만으로도 한국에게는 큰 위협이 되고 있다는 사실에 애써 눈을 감고 있다. 군사력만을 놓고 본다면 북한은 아직도 한국에게 큰 위협이 되는 나라이다.

이 같은 대국주의적 발상은 강대국의 틈바구니에서 살아오면서 강대국의 논리를 비판하는 가운데 자기도 모르게 역으로 그들의 논리를 무비판적으로 수용한 결과이다. 하지만 한국의 힘을 과대 평가해서는 안 된다. 우쭐대다가는 한국의 고립을 자초할 수 있기 때문이다. 한국이 미국으로부터 자립과 자주를 원한다면, 미국은 한국을 떠날 수도 있다. 그러나 한국의 역량이 강화되긴 하였지만, 미국과의 동맹이 없는 한국은 일본으로부터도 중국으로부터도 홀대를 받을 가능성이 크다. 한국이 부탁을 받지도 않았는데 균형자를 자처한다면 중국과 일본 양쪽 모두로부터 신뢰를 얻지 못하고 고립될 가능성도 없지 않다.

2) 소국주의적 망상: 고래 싸움에 새우등 터진다?

하지만 역으로 한국을 19세기적인 발상의 연장선상에서 작은 나라, 힘없는 소국으로 보는 시각도 여전히 팽배하다. 미국, 중국, 일본, 러시아라는 강국들에 둘러싸여 언제나 시달림과 침탈의 역사를 반복해 온 한국의 운명이 예나 지금이나 다름없다는 주장이다. 고래 같은 강대국들 등살에 새우 같은 한국만 피해를 본다는 식이다. 열강에 둘러싸인 약소국 한국의 모습이 여기에 있다. 이러한 생각은 한국이 20세기 후반에 걸쳐 세계 10위의 경제 국가이자 강한 국방력을 갖춘 국가로 다시 태어났다는 사실을 애써 외면한다. 중진국인 한국이 약소국으로 보이는 것이다.

미국의 일방주의를 거부하는 한국의 자세는 미국에 대한 일방적 거부가 아니라 약소국으로서 자국의 운명을 외부에 건 채 휘둘리고 싶지 않다는 피해 의식이 자리 잡고 있다. 한국은 애를 써도 한국의 운명을 자신이 결정할 수 없는 처지에 있다는 생각이 깔려 있다. 그런 점에서 반미주의 한구석에는 근거 없는 대국주의적 발상과 더불어 소국주의적 피해 의식이 동시에 자리 잡고 있다.

한국이 소국으로서의 피해 의식을 가장 잘 드러내는 것은 바로 일본에 대한 피해 망상이다. 일본의 보통 국가화 움직임을 바라보면서 세계 어느 나라보다 걱정스럽고 불신의 눈으로 쳐다보는 것은 일본의 제국주의와 군국주의 부활에 대한 강한 의구심을 가지고 있기 때문이다. 자라 보고 놀란 가슴 솥뚜껑 보고 놀란다는 식으로 일본의 침략을 당한 한국은 일본이 재무장하면 한국을 쳐들어올지도 모른다는 소국주의적 발상을 하고 있다. 문제는 군사 무장을 서두르는 일본에도 있지만, 일본에 대한 피해 의식과 불신감에 사로잡혀 있는 한국에도 있다. 한국이 일본에 잡아먹힐지도 모른다는 초조함과 불안이 군국주의를 경계하는 한국 사람의 심리 한구석에 놓여 있다. 하지만 일본이 호락호락 한국을 넘볼 만큼 한국은 작고 약한 나라가 아니다. 일본인들이 한국은 가볍게 보고 있는 북한이 쳐들어오면 일본이 당해 낼 수 없을 것이라며 호들갑을 떠는 것을 보면 아이러니가 아닐 수 없다. 일본을 지나치게 두려워하는 심리의 근간에는 역시 한국의 소국주의적 발상이 놓여 있다고 말하지 않을 수 없다.

중국에 대한 등신대 이상의 기대를 하는 근저에도 소국주의적 발상이 있다. 중국과 경제 교류와 인적 교류가 증대되면서 중국에 대한 대망론이 다시 고개를 들고 있다. 21세기에는 중국의 시대가 열릴 것이니, 중국 말을 배우고 중국과 가깝게 지내자는 이야기다. 심지어 미국과의 동맹을 제치고 중국과 연합할 때라고 주장하는 이들까지 있다. 당사자인 중국은 미국에 대항할 생각도 없고 미국과 어떻게 하면 관계를 증진할 수 있을까를 생각하고 있는데 말이다. 유교의 발상지인 중국보다도 더 유교적이었던 한국의 옛날을 다시 생각나게 하는 대목이다. 중국이 빠르게 성장하면서 21세기 동북아 지역의 새로운 도전이라는 사실에는 의문의 여지가 없지만, 중국을 마냥 장밋빛으로 바라보며 의지하려는 발상의 밑바닥에는 한국을 작고 약한 나라로 보는 시각이 깔려 있다. 미국에 대한 의존은 사대주의이고 중국에 대한 의존은 사대주의가 아니라는 식의 말은 어불성설이다. 결국은 작은 나라 한국은 어디엔가 기대어 살아야 한다는 강박 관념에서는 다를 게 없기 때문이다.

이와 같이 주변 강대국을 바라보는 한국의 눈에는 스스로 의식하지 못하는 소국주의적 발상이 숨어 있다. 자만도 문제지만 자기 비하도 문제이다.

3) 중견국 외교의 필요성

한국의 위상을 제대로 알기 위해서는 동북아의 한구석을 떠나 세계적인 차원에서 한국의 힘과 역량을 비교하고 객관적으로 평가하는 눈이 필요하다. 한반도를 중심으로 한국을 보면, 4대 강국에 둘러싸여 갇혀 있는 양상이고, 어디를 둘러보나 대국들뿐이어서 한국은 작아만 보인다. "그대 앞에서만 서면 나는 왜 작아지는가?"라는 유행가 가사가 무색할 정도이다. 하지만 동북아의 지평을 벗어나 세계 속의 한국을 본다면, 한국을 결코 작은 나라가 아니다. 한국이 세계 경제 10위권에 육박하는 중상위 국가임을 과소 평가해서는 안 된다. 삼성 휴대폰이 세계인의 사랑을 받고 있다. 북경에 가면 현대에서 만든 택시가 시내를 돌아다닌다. 동남아의 공항에 내려서면 가장 먼저 띄는 것이 한국 상품 광고이다. 한국은 경제적인 성장만 한 것이 아니라, 자신의 힘으로 투쟁하여 민주주의를 쟁취한 소중한 역사적 경험을 가지고 있다. 군사력도 주변 4대 강국을 예외로 한다면 결코 작고 약한 나라가 아니다. 동아시아 지역의 한류 열풍이 상기시켜 주듯, 한국의 문화적인 역량도 국제적 수준에 와 있다.

그렇다고 한국이 대국인 것도 아니다. 한국은 유사 이래 제국의 경험이 없는 나라다. 한국이 평화를 애호하는 국민이라는 말은 아름답지만 자조적인 이야기이다. 남을 침략할 만큼 큰 힘을 가진 적이 없다는 자기 고백이기 때문이다. 역사적으로 그러했고, 현재도 그러하며, 앞으로도 그럴 가능성은 아주 적다. 한국은 경제력과 소프트 파워로 세계에 승부를 걸 수 있겠지만, 국제 질서의 힘의 근간인 군사력 면에서는 대국의 지위를 넘보기 쉽지 않을 것이다. 결국 한국이 말하는 자주도 대국적 발상이라기보다 자율성에 대한 기대에 지나지 않는다.

물론 이는 한국이 패권적 지위를 가지는 나라가 될 수 없다는 패배주의나 자조적 표현은 결코 아니다. 한국에 훌륭한 정치 지도자가

중견국 한국의 대외 전략　217

등장하고 국민적 에너지를 결집한다면 한국이 패권적 지위를 갖는 것도 불가능한 것은 아니다. 하지만 이는 20~30년에 걸친 장기 전략과 노력을 요한다는 점에서 현 시점에서 이를 기대하는 것은 상상의 차원을 넘어서지 않는 이야기다.

역사적으로 조망해 보아도 한국은 피식민지 국가와 약소국의 지위에서 벗어나 세계사적 발전 과정에서 모범이 되는 국가로 성장하였다. 급속한 성장을 통해 경쟁에서 이긴 한국은 경제 종속국의 지위를 벗어났음은 물론 20세기 말에는 OECD에 가입하기도 했다. 서구 열강의 근대화 요구를 뒤늦게 수용한 나머지 일찍 개화한 일본에게 복속을 당했던 19세기 말의 역사를 감안한다면 격세지감을 느낄 정도로 한국은 눈부신 성장을 하였다. 따라서 한국이 주변 국가를 좌지우지하는 패권적 지위를 가지게 된 것은 아니지만, 주변국이 결코 무시하지 못하는 존재로 성장한 것도 사실이다. 세계의 국제법 질서와 여론은 이제는 더 이상 제국주의적 영토 침범과 병합을 용서하지 않는다.

따라서 대국도 아니고 소국도 아닌 한국은 '중견국'에 걸맞은 외교 전략을 구상하고 이를 실천해야 한다. 중견국은 세계 강국과 협력하는 기조 위에서 때로는 비판적인 태도를 보이면서도 국제 질서를 안정되게 유지하는 역할을 선도해야 한다. 또한 자국 중심의 일국주의를 넘어서서 국제 사회의 공동 번영을 위한 공헌을 마다하면 안 된다. 그러면서도 지역 내의 안정된 신뢰 구축자 역할을 통해 현상 파괴적 행위자를 견제하는 역할도 수행해야 마땅하다.

2 한반도에 갇힌 한국의 대외 전략

그러나 동북아의 새로운 질서 전개를 조망해 보면, 한국이 중견국의 역할을 수행하기란 그리 쉬운 선택만은 아니다. 한국의 전략적 사고가 한반도에 갇혀 있기 때문이다.

1) 한반도에 갇힌 사고

한국은 냉전 후 유일하게 남아 있는 대결과 대치의 고도(孤島)일 뿐 아니라 분단국이라는 지위를 극복하지 못한 몇 안 되는 국가의 하나이다. 따라서 한국은 어느 국가보다도 한반도에서 냉전 질서를 해체하고 평화의 질서를 구축하기를 희망하고 있다. 그런 까닭으로 한국의 마음과 눈은 세계를 향하기보다는 온통 한반도 문제에 쏠려 있다.

동북아에서의 단기적인 정책 추구 양상을 보면 한반도에서 냉전 질서를 해체하고 동북아 지역 공동체를 외치는 한국이 언뜻 가장 현상 타파 세력으로 보인다. 이에 반해 중국은 '화평굴기(和平堀起, 평화로운 가운데 우뚝 일어선다.)'를 모토로 온건하고도 조용하게 영향력 확대를 도모하고 있다. 또한 미국과 일본은 기존의 미국 중심의 질서를 지키고자 안간힘을 쓰는 것으로 보인다.

하지만 현실적인 중장기 지역 전략을 곱씹어 보면, 이야기는 달라진다. 미국과 일본은 동북아에서의 바뀌는 힘의 균형을 반영하여 부상하는 중국을 견제하려는 동맹 질서를 추구하고 있다. 중국을 전략적 경쟁자이자 잠재적 위협으로 보면서 동북아에서의 세력 연합을 새롭게 바꾸려는 시도를 하고 있다. 미국이 중국을 소련처럼 봉쇄하려는 것은 아니지만, 중국을 포위하는 전략을 구사하고 있다고들 하는 이유가 여기에 있다. 반면, 중국과 일본도 동북아 지역에서의 새로운 역할 규정을 위해 변신을 거듭하고 있다. 우선 일본은 자국의 국제적 역할에 제한을 가하고 있는 평화 헌법의 개정과 군사적 역할의 확대를 포함하는 보통 국가화를 추구하고 있다. 이를 통해 동북아 지역에서의 정치 군사적 역할의 확대는 물론 세계 속의 미일 동맹 구축을 시도하고 있는 것이다. 중국도 '화평굴기'에서 보여 주듯 2020년까지는 실용주의적 경제 발전 중심 전략을 통해 동북아 및 세계에서의 위상 제고를 추구하고 있다. 군사적 방법을 통한 압도의 전략보다는 경제 성장을 통한 지위 상승을 모색하고 있는 것이다.

2) 현상 유지적인 한국

이들 지역 강국들이 동북아 질서의 새로운 재편을 위해 장기적인 국가 전략을 구사하고 있는 데 반해, 한국은 한반도를 중심으로 한국지적 사고에 붙들려 있는 게 현실이다. 한반도에서 냉전 구조를 해체하고 평화를 구축하자는 이상은 좋지만, 국지적인 생각에 몰두하는 일면을 지울 수 없다. 한반도에서의 전쟁 상황 재발 방지와 북한의 때 이른 붕괴를 막고자 힘쓰고 있다는 점에서 본다면 지역 내 어느 국가보다도 현상 유지적인 세력이 아닐 수 없다. 북한은 이보다도 더 심하게 자국 중심의 세계관과 질서를 지키려고 안간힘을 쓰고 있다. 자국의 생존을 위해 핵무기 개발을 시도한다든가 개혁·개방을 거부하는 태도는 세계화의 물결에 동참하기보다는 자신의 시간 개념에 맞추기 위해 안간힘을 쓰고 있는 것으로 보인다.

이렇게 지역 질서를 펼쳐 놓고 보면, 정책 구상에서는 가장 현상 변화를 추구하는 것으로 보이는 한국이 어쩌면 가장 현상 유지적인 정책을 펴고 있고, 기존 질서를 지키려고 하는 것처럼 보이는 미국이 가장 지역 질서의 재편에 중장기적으로 대응하고 있는 것을 알 수 있다. 한국은 한반도의 문제 해결에 전력을 투구하고 있는 것이며, 이는 국지적인 질서에 한정된 사고를 벗어나지 못하고 있다는 방증이다. 이를 한반도의 특수한 분단 상황 때문이라고 치부하기에는 한반도 중심성이 지나칠 만큼 강하다. 마치 북한 문제가 풀리고 나면 더 이상의 외교는 없는 듯이 보일 정도의 집착이다.

3) 밖에서 들여다보는 사고의 필요

한국이 국지적으로 생각하고 세계를 향해 메시지를 던지려 하고 있다면, 일본과 중국은 지역 차원에서 생각하고 지역 차원에서 행동하고 있고, 미국은 세계적으로 생각하고 국지적으로 대응하는 전략을 펴고 있다. 이러한 시공간적 전략의 차이가 한국이 중견 국가의 역할을 수행하는 데 장애가 되고 있다. 한국이 한반도에 갇혀 있는 생각을 벗어나 문제의 차원을 국제적으로 높여서 사고하고 국제적인 시각에서 한국 외교를 재조망할 수 있느냐 하는 것이 전략적 사고의 재조망을 가능하게 하는 열쇠일 것이다. 안에서 밖을 내다보는 방식과 더불어 밖에서 안을 들여다보는 발상의 전환이 필요할 때다.

위의 논의를 종합해 보면, 한국 외교를 국제화하기 위한 노력은 한반도라는 우물 안에서 사고하는 자국 중심적 사고에서 벗어나 국제적 질서 속에서 자리 매김을 해 보는 '객관화'의 사고 방식과 함께 한반도 문제의 속박에서 벗어나 세계 보편적 시각에서 문제를 해석해 내는 '보편화'의 사고 방식을 요구한다 하겠다. 이러한 발상의 전환으로부터 중견 국가의 대외 전략을 수립하기 위한 출발점이 마련되는 것이다.

3 '한국의 목소리' 없는 한국 외교를 넘어서

중견국으로서의 자기 재발견과 전략 수립을 위해서는 한국 외교가 당면하고 있는 몇 가지 모순과 문제점들을 지혜롭게 풀어 나가지 않으면 안 된다. 한마디로 말하자면, 현재 한국의 외교에는 한국의 위상에 맞는 한국의 목소리가 없다. 한국에 걸맞은 한국의 목소리가 있어야 한다. 한국의 목소리는 한국의 위상을 객관적으로 파악한 바탕 위에서 한국의 국익에 맞게 만들어져야 한다. 밖에서 규정된 국가 이익이 아니라 한국의 새로운 미래를 열어 가기 위한 국가 이익의 규정이 필요하다.

1) 친미와 반미, 친북과 반북을 넘어서

현재 한국은 냉전적 사고를 넘어서자는 시대적 요구 속에서 지난 세기 외교를 재평가하면서도 친미와 반미, 친북과 반북의 이분법적 사고에 함몰되어 있다.

보수파에서는 한국은 미국과의 동맹 없이는 자체 안보를 수호할 수 없고 나아가 국제적 미아가 될 수도 있는 처지에 있으므로 국가 전략의 제1순위를 미국과의 동맹 강화에 놓아야 한다고 주장한다. 이들에게 북한은 한국 전쟁 이래 최대의 적이자 주적이다. 북한과의 타협과 거래는 북한을 이롭게 하고, 동맹 질서에 손상을 끼칠 뿐 한국의 국익에 봉사하는 면은 거의 없다. 북한은 궁극적으로 제거해야 할 대상이고, 이를 위해 미국은 필요 불가결한 동맹국이다.

반면 진보 세력에서는 미국의 일방주의에 추종하는 것은 오히려 한반도에서 전쟁의 가능성을 높여 줄 뿐 아니라 한국이 원하지 않는 전쟁에 말려 들어가는 결과를 초래할 것이라고 주장한다. 친미가 오히려 한국 국민의 희생을 강요한다는 것이다. 그리고 한국은 한반도 분단 상황을 해소할 일차적 책임을 지고 있기 때문에 다른 나라의 생각에 좌우되지 말고 자주적인 평화 통일 추구에 전력을 기울여야 한다고 주장한다. 필요하다면 그것이 반미로 나타난다고 할지라도 한국은 통일을 위해 이를 희생할 각오와 준비가 되어 있어야 한다는 것이다.

하지만 이 같은 전통적 보수와 전통적 진보의 주장은 한국의 현실을 한 방향에서만 해석한 논리의 귀결일 뿐이다. 한국은 북한의 군사적 위협이 가시적이고 실질적으로 존재하는 한 미국과의 동맹이 필요하다. 하지만 민족 분단의 현실 속에서 북한을 일방적으로 적대시하는 선택은 한국의 문제를 마치 다른 사람의 문제인 양 무시하는 처사일 수 있다. 문제는 미국을 우선시할 것인가, 북한을 우선시할 것인가 하는 양자 택일의 선택이 아니라는 점이다. 하나의 국가를 우선시하는 생각은 한국의 이익을 위한 목소리가 아니라 미국의 소리를 대변하거나 북한을 강변하는 수단에 불과하다. 가장 우선시해야 할 것은 한국의 이익이다. 그것도 한국인끼리의 독백에 함몰되지 않은 한국의 목소리이다.

한국은 북한과의 평화 공존과 공동 번영을 지향해야 하고, 이는 북한의 장기적인 체제 변화를 유도하는 전략에 기반을 둔 것이어야 한다. 분단을 고착화하고 통일의 비용 지불을 장기 유예하기 위한 수단에 그쳐서는 안 된다. 북한과의 통일을 지상 명제로 해서 어떠한 형태의 통일도 좋다는 식의 성급함은 버려야 한다. 그리고 어떠한 체제나 상황이라도 수용할 수 있다는 지나친 관대함도 버려야 한다. 시간이 걸리고 고통이 따르더라도 민족 간의 이질성을 극복하고 민주주의와 시장 경제에 바탕을 둔 동질성 회복을 통해 공동체를 재구성하려는 의지가 선행해야 한다. 북한이 군사력에 의한 위협을 하고 있는 한 미국과의 동맹을 해체할 이유도 없다.

역으로, 상호주의에 의해 북한이 신뢰를 구축하고 군비를 감축한다면 한국도 이에 상응하는 노력을 보일 수 있어야 한다. 북한과의 동질성 회복 노력이 반드시 미국과의 동맹 해체를 통해 이루어져야 하는 것은 아니다. 또한 이러한 전략적 접근은 결코 반북적인 접근이나 군사적 억지 중심의 논리도 아니다. 한국과 북한이 힘을 합쳐 공통 분모를 만들어 내기 위한 노력이 열매를 맺을 때까지 미국은 외부적 균형자로 존재하는 것이 더 바람직하다. 이데올로기나 신념을 넘어서 실용주의와 유연성을 가진 대외 전략을 갖출 때다.

2) 반일과 중국 편승의 모순

중견국으로서 한국이 가장 목소리를 강하게 내야 할 부분은 동북아 지역 내에서 공세적 패권 국가의 등장을 방지하는 것이다. 일본이 지역 패권을 다시 회복하려 하거나 중국이 일방적 우위에 선 지역 질서가 형성될 경우 한국의 외교적 선택은 아주 어려워진다. 어느 편을 들기 힘들어서라기보다는 중국과 일본 간의 경쟁이 동아시아 지역 전체의 질서를 불안정화시킬 공산이 크기 때문이다. 그런 측면에서 한국은 동북아 지역 내 신뢰 구축을 선도할 수 있는 도덕적 우위와 힘의 안정성을 가지고 있어야 한다.

　반일은 이러한 측면에서 보면 한국의 균형 잡힌 외교에 착란을 일으키는 요소이다. 반일 감정은 과거사를 정면에서 다루면서 반성하지 못하고 이를 회피하려고 하는 일본의 우익 세력이 있기 때문에 일어난다. 하지만 한국도 일본을 이유 없이 싫어하는 감정적 앙금이 있지 않은지 냉철하게 돌아보아야 한다. 반일 감정의 근저에는 알게 모르게 한국 사람들에게 스며들어 있는, 무조건 일본을 적대시하는 정서가 있기 때문이다. 그러나 일본을 싫어한다고 못 믿겠다고 미리부터 정해 놓고 들어갈 필요는 없다. 왜냐하면 한국이 유연성 있는 외교 전략을 구사하는 데 감정적 골이 장애가 되기 때문이다.

　한국은 일본과 민주주의와 시장 경제, 다원화된 사회라는 체제와 가치관을 공유하고 있다. 이 같은 많은 유사성과 공통점을 뒤로 제치고 과거사 부분의 의견 차를 전면에 내세워 전략적 이해를 상쇄할 이유는 없다. 과거사는 일본인들이 짊어지고 갈 무거운 짐이지, 한국인이 짊어질 짐이 아니다. 과거사를 해결하지 못하면 힘든 것은 일본이어야지 한국일 필요도 없다. 과거사 때문에 한국이 힘들어하는 것은 역사의 아이러니이다. 따라서 무조건 반일을 외치며 일본을 배척할 이유는 없다.

　중국의 경우 일본과의 지역 패권 경쟁을 위해 일본의 아킬레스건을 잡고 놓아 주지 않을 정당한 이유가 있다. 그래서 반일을 한다. 하지만 한국의 입장에서는 반일로 일관하는 목소리는 한국의 국가 이익에 일치하지 않을 경우가 있다. 반일로 일관하는 것은 중국의 목소리는 될 수 있지만 한국의 목소리일 이유는 없다. 한국의 목소리는 보다 더 세련되고 복합적이어야 한다.

　일본의 잘못을 덮어 두고 그냥 눈감고 넘어가자는 이야기가 아니다. 일본은 과거사를 정면으로 해결할 용기를 가지지 못했다. 미국이 이를 적당하게 덮고 넘어갔기 때문에 나오는 문제들이다. 하지만 전후 일본은 과거사에 대한 반성에 상당한 노력을 기울였다. 20세기 후반 이후 일본 내에서 과거를 정당화하려는 움직임이 거세지고 있는 것도 사실이다. 하지만 이는 거듭된 사과와 반성을 요구한다고 해결되는 문제가 아니다. 도대체 얼마나 사죄를 해야 만족하겠느냐고 반박하는 일본인들이 늘어나고 있다. 이제는 한국이나 중국이라서가 아니라 인류 보편적인 가치의 관점에서 일본의 과거를 되새겨볼 때다. 종군 위안부나 원폭 피해자, 신사 참배나 창씨 개명 등 많은 일본의 잘못들은 단지 일본인이 저질렀기 때문에 비난받아야 하는 일이 아니라 누가 했더라도 사과하고 반성해야 하며 누구에게나 언제까지라도 잘못된 일이라는 점을 상기시켜 주어야 한다. 한국과 일본이 싸우는 게 아니라 제국주의적 사관을 가진 사람들과 인류 보편의 윤리를 가진 사람들이 싸워야 한다. 여기에는 일본인들도 당연히 포함되어야 한다. 따라서 맹목적인 반일, 감정적인 반일이 한국의 목소리가 되어서는 안 된다. 한국의 목소리는 보다 세련되고 국제적이며 보편적인 가치관에 기반을 둔 일본의 자기 주도적 반성의 촉구를 담고 있어야 한다.

  반일의 반대편에는 맹목적인 중국 편승론이 있다. 중국은 시장의 규모가 큰 데다 과거사의 번뇌가 없기 때문에 중국과는 가까워질 수 있다는 논리이다. 하지만 이런 주장은 중국도 늘 자기 국가 이익을 위해 행동한다는 사실을 망각하고 있는 것이다. 중국은 한국 전쟁 당시 자신의 국경을 지키기 위해 북한을 도와 개입하면서 한국과 전쟁을 치른 나라다. 그 이전의 36년간의 일제 치하는 생생하게 기억하면서 한국 전쟁 당시의 중국의 개입을 까맣게 잊어버렸다는 것은 아이러니이다. 중국이 나쁘다는 것이 아니라 중국도 자기 이익을 위해 행동한다는 점을 잊어서는 안 된다는 말이다. 중국이 예전 동아시아의 맹주로서 패권을 장악하던 시절 적어도 한국의 주권을 짓밟지 않았다는 이유로 중국이 한국의 이익을 잘 보호해 줄 우호 국가로 보는 것은 지나치게 역사를 긍정적으로 해석하는 것이다. 중국 사회 과학원의 동북 공정 논의가 보여 주듯 북한 문제가 해결되고 나면 중국은 일본과는 전혀 다른 차원에서 한국과 역사 문제를 놓고 심각한 논의를 불러일으킬 소지가 있다.

그렇다고 일본에서 횡행하는 것처럼 중국 위협론을 이야기하는 것도 한국의 목소리는 아니어야 한다. 중국은 한국의 분단 상황을 종식하는 데 미국과 더불어 가장 큰 지렛대를 가진 국가이며, 경제적으로도 교역과 투자의 기회가 늘어나고 있는 나라이다. 사회·문화적으로도 중국이 실용주의 노선을 지속하는 한 위화감 없이 한국의 문화를 받아들일 수 있는 국가이기도 하다.

말하자면, 한국의 입장에서는 반일이나 반중, 친일이나 친중과 같은 감정적이고 선입견이 깔린 입장에서 주변 국가들을 대할 하등의 이유가 없다. 친과 반을 붙이는 경우 한국의 입장은 아주 좁아지고 일방적인 선택을 강요당하게 된다. 한국의 국익에 부합하면 주변국과 관계를 증진시키면 될 일인데, 미리 방침을 정해 놓고 일방통행형 대외 전략을 구사할 필요는 없지 않은가. 따라서 일상적으로 반일을 외치는 목소리가 중국의 목소리는 될 수 있어도 한국의 목소리일 필요는 없다. 반중을 외치는 목소리가 일본의 목소리는 될 수 있어도 한국의 목소리일 필요는 없다. 친미, 친일, 친중, 친북이 아니라 한국의 국익에 걸맞은 선택을 하고 이에 따른 설득력 있는 주장을 해야 마땅하다.

3) 유연한 실용주의에 기반을 둔 지역 외교

　냉전 시기 한국은 이데올로기에 기반을 둔 외교에 충실했다. 반공을 내세워 소련, 중국, 북한을 적대시하면서 자유 진영의 최전초 기지 역할을 충실히 수행했다. 냉전의 종식을 목격하면서 한국은 북방 외교를 통해 소련 및 중국과 국교 정상화를 달성하였고, 나아가 북한과의 평화 공존 및 민족 공동체 실현을 위한 유연한 정책을 추구해 왔다. 반면, 한국의 외교 지평은 냉전의 종식과 더불어 점차 냉전기 세계적 차원의 제휴가 동북아 지역으로 그리고 점차 한반도 중심적 사고로 전환되는 축소 지향성을 보여 주고 있다. 한반도 문제에 총력을 기울이는 외교는 한국으로 하여금 유연성을 상실하게 하는 한편, 국제 전략을 경시하는 결과를 가져왔다. 한반도 문제를 해결하는 데 도움이 되면 한국에 우호적이고, 이에 도움이 안 되면 한국을 싫어한다는 이분법적 사고가 생겨났다. 이것이 반미, 반일, 친중, 친북이라는 새로운 용어들을 언론 시장에 쏟아내 놓고 있다.

　한국이 중견국으로서 지역 전략과 세계 전략을 염두에 둔 대외 전략을 구상한다고 한다면, 한반도 문제에 대한 초점은 유지하되 동북아 지역 관련국들에 대해 보다 넓은 시야와 유연성을 가지고 대할 수 있어야 한다. 한국의 이익에 맞는 실용주의적 외교 노선이 그 중심이 되어야 한다. 분명히 한국의 이익은 미국이나 일본 그리고 중국의 이익과 다른 점이 있다. 한국은 분단을 극복해야 하는 명제를 안고 있다. 또한 한국은 동북아 지역이 갈등과 반목의 지대가 되지 않도록 신뢰를 구축해야 진로를 확장할 수 있는 이해를 가지고 있다. 동시에 한국은 아시아적 정체성을 유지하는 한편 서구 국가들과 조화로운 외교 관계를 유지하면서 보편적인 가치관에 기반을 둔 동북아 안정

질서를 구축해야 할 이해도 가진다. 이런 점에서 한국은 한국의 국익에 합치하는 방향으로 대외 전략을 수립해야 하며, 한국의 국익을 위해서라면 유연하게 실용주의적 입장에서 상대국들과 관계를 맺어 나가야 한다. 그러한 원칙적인 입장의 표명이 있어야만 주변 국가들도 납득할 수 있는 외교 상대국이 될 것이다.

4 중견국 한국의 대외 전략

미국은 민주주의와 자유의 확산, 인권의 존중이라는 확실한 대외 전략의 철학이 있다. 일본도 국제 무대에서 존경받는 보편 국가가 되기 위해서 철학적 기반을 가진 원칙이 있어야만 하지 않느냐는 질문에 한 일본인 학자는 "무원칙이 일본의 원칙"이라고 대답한 적이 있다. 이것은 일본이 상황 변화에 대해 아주 유연하고 신속하게 대응하기 위해서는 자신의 발목을 잡는 원칙과 신념을 지나치게 드러낼 필요가 없다는 극단적 실용주의 노선의 발로이다. 하지만 한국의 유연성과 실용주의는 경직성의 탈피와 이데올로기적 아집에서의 자유를 말하는 것이어야지, 원칙과 자기 입장의 표명이 없는 무색무취의 실용주의여서는 안 된다. 그렇다면 중견국 한국이 지향해야 할 대외 전략의 내용은 무엇이어야 하는가?

1) 다차원적, 다층적 안보 전략의 추구

한국은 전통적으로 안보 면에서 북한의 군사적 위협에 대응하는 대북 억지력의 확보에 온 힘을 집중하였다. 한미 동맹의 기본 원칙도 바로 대북 억지력의 확보라는 공통 목표에 맞추어져 있었다. 그러나 한국의 국력이 성장하면서 대북 억지력 확보에 대한 자신감이 표출되고 있다. 미국은 반면 9·11 테러 이후 세계적 차원에서 반테러·반확산을 위해 동맹 재편 및 군사 변환을 통해 군대의 신속 기동화를 강화하고 지역적 한계를 없애는 정책을 구사하고 있다. 이 같은 안보 면에서의 시각차가 한미 동맹을 흔들고 있다.

한국은 대북 억지력 확보라는 기본 목표를 달성하기 위해 점차 한국 방위를 한국화하는 노력을 강화해 나가야 한다. 이는 미국으로부터의 자주와 독립이라는 선택이 아니라 한국 방위의 기본 책무는 한국이 맡고 미군은 이를 보조하는 역할로 바꾸어 나가야 한다는 것이다. 따라서 한국 방위의 한국화는 한미 동맹을 강화하는 것이지 동맹을 부정하는 것이 아니다. 일본은 이미 1980년대와 1990년대를 거치면서 이러한 목표를 달성하였다. 일본 방위의 일본화가 가져온 결과는 미일 동맹의 약화가 아니라 강화였다.

동시에 한국은 국제 사회에서의 새로운 도전인 테러와 대량 살상 무기의 확산 방지에도 적극적인 참여와 공헌을 해야 한다. 국제 안보 상황의 관리가 한국의 안보와 직결된다는 인식이 필요하다. 테러가 남의 일이나 강 건너 불이 아니라 언제든지 한국에도 닥칠 수 있고 해외 거주 한국인이 피해자가 될 수 있다는 의식을 가져야 한다. 이 같은 안보 우려는 동북아 지역 국가들도 모두 동의할 수 있는 부분으로서 동북아에서 다자주의적 안보 협력은 비전통적 위협을 바탕으로 구성하는 편이 더욱 현실적일 수 있다.

나아가 한국은 내전, 기아와 빈곤, 질병의 확산 등이 인류를 위협하고 있다는 점을 인식하면서 인간 안보를 강화하는 국제적 노력에 동참할 의지를 강화해야 한다. 국제 사회에서의 중견국으로서 한국이 한반도 이외 지역의 문제이기 때문에 한국의 안보와는 무관하다는 식의 발상은 자기 책임 회피에 지나지 않는다. 아울러 유엔의 주도에 의한 평화 유지 활동에 한국이 적극 참여함으로써 국제 평화를 위한 중견국의 책무를 성실히 수행할 필요가 있다.

이와 같이 중견국으로 성장한 한국은 그에 걸맞게 자신의 방위 노력에 충실하면서 다른 국가들과 힘을 합하여 지역 및 세계의 안보 우려에 공동 대처하는 다차원적, 다층적 안보 전략을 추구해야 한다.

2) 시장 합리적인 지역 경제 통합의 추구

시장 경제는 민주주의와 마찬가지로 인류가 경험한, 적어도 최악은 아닌 제도이다. 또한 자유주의적 제도론자들이 입버릇처럼 말하듯 국가 간 시장 경제에 바탕을 둔 상호 의존의 강화는 국제적 평화에도 도움을 준다.

동아시아 지역에서의 지역 경제 통합은 지금까지의 다른 지역의 경제 통합에 대한 방어적 의미를 떠나 시장 경제 체제를 확산하는 보다 적극적 의미에서 추진될 필요가 있고, 한국은 그 역할을 수행할 수 있는 기반을 구비하고 있다. 동아시아 지역 협력의 출발점은 유럽 통합, 북미 자유 무역 지대의 등장이라는 새로운 도전에 발맞추어 동아시아에서도 지역 경제 통합을 이루어야 한다는 수세적 의미에서 출발하였다. 1997년 아시아 경제 위기를 경험한 이후의 동아시아 지역 협력도 주로 서구 자본에 대항하는 방어적 의미의 지역 경제 협력을 염두에 둔 것이 많았다. 그러나 이제 동아시아 지역의 경제 통합은 서구를 배척하거나 대항하는 아시아 공동체 구축이 아니라 서구와의 건전한 경쟁과 상호 흡수를 전제로 한 시장 경제 메커니즘의 확산에 주안점을 두어야 한다. 이런 의미에서 중견국인 한국은 세계적 경제 지위를 확보한 미국이나 일본에 비해 지역 국가들의 경계감을 완화할 수 있는 위치에 있다. 반면, 한국은 지역 어느 국가보다도 시장 경제의 원리를 스스로 터득하고 이를 바탕으로 경제 성장의 열쇠를 연 소중한 경험을 가지고 있다. 한국은 중견국이라는 국제적 위치와 경험을 바탕으로 동아시아 지역에서 시장 합리적 경제 통합을 선도하는 역할을 할 수 있다. 중국과 일본의 경제를 거부감 없이 연결해 줄 수 있는 고리도 한국에 있다.

북한의 개혁 개방 유도를 통한 남북 경제 공동체의 실현도 이 같은 지역 경제 통합을 확산할 수 있는 한 단계로서 구상되어야 마땅하다. 단지 같은 민족이라는 이유로 남북한 간 자족적, 자기 완성적 경제 체제를 달성하기 위해 경제 협력을 증진하는 것은 폐쇄적 민족주의를 여는 기반이 될 수 있다. 주체와 자주를 위한 남북 경제 협력이 아니라 개방과 협력을 위한 남북한 경제 통합이 이루어져야 한다.

3) 지역 신뢰 구축의 선도

동북아 지역의 중견국인 한국은 또한 지역 국가들의 신뢰를 받으면서 쌍방향적 가치 전달자의 역할을 수행할 수 있는 전략적 위치에 있다. 동남아를 중심으로 한 아시아 지역주의의 발단은 아시아적 가치관에 기반을 둔 자립형 지역주의를 염두에 둔 것이었다. 일본은 역으로 '탈아입구'라는 발상이 보여 주듯이 아시아를 벗어나 서구와 자신을 동일시하고 서구를 앞서 가는 체제의 구축에 나서 아시아적 동질성을 스스로 부정하는 모순을 낳았다. 일본의 제국주의 시대가 보여 주는 역사적 교훈은 일본이 스스로를 한때는 서구와 동일시했다가 이것이 여의치 않자 대동아 공영권이라는 미명하에 아시아적 정체성을 위로부터 강요했다는 데 있다. 중국 또한 사회주의 건설이라는 이념 아래 동아시아 지역의 다른 국가들과는 구별되는 새로운 정체성을 가지려고 노력하였다. 문화 혁명이 보여 주듯 중국의 사회주의는 한때 아시아적 봉건성의 극복을 시도하기도 했다. 덩샤오핑의 실용주의 발전 전략 채택 이후 중국은 점차 시장 경제 체제를 받아들이면서도 공산당의 일당 지배를 정당화하려는 노력을 지속하고 있다. 즉, 경제적인 매력을 가지면서도 정치적으로는 아직 갈 길이 먼 상황이다.

이 같은 점을 감안해 본다면 한국은 자신의 투쟁에 의해 민주주의를 쟁취하고, 아시아적 정체성을 유지하면서도 구미의 시장 경제 시스템을 받아들여 성공적으로 국제 사회로 통합된 좋은 예를 제공하고 있다. 또한 침략적 과거나 패권적 지위를 추구한 역사가 없는 관계로 주변 국가들로부터 의심이나 불신을 살 이유도 없는 나라이다. 이 같은 국가 이미지와 소프트 파워를 최대한 활용하여 동아시아 지역에서의 신뢰 구축을 선도하는 역할을 한국은 마다해서는 안 된다. '욘사마 붐'이 상징하듯 일본에서 크게 한류가 유행하였지만 실상은 중국에서도, 대만에서도, 동남아 각국에서도 한류의 붐은 높이 평가할 만한 부분이 있었다. 이것은 한국적 생활 방식이 가지는 국제적 보편성과 아시아적 감성이 잘 조화된 결과를 아시아 국가들이 수용하였음을 의미한다. 이것이 한국의 가능성이다. 한국은 세계를 아시아에 이어 주고, 아시아를 세계에 이어 주는 가교 역할을 할 수 있는 역량과 지혜를 가지고 있다. 중견국으로서의 한국은 군사력이나 경제력에 의한 패권 추구가 아니라 가치관과 생활 방식의 모델을 창출함으로써 지역을 선도하는 모범 국가가 되어야 할 것이다.

21세기에는 우리도 강국이 될 수 있다
―― 소프트 강국의 꿈

이영조

1 소프트 파워가 미래의 힘이다

1990년 하버드 대학교의 조지프 나이 교수가 흥미로운 책 한 권을 출판했다. 이 책의 제목은 『이끌 수밖에 없는 운명(*Bound to Lead*)』으로, 당시 횡행하던 미국 쇠퇴론에 정면으로 맞서 앞으로도 미국이 세계를 주도할 것이라는 뜻을 담고 있었다. 1990년이라면 미국이 클린턴 행정부 아래에서 유례없는 호황을 누리기 전이었고, 일본의 불황이 지금처럼 장기화되리라고는 아무도 예측하지 못했던 시기였으므로 '미국 건재론'을 펼친 이 책은 매우 신선한 충격이었다.[1]

나이는 먼저 미국 쇠퇴론이 과장된 것이라고 비판한다. 미국 쇠퇴론자들은 흔히 제2차 세계 대전 직후의 미국과 1980년대의 미국을 비교하여 쇠퇴의 증거를 내세우는데 나이는 제2차 세계 대전 직후 미국이 누린 압도적인 세계적 지위는 유럽과 일본이 전쟁의 참화를 겪은 직후였기 때문에 나타난 일시적이고 예외적인 상황이라고 반박

한다. 제2차 세계 대전 이전을 비교 시점으로 놓고 보면 세계 경제에서 미국의 상대적 지위는 거의 변하지 않았다는 것이다.

나이가 더욱 중요하게 주목한 점은 미국이 소프트 파워, 즉 가치와 선호를 형성하는 연성의 힘에서 다른 경쟁국들을 압도한다는 사실이었다. 농업 시대에는 인구가, 산업 시대에는 철강의 생산력이 국력을 좌우하는 중요 자원이었다면 포스트 산업 시대에는 문화와 같은 소프트한 자원이 국력을 결정한다. 이러한 소프트 자원에서 미국의 경쟁 상대가 될 만한 나라는 없고, 따라서 21세기에도 미국이 세계를 주도할 수밖에 없다는 것이다.

훗날 미국의 국방 차관까지 지내게 되는 나이에게는 미국의 지위가 관심사였겠지만, 우리가 주목해야 할 것은 소프트 파워가 미래의 국력을 좌우하는 힘이라는 점이다. 물론 소프트 파워만 중요하지는 않을 것이다. 여전히 하드 파워도 중요할 것이다. 그러나 소프트 파워의 중요성이 상대적으로 크게 증가하리라는 점에서 많은 미래학자들은 의견을 같이한다.

어떻게 보면 소프트 파워가 중요해지는 것은 지극히 당연한 일이다. 소프트 파워는 가치와 선호의 형성에 영향을 미치는 힘이라고 정의할 수 있다. 힘 가운데서도 가장 고차원의 힘이다. 세세한 부분에 대한 의견들이 분분하지만 정치학자들은 힘이란 그것이 없었다면 하지 않을 일을 하게 만드는 능력이라는 데에는 대체로 의견을 같이한다. 스티븐 룩스의 『3차원 권력론(*Three Faces of Power*)』에 따르면 이러한 힘에는 세 가지 '얼굴' 또는 차원이 있다. 첫 번째는 특정 이슈에서 내가 원하는 방향으로 결정이 나도록 만드는 힘, 두 번째는 내가 원하지 않는 이슈는 아예 의제에서 제외하는 힘, 세 번째는 가만히 있으면서 내가 원하는 대로 상대가 알아서 행동하게 만드는 힘이다. 상대는 독자적인 결정을 한다고 생각할지 모르지만 사실은 자신도 모르는 사이에 나와 같은 가치를 갖게 된 데서 빚어지는 결과이다. 이 제3차원의 힘은 주로 광의의 문화, 즉 소프트한 것에서 나오는 힘이다.

정보 통신 혁명이 이루어 낸 시간과 공간의 압축으로 문화의 국경 장벽은 날로 낮아지고 있다. 문화는 그 자체로 엄청난 상품이 되었다. 한 통계에 따르면 워너브라더스, UIP 등 5개 외국 직배 영화사는 2002년과 2003년 연속으로 로열티로만 연 400억 원 이상을 미국으로 송금했다.(2004년 통계는 아직 나오지 않았지만 한국 영화의 호조로 약간 줄어들었을 것으로 보인다.) 1990년에 국내 영업을 시작한 워너브라더스의 2003년까지 누적 송금액은 약 922억 원. 1988년에 한국 법인을 설립한 UIP의 누적 송금액은 906억 원에 이른다. 물론 영업 이익은 로열티 송금액의 몇 배에 이른다. 제조품 수출로 이만한 이득을 내려고 했다면 엄청난 양을 수출했어야 할 것이다.

하지만 그보다 더 중요한 것은 문화는 기호 자체를 변화시킨다는 점이다. 우리 아이들이 빈대떡보다는 피자를, 백숙보다는 켄터키 프라이드 치킨을, 굿거리보다는 레게를 더 선호하는 이상 시장 경제 체제에서는 그 원료와 제조 기술, 상표권 등의 수입을 막으려야 막을 수가 없다. 문화의 형성력이야말로 눈에 보이는 그 어떤 힘보다도 무서운 힘이다. 앞으로 국가의 위상은 군사력이나 경제력 못지않게 문화력에 의해 결정될 것이다.

2 무엇이 힘을 결정하는가? 자원과 전환 능력

세계화와 정보 통신 혁명으로 기존 문화 대국의 지배력이 커진 것은 분명한 사실이지만, 소프트 파워가 지배하는 세계에서는 우리도 강국의 꿈을 키울 수 있다. 우리가 하기에 따라서 제한된 영토와 인구를 뛰어넘는 힘과 부를 누리는 나라를 이룰 수도 있다. 그것이 어떻게 가능할지 이해하기 위해서는 소프트 파워가 어디에서 나오는지 생각해 볼 필요가 있다.

힘은 두 가지 요소에 의해 결정된다. 하나는 힘의 자원이고 다른 하나는 이 자원을 실제의 힘으로 전환하는 능력이다.

자원은 힘으로 바뀔 수 있는 일종의 원천 자산이다. 『맹자』 「양혜왕 편」에 보면 양혜왕이 나라를 다스리는 데 주야로 노심초사하는데도 왜 인구가 늘지 않느냐고 맹자에게 묻는 장면이 나온다. 농업 시대에는 영토와 인구가 중요한 힘의 자원이었다. 인구가 많다는 것은 그만큼 농업 생산도 크고 그만큼 군대도 많이 동원할 수 있음을 의미했다. 넓은 영토는 많은 인구를 지탱할 수 있는 바탕이었다. 산업화 시대에는 무기 생산과 바로 연결되는 공업 생산력이 중요한 힘이었고 철강·석탄과 같은 부존 자원이 가장 중요한 힘의 자원이었다. 오늘날의 후기 산업화 시대, 정보화 시대에는 다른 힘의 자원도 무시할 순 없지만 감성, 지식, 문화, 창의력 등 소프트한 자원이 과거 어느 때보다도 중요해진다.

하지만 힘의 자원이 바로 힘 자체는 아니다. 아무리 많은 자원이 있더라도 이를 적절히 힘으로 전환하는 능력이 없으면 아무 소용 없다. 자본이 아무리 많아도 이를 적절히 이용하거나 투자하지 못하면 이윤을 내지 못하는 것과 비슷하다. 반면 아무리 전환 능력이 훌륭하더라도 자원 자체가 없으면 큰 힘을 얻기는 어렵다. 만약 각국이 서로 비슷한 전환 능력을 가졌다고 가정하면 얼마나 많은 자원을 가졌는가가 그 나라의 힘이 크고 작음을 결정한다.

그런데 여기서 소프트 파워의 자원은 다른 자원과 다른 특성이 있다는 점을 주목해야 한다. 과거 하드 파워의 자원은 대체로 이미 주어진 것으로 우리가 손을 쓸 수 있는 여지가 별로 없었다. 하지만 소프트 파워의 자원은 다르다. 고정 자원이 아니라 가변 자원이기 때문이다. 우리의 노력을 통해 얼마든지 늘릴 수 있는 것이다. 과거라면 약소국의 지위를 감내해야 했을 나라도 힘과 부를 지닌 나라로 변신하는 것이 가능한 이유가 바로 여기에 있다.

1) 한국의 소프트 자원

그렇다면 우리는 얼마나 많은 소프트 자원을 가지고 있을까? 적어도 현재로서는 그렇게 많다고 하기는 어렵다. 소프트 자원에서도 다른 조건들이 같다면 큰 나라가 유리한 위치에 있다. 또한 과거에 영화를 누린 나라, 역사가 긴 나라가 유리하다. 예컨대, 중국이 우리와 비교했을 때 문화 원형이나 관광 자원(문화유산이나 음식문화)과 같은 일부 소프트 자원을 훨씬 더 풍부하게 가지고 있음을 부정하기는 어렵다.

문화 원형

우리나라는 오랜 역사 속에서 풍부하고 다양한 민속 문화를 보유하고 있다. 한복, 김치, 민속주, 초가집, 기와집 등 의식주 문화와 신화, 전설, 민담 등 전래 설화와 같은 다양한 원형들이 존재한다. 예술 분야에서도 전통 문양, 색채, 민속화, 건축 등 독특하면서도 세계화할 수 있는 소프트 자원이 있다. 고려 청자의 세련미, 조선 백자의 탈속미와 자연미 등도 함께 존재한다. 음악 쪽에서도 현대적으로 응용할 수 있는 독특한 장단과 가락이 존재한다. 좋은 예가 사물놀이를 응용한 PMC 프로덕션의 「난타」이다. 난타는 미국에서 상시 공연을 할 만큼 인기를 끌고 있어 전통 예술의 세계화 가능성을 확인시켜 준다.

국민 기질

우리에게 적지 않은 문화 원형이 있는 것은 사실이나 이것만이라면 우리보다 훨씬 더 유리한 위치에 있는 나라도 적지 않다. 우리의 가장 큰 자원은 역시 사람이다. 특히 한국 사람들의 기질이 큰 자원이다. 예전에는 약점으로 꼽히던 특징이 지금은 장점이 되었다. 미국 MIT의 루시언 파이 교수는 한국 사람들을 '동양의 아일랜드 인'이라고 부른다. 성질 급한 것, 감정이 풍부하고 기복이 심한 점, 술 마시고 노래하고 춤추며 놀기 좋아하는 것이 아일랜드 인들을 빼닮았다는 것이다. 이런 특성은 과거에는 단점이었는지 모르지만 소프트 시대에는 강점이다. 이러한 한국적 감성이 남녀 간의 사랑, 형제애, 가족애, 우정을 담은 감성적인 영상물이 자라나는 토양이다.

한국인은 개성이 강하다. 아마도 오래전 한반도로 이주하기 전 유목민 시절에 체화된 경험 탓일지도 모른다. 유목민은 혹독한 환경에서 흩어져 사는 삶의 방식 때문에 매우 강인하고 독립적이며 개성이 강하다. 반면에 통합하기가 어렵다. 일찍이 마르크스가 농민을 '자루 속의 감자'로 비유하며 산업 노동자와 같은 집단 행동이 어렵다고 했지만 유목민은 농민보다 훨씬 더 원자화가 심하다. 한국인도 이웃 나라 사람들에 비해서 개성이 강한 편이다. 그래서 흔히 한 사람

한 사람만 보면 일본인들보다 매우 우수한데 집단으로 무슨 일을 하는 데는 매우 서툴다는 자아 비판을 해 왔다. 하지만 지금은 이러한 개성이 문화적 다양성으로 표현되고 있다.

또 유목민은 외부의 아이디어와 기술에 개방적이다. 고정 관념에 사로잡혀 있지 않다. 끊임없이 이동한다. 그렇지 않으면 살아남을 수 없기 때문이다. 한국인도 자신들이 의식하는 것 이상으로 훨씬 더 많은 유목민적 특성을 지니고 있다. 일본인이나 중국인과는 비교가 되지 않는다. 단적인 예로 정부 통계에 따르면 1년에 남한 인구의 4분의 1이 이사를 한다. 정착민답지 않은 정착민이다.

이러한 특성이 지금은 엄청난 강점으로 나타난다. 단적인 예 중 하나가 한국 휴대폰의 세계 시장 석권이다. 신형 휴대폰이 나오면 멀쩡한 휴대폰을 갈아 치우는 우리 국민들이 있었기 때문에 휴대폰 제조 회사들이 다양한 모델을 끊임없이 생산하고 시험할 수 있었다. 이렇게 시장 테스트를 거친 제품이 세계 시장으로 수출되고 있다. 휴대폰만이 아니다. 많은 전자 제품이 이렇게 적지 않은 제 돈을 쓰면서 자발적으로 '디지털 모르모트'가 되어 주는 국민의 성원에 힘입어 세계적 경쟁력을 얻고 있다. 우리나라가 디지털 위성 방송(DMB)을 세계 최초로 시험 방송하고 독일에 디지털 위성 방송 시험을 위한 방송용 장비를 공급하게 된 것은 결코 우연이 아니다.

흩어져 사는 게 유목민이지만 때로 이들은 한데 뭉쳐 엄청난 집단적 에너지를 분출한다. 칭기즈 칸 영도하의 몽골 인들이 좋은 예이다. 굳이 칭기즈 칸 같은 리더가 있어야 분출되는 것만도 아니다. 때로는 하나의 사건이 이들을 통합시킨다. 몽골이 민주화될 때 사실상 모든 울란바토르 시민들이 길거리로 몰려 나왔다. 우리도 마찬가지다. 2002년 월드컵 때 길거리 응원은 우리 자신도 놀란 실로 극적인 예이지만 거슬러 올라가면 우리 역사의 주요한 고비마다 우리는 집단적 에너지를 분출했다. 4·19 혁명, 5·18 광주 항쟁, 6월 민주 항쟁 등에서 분출된 이런 집단적인 에너지가 민주화를 가져왔다. 이러한 역동적 에너지는 흥이나 신명에서 비롯되며 평상시에도 매우 독특하고 매력적인 집단적 놀이 문화로 표출된다. 굿판, 난장, 탈춤 등이 좋은 예라고 할 수 있다. 플레이어가 많아야 하는 대규모 온라인 게임이 유난히 한국에서 인기가 있는 것도 이러한 특질과 무관하지 않을 것이다.

2) IT 인프라

우리나라는 세계 최고 수준의 IT 인프라를 갖추고 있다. 우리나라는 1990년대 초반까지만 해도 정보 통신의 이류 국가였으나 1990년대 중반 이후 휴대폰, 인터넷, 초고속망을 기반으로 단기간에 IT 강국으로 발전했다. 초고속 인터넷 통신망의 경우 보급률이 세계 최고이며, 초고속 인터넷 외에도 통신망 보급률 95퍼센트, 인터넷 접속률 100퍼센트, 중소 기업 웹 사이트 보급률 97퍼센트 등으로 인프라 면에서는 세계 1, 2위를 다투는 선진국이다.

IT 인프라는 하드웨어가 포함되긴 하지만 라이프스타일까지 융합되어 있다는 면에서 소프트 자원으로 볼 수 있다. IT 인프라는 그 자체로 소프트 자원이며 다른 소프트 자원을 변환하는 데, 즉 산업화하는 데 매우 유용한 기반이 되고 있다.

사실 IT 인프라가 구축되는 과정 자체가 소프트 자원이 어떻게 활용되고 이것이 다시 소프트 자원의 확충에 어떻게 기여하는지를 잘 보여 주는 사례라고 할 수 있다. IT 인프라는 1990년대 중반 김영삼 정부 시절 국가 기간 통신망을 깔면서 본격적으로 구축되기 시작했다. 자금은 풍부했다. 공기업 민영화의 일환으로 한국 통신의 주식을 공개하는 과정에서 엄청난 수입이 있었다. 뿐만 아니라 주파수 대역을 PCS 사업자들에게 판매하는 과정에서 정부는 다시 한 번 돈벼락을 맞았다. 그런데 이동 통신이 도입된 지 얼마 되지 않아서 PCS 사업을 허가한 것 자체가 우리 국민들이 새로운 통신 수단을 놀라우리만치 적극적으로 수용했기 때문에 필요했고 가능했던 일이었다. 그만큼 기질상 우리 국민들이 새로운 기술을 쉽게 받아들였다는 것이다.

하지만 고속 도로 건설로 인프라 구축이 완성된 것은 결코 아니었다. 이제는 연결 도로도 필요했다. 연결 도로의 건설은 전혀 엉뚱하게 이루어졌다. 국가 기간 전산망이 구축된 후 외환 위기가 터졌고, 구조 조정 과정에서 퇴직한 많은 사람들이 새로운 일거리를 찾았다. 때마침 온라인 게임이 인기를 얻기 시작하던 때였다. 많은 퇴직자들이 PC방을 차렸다. 이들은 한국 통신이나 하나로 통신 같은 인터넷 서비스 사업자를 통할 경우 수익성이 떨어지므로 자기 돈으로 국가 기간망에 직접 연결되는 통신망을 깔았다. 고속 도로는 국가와 공기업이 건설하고 연결도로는 개인이 건설한 셈이라고 할 수 있다. 한국의 초고속 통신망은 이렇게 완성되었다.

인프라의 구축은 PC방과 게임 산업의 동반 성장을 가져왔다. 지금 한국의 PC방 시스템은 세계 제일이다. 미국이 PC용 게임 시장을, 일본이 세계의 콘솔형 게임(닌텐도, Play Station) 시장을 장악했지만 한국은 세계 최고의 온라인 게임 산업을 자랑한다. 손쉬운 신원 확인 시스템(주민 등록제)과 높은 휴대폰 보급률 등에 힘입어 소액 결제 시스템이 발달한 것도 게임 산업의 발달을 도왔다. 지금 한국의 PC

방과 리니지 같은 국산 게임 그리고 소액 결제 시스템이 패키지로 전 세계로 수출되고 있다.

3) 소프트 강국의 비전

매력적인 라이프스타일의 나라

얼마나 소프트 파워를 갖게 되느냐는 궁극적으로 세계의 다른 나라 사람들이 소프트 한국을 어떻게 인식하고 어떻게 수용하는가에 달려 있다. 이러한 국가 이미지는 적어도 일정 부분은 우리의 소프트 제품이 세계인 사이에 얼마나 파고드느냐에 따라 결정된다.(다른 상당 부분은 한국이 국제 사회에서 어떻게 처신하는가에 달려 있다.) 일단 긍정적인 국가 이미지가 형성되면 우리의 소프트 자원이 확충될 뿐 아니라 비소프트 제품에 대한 선호까지 효과가 파급된다. 이런 식으로 한국 프리미엄이 만들어지는 것이다.

이를 위해서는 우리가 가지고 있는 소프트 자원을 최대한 활용할 필요가 있다. 첫 번째 가능한 이미지는 첨단 한국이다. 세계 최고 수준의 IT 인프라를 활용해 온라인·모바일 분야의 사업을 개척하고 글로벌 스탠더드를 주도해야 할 것이다. 온라인·모바일 게임, 애니메이션, 캐릭터 산업 등 강점 분야를 집중 육성해 글로벌 리더십을 강화해야 한다. 그리고 우리 국민들이 가진 '디지털 모르모트'의 기질을 십분 활용해 온라인·모바일 콘텐츠의 글로벌 테스트베드로 발전하는 것이다. 적어도 이들 분야에서는 한국이 가장 첨단이라는 인식을 줄 수 있어야 한다. 핸드폰 제조 분야에서는 그런 이미지를 심는 데 성공했다.

또 하나 가능한 이미지는 라이프스타일이 매력적인 나라라는 점이다. 이탈리아를 방문했던 사람들이 이탈리아는 사기를 당해도 로맨스는 남는 나라라고 경험담을 늘어놓는 것을 들었다. 사기는 곤란하지만 사기를 당하고도 아름답게 추억할 만큼 매력적인 나라가 될 필요가 있다. 영화 산업과 연예 사업의 성공 그리고 일부 패션 디자이너의 국제적 활동으로 어느 정도 기반은 마련되었다. 여자는 아름답고 남자는 멋있는 나라, 재미있는 놀거리가 많은 나라, 옷 잘 입는 나라, 깨끗하고 아름다운 나라, 다시 가 보고 싶은 나라의 이미지를 가꿔야 한다. 한국적 감성과 문화 원형을 활용해 차별화된 제품과 콘텐츠를 개발하고 여백의 미, 아름다운 선을 강조하는 한국의 전통 예술 및 문화 자원에서 디자인의 모티브를 도출해 패션, 제품 디자인, 건축, 인테리어, 공예, 광고 등에 활용하면 충분히 가능하다.

아울러 민주주의가 꽃핀 나라, 평화를 사랑하는 나라, 환경 보전에 적극적인 나라, 인류 공영에 힘쓰는 나라의 이미지를 구축하는 것도 중요하다. 국민들의 손으로 민주화를 쟁취한 경험, 다이내믹한 시민 사회의 역할 그리고 제대로 민주주의가 시행되는 모습을 홍보하고 보임으로써 아시아의 모범적인 민주 국가 이미지를 구축할 필요가 있다. 남북 분단과 남북 간의 긴장이 지금은 리스크로 작용하지만 오히려 그 때문에 더욱 평화에 매진하는 모습을 보임으로써 한국 프리미엄을 만들어낼 수도 있을 것이다. 국내외 환경 문제를 적극적으로 해결하려고 나서고 공적 개발 원조와 같은 경제 협력에도 적극 참여함으로써 국제 사회의 책임 있는 구성원이라는 이미지를 구축하는 것도 필요하다. 이러한 모범 국가의 이미지는 그 자체로 소프트 파워를 증대시킬 뿐 아니라 우리의 문화 상품이 세계적으로 침투해 가는 데도 큰 보탬이 될 것이다. 며느리가 고우면 버선코조차도 고와 보이게 마련이다.

가장 세계적인 것을 가장 한국적인 것으로

한때 가장 한국적인 것이 가장 세계적이라는 말이 유행한 적이 있다. 하지만 이것은 신화이다. 특히 소프트 분야에서는 맞지 않다. 가장 세계적인 것을 가장 한국적인 것으로 적극 수용할 필요가 있다. 이것은 이른바 문화 상품에 대한 대중 수요의 특이성 때문이다. 영화나 연속극 등으로 관객과 시청자를 유인하는 것은 '새로운 것'이 아니라 '익숙한 것'이다.

이와 관련하여 영화 「카사블랑카」에 대한 움베르토 에코의 논평은 매우 시사하는 바가 많다. 에코는 책이나 영화를 숭배 대상으로 변형시키기 위해서는 "여러 등장 인물이나 에피소드가 마치 팬들의 개인적이고 협소한 세계의 여러 모습과 똑같은 것처럼, 자꾸 반복해서 인용할 수 있도록 모든 것이 완벽하게 갖추어진 세계를 마련해 주어야 한다. (중략) 카사블랑카가 컬트 무비인 것은 그 안에 모든 원형이 들어 있으며, 배우들은 모두 이미 다른 영화에서 연기한 동작을 반복하며, 또 인류는 '현실적인' 삶이 아니라 이전의 다른 영화에서 묘사된 틀에 박힌 삶을 살기 때문이다. 카사블랑카 안에는 데자뷰의 느낌이 속속들이 배어 있기 때문에 수신인은 어떤 사건이 벌어지면 다음에 무슨 일이 일어날지를 뻔히 알아차리게 된다."라고 말했다.

이탈리아의 영화 제작자 에토레 스콜라도 비슷한 견해를 피력하고 있다. 그는 텔레비전 영화의 성공은 각각의 에피소드가 이미 느낀 바 있는 감정을 재경험하려는 시청자들의 욕망을 얼마나 자극하는가에 달려 있다면서 "중요한 것은 새로움의 탐구가 아니란 습관의 확인."이라고 주장한다.

이렇게 볼 때 과연 가장 한국적인 것이 가장 세계적인 것인가에 의문을 가지지 않을 수 없다. 몇 가지 사례를 보면 대답은 선명해진다. 당시 국내 흥행 기록을 세운 「서편제」가 서양에서는 크게 인기가 없었던 이유는 무엇보다도 거기 담긴 이미지가 전혀 익숙하지 않았기 때문이다. 사실 「서편제」도 알게 모르게 외국 영화의 익숙한 장면들을 많이 차용하고 있다. 하나만 예로 들면 느티나무가 있는 언덕에서 가족을 버리고 떠나가는 동생을 주인공 누나가 배웅하는 장면은 「바람과 함께 사라지다」에 나오는 한 장면을 연상시킨다. 이러한 이미지의 차용에도 불구하고 이 영화가 환영받지 못한 건 딸의 눈을 멀게 하는 아버지의 행동이 서양인의 이미지 레퍼토리에서는 완전히 생소한 것이었기 때문인 듯하다.

반면 「우리들의 일그러진 영웅」이 외국에서 호평을 받은 것은 권력의 문제가 보편적 현상인 탓도 있겠지만 그에 못지않게, 불의에 외롭게 저항하는 주인공의 모습이 바로 중세 서사시 이래 서부극에 이르기까지 서양 문화에서 등장하는 고독한 영웅을 연상시켰기 때문일 것이다. 이문열의 소설 『시인』이 서구에서 큰 반향을 불러일으킨 것도 운명(할아버지)에 대한 부정, 수용, 타협이 희랍 비극 이래 그들에게는 너무나도 익숙한 주제였기 때문일 것이다. 영화 「태극기 휘날리며」가 미국에서 호평을 받은 이유도 같은 맥락에서 이해할 수 있다. 한국 전쟁을 배경으로 한 이 영화는 한국판 「라이언 일병 구하기」라는 비판이 있을 정도였다. 하지만 역설적으로 바로 그 때문에 배우들의 얼굴이 생경한데도 서양 관객들이 쉽게 접근할 수 있었을 것이다.

이렇게 본다면, 흔히 세계 문화 시장에 팔릴 문화 상품을 제작하기 위해서는 그 내용이나 형식이 보편성을 지녀야 한다고 말하지만 사실은 구미, 특히 미국 문화 산업의 이미지 레퍼토리를 취합해야 한다는 것을 의미한다. 만화 주인공 가필드의 대사처럼 이길 수 없으면 한편이 될 수밖에 없다.

아시아 지역에서 한류 열풍이 거세지만 한국적인 요소 때문에 인기를 얻고 있다고 생각하면 착각이다. 영화의 경우 소재는 한국에서 얻은 것일지 몰라도 주제, 영상, 효과 등에서 할리우드에 근접하고 있다. 아시아 관객은 할리우드 영화와 유사한 영화 중에서는 좀 더 친근한 배우들이 출연하는 영화를 선호한다. 거꾸로 아시아 영화 가운데서는 좀 더 할리우드 영화에 근접한 영화가 경쟁력을 가질 수밖에 없다.

가수의 경우도 마찬가지다. 한국의 대중 가요가 가장 미국 음악에 근접하고 있다. 이른바 K-Pop에서는 리듬앤드블루스, 재즈, 록, 힙합, 갱스터 랩, 레게 등 미국 팝의 모든 장르가 다 실험되고 있다. 뿐만 아니라 더욱 빠른 리듬에 현란한 댄스까지 곁들였다. 거기에 같은 피부색, 비슷한 외모. 웨스턴 팝보다도 더 경쟁력을 지닐 수 있었다. 한국적인 소재를 활용하여 차별화를 추구하더라도 세계 공통의 감정, 주제, 가치에 호소해야 한다는 증거이다.

우선은 아시아 시장을 노려라

소프트 상품에 대한 선호의 밑바탕에 익숙한 것에 대한 기대가 깔려 있다면, 글로벌 시장으로 진출하기에 앞서 우선 아시아 시장을 노리는 것이 당연한 순서일 것이다. 게다가 중국 경제가 성장하면서 아시아의 소프트 시장은 엄청난 규모로 성장할 가능성이 있다.

물론 아시아 시장에서 소프트 상품의 침투력을 결정하는 요인은 글로벌 시장과 결코 다르지 않다. 이곳에서도 관객들에게 익숙한 것, 관객들이 재경험하고 싶은 것을 제공하는 상품이 먹혀 든다. 이것은 한류 열풍을 봐도 잘 알 수 있다. 중국에서 한류를 가져온 첫 계기는 연속극 「사랑이 뭐길래」였다. 이 작품이 중국에서 큰 인기를 누린 데는 다른 많은 요소들도 있었겠지만 근대화와 전통적인 가부장적 가족 제도 사이의 긴장에서 빚어지는 많은 에피소드들에 중국인들이 공감했기 때문이라고 풀이할 수 있을 것이다. 훗날 안재욱이 출연한 「별은 내 가슴에」도 폭발적인 인기를 누렸는데 이것도 세계인 모두가 익숙한 신데렐라 주제를 아시아적 용기에 담아 냈기 때문일 것이다.

탤런트 배용준을 '욘사마'의 지위로 끌어 올린 「겨울연가」도, 사랑이라면 몸으로 먼저 부딪쳐 가는 오늘날의 일본에서는 더 이상 찾아보기 어렵게 된 애틋한 사랑을 그렸기 때문에 한국에서보다 더 큰 인기를 얻었다는 분석이 지배적이다. 한마디로 일본인들이 가지고 있는 옛날식 사랑에 대한 향수 내지는 환상을 자극했던 것이다. 이 점은 '욘사마'가 주연한 「스캔들」이 일본에서 크게 성공하지 못한 데서도 확인된다. 대혁명 전의 프랑스를 배경으로 한 존 말코비치 주연의 미국 영화 「위험한 관계」를 조선 시대로 옮겨 놓은 이 영화에서 사랑은 하찮은 게임이고 여자는 남자의 희롱 대상으로 전락한다. 일본 관객들이 다시 보고 싶은 사랑의 모습은 결코 아니었다. 그렇기 때문에 욘사마의 인기에도 불구하고 이 영화는 일본에서 기대만큼 많은 관객을 동원하는 데는 실패했다.

이처럼 아시아권이라고 해서 우리의 소프트 상품이 자동으로 인기를 누릴 수 있는 것은 아니다. 하지만 유사한 문화 원형, 부분적으로 공유한 역사 경험, 익숙한 외모 등을 내세운다면 우리의 소프트 상품이 비교적 이질감 없이 수용될 수 있다. 우리의 소프트 상품이 상대적인 경쟁력을 지니면 쉽게 다른 제약 없이 뻗어나갈 수 있다.

4) 정부가 할 일

　지금까지 우리의 소프트 산업에서 정부의 역할은 일정한 인프라를 제공하는 데 그치고 주도적인 역할은 시장이 수행해 왔다. 개인의 창의가 더없이 중요한 분야가 소프트 분야라는 점에서 정부와 시장 간의 이 같은 분업은 앞으로도 지속되어야 할 것이다. 예일 대학교의 정치경제 학자 찰스 린드블롬은 정부의 '보이는 손'을 손가락 모두가 엄지인 손으로 비유했다. 정부의 이런 무딘 손으로 어설프게 시장에 개입하면 좋은 결과를 얻기 어렵다. 산업 정책과 같은 미시적인 시장 개입은 실패할 공산이 크다. 변화가 큰 시장 사정을 정부가 예측하기란 무척 어렵기 때문이다. 우리나라는 물론이고 가장 성공적이었다고 알려진 일본의 산업 정책도 성공한 경우 못지않게 실패한 경우가 많다는 것이 이제는 정설이다. 특히 위험한 것은 정부가 소프트 산업을 육성하기 위해 재정을 통한 유인책을 제공하는 것이다. 이 경우 경쟁력을 기르기보다는 정부의 자금을 따내는 데 더 많은 노력을 기울이게 될 것이기 때문이다. 정부의 역할은 소프트 산업에 유리한 거시적인 환경을 조성하는 데 맞추어져야 한다.

　교육 시스템의 정비
　소프트 자원을 '힘'으로 전환하기 위해서도, 소프트 자원을 확대하기 위해서도 고급 인력이 필요하다. 하지만 그에 앞서 고급 인력이 자라나기 쉬운 전반적인 환경을 조성해야 한다. 기본적으로 예체능 분야의 기본 교육을 강화해야 한다. 과거 우리나라에서는 예술가는 집안 말아먹는 직업으로 인식해 왔다. 사실 우리나라만 그랬던 것도 아니다. 토마스 만의 소설 『트리스탄』에도 집안이 망할 때는 예술가가 나온다는 말이 나온다. 농업 사회나 산업 시대에는 세계 어디에서나 크게 다르지 않았던 것 같다. 이솝 우화의 개미와 배짱이 이야기도 이런 사고를 반영하고 있다. 하지만 지금은 다르다. 배짱이가 더 많이 필요한 시대가 왔다.

저변이 확대되고 예체능에 대한 사회적 인식이 달라진 바탕 위에서 고급 인재를 양성해야 할 것이다. 소프트 산업은 문화·감성을 기반으로 한 창조적 산업이다. '다수의 범재'가 아니라 창의성과 감성, 전문성을 두루 갖춘 '소수의 천재'가 중요하다. 문화, 예술은 물론 창의성과 감성, 호소력을 기를 수 있도록 역사와 인간에 대한 폭 넓은 이해와 지식을 갖출 수 있는 교육이 이뤄져야 한다.

이러한 창조적 인력 외에 관리 능력을 갖춘 인력도 필요하다. 소프트 산업 분야의 비즈니스, 기획, 마케팅 등에 정통한 CEO와 전문 관리 인력을 양성하는 전문 프로그램이 만들어져야 한다.

정부는 교육 제도와 입시 제도를 정비해 창의성을 고양할 수 있는 풍토를 마련해야 한다. 말로만이 아니라 실제로도 한 분야만 특출해도 상급 학교에 진학할 수 있도록 해야 한다. 교육 내용과 교육 과정에 대한 각종 규제도 대폭 완화해서 소프트 시대에 알맞은 교육이 제공될 수 있게 해야 한다.

글로벌 소프트 기업의 육성

소프트 자원을 힘으로 변환하는 1차적 작업은 기업이 맡을 수밖에 없다. 기업은 소프트 자원을 소프트 상품으로 전환한다. 이러한 소프트 상품들이 모여 결국은 국가의 소프트 파워로 한 차원 더 높게 전환될 것이다.

지금까지 소프트 분야는 사실상 중소 기업이 주도해 왔다. 단적인 예로 무수한 연예 기획사가 존재하지만 SM 엔터테인먼트 하나만 코스닥에 등록된 상장 기업이다. 소프트 분야의 특성상 앞으로도 중소기업의 역할은 중요하다. 그러나 규모의 수확 체증[2]의 법칙이 작용하는 소프트 경제의 속성상 규모가 큰 기업이 더 큰 경쟁력을 지닐 가능성이 높다.

따라서 무엇보다도 소프트 기업의 전문화와 대형화를 장려할 필요가 있다. 첫째, 소프트 산업 내 동종 기업 또는 이종 기업 간 전략적 M&A가 쉽게 이루어질 수 있는 여건을 마련해 주어야 한다. 현재 글로벌 소프트 기업들과 경쟁할 만한 국내 기업은 전혀 없는 실정이다. 예컨대 CJ 그룹의 콘텐츠 부분은 소니 콘텐츠 부문의 100분의 1 규모에 지나지 않는다. 둘째, 대기업의 출자 한도 제한에 대해 예외 규정을 두어 국내 대기업이 소프트 산업에 자유롭게 진입할 수 있는 길을 열어 주어야 한다.

아울러 투자 조합의 활성화, 투자 규제의 완화, 자산 유동화 제도의 시행 등 투자 여건을 개선하기 위한 정책적 지원이 있어야 할 것이다.

이러한 지원책들이 마련되지 않을 경우 국내의 영세업체들은 외국으로 팔려 나갈 수밖에 없다. 영화 쪽에는 음성적으로 들어온 일본계 자금이 상당하다는 것이 공공연한 비밀이다. 일본계 자금이 한국의 연예 기획사를 인수하려는 시도도 이어지고 있다. 게임 회사의 경우 이미 중국으로 팔리고 있다. 회사와 함께 원천 기술이나 노하우도 함께 빠져나가 국내의 소프트 산업을 위협하게 될 것이다.

3 신은 한국도 만들고 한국인도 만들었다

천혜의 부존 자원을 지닌 아르헨티나의 몰락을 두고 아르헨티나 사람들은 "신은 아르헨티나도 만들었지만 아르헨티나 사람도 만들었다."라고 자조한다. 아르헨티나와 달리 우리는 부존 자원이 거의 없다. 하지만 동시에 신은 한국 사람도 함께 만들었다. 비록 땅덩이도 작고 부존 자원도 별로 없지만 우리는 그 모든 것을 뛰어넘을 수 있다. 소프트가 여는 미래에는 우리도 우리가 하기에 따라 강국이 될 수 있다. 모두 다 힘내자. 아자, 아자!

제3의 길과 생산적 복지

김호기

'제3의 길'은 전후 서유럽을 주도해 온 제1의 길과 제2의 길을 넘어서고자 하는 기획이다. 제1의 길이 요람에서 무덤까지 이르는 복지 국가를 달성하고자 한 사회 민주주의의 기획이라면, 제2의 길은 시장에서의 자유를 극대화하고 국가의 간섭을 최소화하려는 신자유주의의 기획이다. 제3의 길은 제1의 길에 비교할 때 시장의 효율성을 강조하고 제2의 길에 비교할 때 사회적 평등을 부각하는 전략으로 새로운 변증법적 종합을 모색하고 있다. 이 제3의 길은 신자유주의를 제한적으로 도입함으로써 사회 민주주의를 갱신하려는 기획이라 할 수 있으며, 이런 문제 의식은 '급진적 중도, 새로운 민주 국가, 활발한 시민 사회, 민주적 가족, 신혼합 경제, 통합으로서의 평등, 적극적 복지, 사회 투자 국가, 세계주의적 민족, 세계적 민주주의'를 강조하는 제3의 길 어젠다에 구체적으로 반영되어 있다.

이 제3의 길은 다양한 하위 유형을 갖고 있다. 독일 사회 민주당 기본 가치 위원회는 서유럽의 제3의 길을 네 가지 형태로 나누고 있다. 영국 신노동당의 시장 지향적 모델, 네덜란드의 시장 합의 지향 모델, 스웨덴의 개혁된 복지 국가 모델, 프랑스의 국가 주도 노선이 그것이다. 이런 유형화도 의미가 있지만, 개별 하위 유형들이 갖는 특수성보다는 이들을 포괄하는 보편성을 주목할 필요가 있다. 오늘날 서유럽 정당들의 정치적 기획은 세계화에 대응하여 제3의 길로 점차 수렴하고 있다. 크게 보아 미국 클린턴 정부도 제3의 길에 속한다고 볼 수 있다면, 제3의 길은 현재 서구 사회를 대표하는 정치적 기획이라 할 수 있다.

적극적 복지는 구(舊)사회 민주주의와 제3의 길을 구분하고 제3의 길이 신(新)사회 민주주의 기획으로 불리게 된 핵심 의제 중 하나이다. 복지 국가는 전후 계급 타협이나 생활 안정을 위해 만들어진 것이지만, 최근 서구의 사회적 상황은 크게 변했다. 본래 복지 국가의 안전 장치는 인위적 위험보다는 외적 위험에 더 잘 대처하도록 고안된 것이었다. 하지만 이 복지 국가는 1970년대 이후 위기에 직면했는데, 특히 만성적으로 높은 실업률과 관료주의의 덫에 빠지게 되었다. 또한 복지 국가는 전통적으로 성 역할 모델에 기반을 두고 있기 때문에 여성들의 사회 참여를 결과적으로 제한해 왔다.

이런 점에 주목하여 영국의 사회학자 앤서니 기든스는 오늘날 서구 사회에서 빈곤에 대한 대응과 부의 광범위한 분배에 복지 국가가 더 이상 효과적인 모델로 보기 어렵다고 주장한다. 그에 따르면, 복지 국가가 예기치 않은 불행으로부터 사회적 약자를 보호하려는 '결과적인' 프로그램이며, 따라서 결과적인 프로그램이 아니라 '예방적인' 프로그램이 필요하다. 적극적 복지는 이에 대한 대안으로, 삶의 정치적 수단을 동원하는 데 중점을 두어 자율성과 개인적, 집단적 책임을 결합하는 것을 목적으로 하는 프로그램이다. 이 적극적 복지 정책에 따르면, 국가는 사회 보장 제도를 포함해 기존의 복지 제도를 고수할 것이 아니라 직업 훈련, 교육 개혁 등을 통해 새로운 고용 창출에 주력해야 하는, 다시 말해 '일할 수 있는 복지'를 창출해야 한다는 것이다. 교육은 이 적극적 복지의 중핵을 이루는데, 교육에 대한 투자는 무엇보다 '가능성의 재분배'를 위한 핵심 기반이기 때문이다.

적극적 복지 정책에 대한 평가는 현재 양분되어 있다. 한편에서는 교육을 강조하더라도, 복지 '국가'를 복지 '사회'로 재편하려는 이 정책이 사회적 약자의 복지를 약화하는 결과를 낳고 있다고 비판을 가한다. 적극적 복지 정책은 복지 공여의 기준을 강화하고 임금, 고용, 해고 등을 포함한 노동 시장의 경직성을 완화함으로써 대내적으로 노동의 시장 편입을 촉진하고, 대외적으로 상품 경쟁과 투자 유치에서 유리하다는 신자유주의 논리와 맞닿아 있다는 것이다. 하지만 다른 한편, 적극적 복지 정책은 세계화와 정보화 사회의 도래를 지켜볼 때 결코 작지 않은 현실적 의미를 갖는 전략으로 평가한다. 오늘날 세계 시장에서 노동력은 과잉 공급 상태이며, 따라서 완전 고용이라는 케인스주의적 이상은 더 이상 실현할 수 없다. 또한 정보화 사회의 도래와 이와 연관된 기술 혁신은 직업의 재구조화와 직업 훈련을 지속적으로 요구하고 있다. 이런 변화를 주목할 때 고전적 복지 국가 정책은 더 이상 유효하지 않으며, 적극적 복지가 새로운 대안적 프로그램의 의미를 갖는다는 것이다.

1 적극적 복지와 생산적 복지

제3의 길은 서구적 현상일 뿐만 아니라 세계적 현상으로 볼 수 있다. 서구 사회의 제3의 길이 구사회 민주주의와 신자유주의를 동시에 극복할 방안으로 모색하는 것이라면, 비서구 사회의 제3의 길은 국가 주도의 후발 산업화 전략과 시장 주도의 신자유주의 전략을 동시에 극복할 수 있는 모델로 자리매김할 수 있다. 한국 사회에서 제3의 길에 대한 관심은 매우 높은 편인데, 특히 김대중 정부의 발전 전략은 제3의 길의 한국적 버전으로 지목되기도 했다. 하지만 김대중 정부의 발전 전략은 기든스의 제3의 길보다는 오히려 1950년대 독일의 사회적 시장 경제 모델에 더 가깝다. 즉 제3의 길은 한국 사회의 전체 모델이라기보다는 부분적인 모델이었으며, 그것은 특히 생산적 복지에서 찾아볼 수 있다.

그렇다면 이 생산적 복지는 어떻게 평가할 수 있을까. 생산적 사회 복지의 약칭인 생산적 복지는 첫째, 사회의 가장 불우한 위치에 있는 사람들에게 기초 생활을 보장하고 둘째, 일과 인간 계발을 통한 자립·자조·자활을 지원함으로써 개인의 창의성이 발휘되고 국민 전체의 생산성과 복지가 동시에 향상되도록 하는 '시장 친화적 복지'를 의미한다. 간단히 말해 생산적 복지는 '생산에 기여하는 복지' 또는 '생산 참여를 통한 복지'라고 할 수 있다.

김대중 정부가 생산적 복지를 내건 이유는 두 가지이다.

첫째, 생산적 복지는 세계화에 대한 적극적 대응이다. 세계화는 기업 간 경쟁을 강화하고 이는 다시 고용 안정을 위협하며, 특히 투자의 탈국가화는 노동권의 기초라 할 수 있는 일할 권리를 더욱 약화시킨다. 문제는 시장으로부터 노동을 보호하는 데 주력해 온 전통적 복지 정책으로는 이런 상황에 대처할 수 없다는 점이다. 따라서 단순히 저임금 노동력에 기반을 둔 기존 일자리의 보호에 그치지 않고 세계사적 변화에 대응하여 인적 자원의 고급화를 통해 일할 권리와 기회의 확대를 추구해야 하는데, 이것이 바로 생산적 복지라는 것이다.

둘째, 생산적 복지는 기술 혁명에 대한 적극적 대응이다. 오늘날 컴퓨터 혁명과 결합된 정보화는 산업 구조를 제조업 중심에서 지식 산업 중심으로 재편하는 동시에 노동의 성격 또한 변화시키고 있다. 이제 고숙련의 전문 기술을 보유하지 못한 노동자는 일자리를 유지하기 힘들어지고, 그 결과 국가는 노동권을 보호하기 위해 변화된 노동 시장의 요구에 능동적으로 대처함으로써 일자리를 보존할 뿐만 아니라 새롭게 창출해야 한다. 일자리를 창출할 수 있는, 다시 말해 '일할 수 있는 복지'를 제공하는 국가 전략이 생산적 복지이다.

크게 보아 생산적 복지는 세 가지 정책으로 이루어져 있다.

첫째, 모든 국민이 빈곤선 이하에서 생활하지 않도록 정부는 국민 기초 생활 보장법을 제정하고, 이 제도에 따라 소득이 최저 생계비에 미치지 못하는 가구는 최저 생계비에서 부족한 만큼의 생계 급여를 정부로부터 지원받는다. 한편 근로 능력이 있는 저소득자에게는 자립할 수 있는 근로와 연계된 복지 프로그램이 제공되는데, 이들은 생계 급여를 받는 동시에 직업 훈련에 참가하거나 공공 근로 사업처럼 공익성이 있는 사업에 참가하게 된다.

둘째, 정부는 사회 보험 제도를 확충하고 내실을 갖추어 모든 국민을 질병, 노령, 재해 등 다양한 사회적 위험으로부터 제도적으로 보호한다. 이를 위해서 정부는 사회 보험 제도의 적용 범위를 전 국민으로 확대하는 동시에 사회 보장 제도의 급부와 서비스 수준을 향상시킨다.

셋째, 저소득층을 포함한 사회 취약 계층의 자활을 돕기 위하여 정부는 다양한 취업 방안을 마련한다. 이를 위해 구체적으로 정부는 보건, 복지, 환경, 교육 등의 공공 분야는 물론 중소 벤처 기업과 지식 산업을 육성해 새로운 일자리를 창출한다.

이 생산적 복지 모델은 제3의 길을 직접적으로 응용한 것이다. 앞서 지적했듯이 적극적 복지의 핵심 이념은 '일할 수 있는 복지'에 있으며, 구체적으로 영국 노동당이 제시한 복지 국가 개혁의 제1원칙도 "새로운 복지 국가는 일할 수 있는 사람들이 일할 수 있도록 돕고 장려해야 한다."라고 규정하고 있다. 블레어 정부가 추진한 뉴딜 정책은 적극적 복지 정책의 구체적인 사례라 할 수 있는데, 이는 청년 실업자나 장기 실업자 등 복지 의존층에게 취업을 전제로 생계 급여를 지급하는 전략이다. 요컨대 생산적 복지 정책은 적극적 복지 모델을 한국 사회 상황에 맞게 재구성한 것으로, IMF 경제 위기 이후 강화된 신자유주의 세계화에 대응해 새로운 방식으로 사회적 약자를 보호하려는 전략으로 볼 수 있다.

2 생산적 복지의 양면성

그렇다면 과연 이 생산적 복지 모델은 어떻게 평가할 수 있을까. 이에 대해서는 두 가지 상반된 견해가 맞서 왔다. 먼저 한편에서 생산적 복지 정책은 신자유주의 이념이 담겨 있는 정책이라는 견해가 제시되었다. 구체적으로 생산적 복지 정책은 저소득층에게 최저 생활 보장을 위한 생계 급여를 지급하되, 근로 능력이 있는 경우에는 국가가 제공하는 일자리에 취업하는 것을 전제로 하고 있는데, 이 정책은 저소득층의 생활 보장이라는 기존의 사회 복지적인 의미보다는 노동의 재숙련화와 유연성 확보를 통한 경제 효율성 증대라는 의미가 더 크다고 볼 수 있다. 이런 노동을 통한 복지는 노동의 상품화를 촉진하며, 결국 국민들이 자신의 생활을 점점 더 시장에 의존하도록 한다는 점에서 신자유주의적 복지 정책의 하나로 파악할 수 있다는 것이다.

하지만 다른 한편에서 생산적 복지 정책은 시장과 개인의 복지 책임을 강화하는 것이 아니라 국가와 사회의 책임을 강화한 국가 복지 강화 노선이란 견해가 제시되었다. 이 견해에 깔린 기본 시각은 생산적 복지만이 아니라 그 기저에 있는 복지 정책 전반을 평가해야 한다는 것이다. 보편주의적 사회 보험의 급격한 확대와 재편, 조합주의적 사회의 철폐, 의료 보험의 통합화 추진, 공적 연금에 자영업자 소득 비례제 적용 등의 정책을 보았을 때 김대중 정부의 복지 정책 기조는 국가 복지 노선의 강화로 나타난다. 생산적 복지가 김대중 정부의 사회 복지 정책의 부차적인 측면일 뿐이며, 신자유주의적 사회 안전망 역시 부분적인 현상이라는 것이 이 견해에서 주목할 만한 점이다. 이런 맥락에서 김대중 정부의 복지 정책을 명명하면, 일관적으로 복지 체제를 구성하는 논리가 없이 여러 체제의 특징들이 뒤섞여 있는 '혼합 모델'로 파악할 수 있다는 것이다.

생산적 복지를 둘러싼 이런 논쟁이 함축하는 바는 세 가지이다.

첫째, 김대중 정부의 생산적 복지 정책은 서유럽에서 추진된 적극적 복지 모델의 한국적 변형이다. '일할 수 있는 복지'를 추구한다는 점에서 적극적 복지와 생산적 복지는 일치한다. 생산적 복지 정책은 신자유주의적 성격이 두드러지지만, 그것은 세계화 시대에 복지 국가를 재구성하려는 불가피한 선택으로 보인다.

둘째, 유사한 정책인데도 적극적 복지 정책과 생산적 복지 정책이 추진된 배경과 조건은 사뭇 다르다. 영국의 경우 유연화가 강요되고 실업률이 증가하는 상황에서 전통적인 복지 정책이 더 이상 유효하지 않았다면, 한국의 경우에는 사회 복지 제도가 완전히 정착되어 있지 않은 상황 때문에, 높은 재정 부담을 요구하는 전통적인 복지 정책보다는 유연한 생산적 복지를 선호하게 된 것으로 보인다.

셋째, 생산적 복지는 김대중 정부가 추진한 복지 정책의 일부이지 전체를 포괄하는 것은 아니다. 김대중 정부는 적극적 복지를 전체적으로 도입한 것이 아니라 빈곤층 보호와 고용 창출을 위한 프로그램으로 생산적 복지를 부분적으로 활용했다고 볼 수 있다.

3 생산적 복지와 한국 사회의 미래

대체로 노무현 정부는 김대중 정부의 복지 정책을 계승하는 것으로 보인다. 사회적 양극화가 심화되는 가운데 사회 보험, 공공 부조 제도의 강화, 사회 서비스의 확충 등을 통해 전 국민에게 보편적 사회 보장 체제를 구축하고자 했으며, 근로 빈곤층을 위한 대책, 고령 사회를 위한 대책 등 시대적 변화와 요구에 걸맞은 정책 과제를 추진해 왔다. 하지만 청년 실업 대책 등 일자리 창출 정책은 그 성과가 상대적으로 미미하며, 과제들은 많이 제시되었지만 구체화된 것이 적은 편이다. 노무현 정부 복지 정책의 기조는 고용 창출을 통한 복지 확대보다는 공적 부조를 활성화하는 것에 맞추어져 있으며, 최근 동반 성장을 강조해 일자리 창출의 중요성을 새롭게 부각시키고 있다.

현재 한국의 복지 정책은 새로운 토대를 만들어 가는 중이다. 여기서 주목할 것은 복지 국가에 대한 서구의 경험과 우리의 경험 차이가 적지 않다는 점이다. 서구 사회의 경우 복지 비용의 증대에 따른 복지 국가의 경직성이 재정 압박을 낳고 경제 전반의 경쟁력을 약화시킨 반면에, 우리 사회는 소득 수준에 비해 사회 보장 제도는 상당히 후진적이며, 복지 비용 부담이 경제 전체 경쟁력에 장애 요소가 되고 있다고 보기 어렵다. 오히려 미흡한 복지 제도 때문에 사회적 약자들이 사회로부터 이탈을 강요받는 사회 통합의 위기를 경험하는 것이 우리의 현주소이다. 서구 복지 제도의 장점을 받아들이되 그 문제점은 되풀이하지 않으며, 나아가 세계화와 정보화 시대에 걸맞게 일자리 창출을 통해 복지 정책을 추진하려는 프로그램이 바로 생산적 복지 정책이라 할 수 있다. 따라서 정부는 사회적 약자들의 기초 생활에 대한 지원을 더욱 강화하고, 청년 실업 대책을 포함한 새로운 일자리 창출을 위한 다각적인 노력을 기울여야 할 것이다.

생산적 복지 정책은 박정희식 발전 국가 패러다임과 신자유주의 패러다임을 동시에 극복하는 대안적 발전 정책을 모색하는 시금석으로 볼 수 있다. 생산적 복지 정책은 이중적 측면을 갖는다. 세계화와 정보 사회가 가져올 충격에 적극 대응하는 현실주의적 전략이라는 평가와, 신자유주의적 노동 연계 복지에 불과하다는 평가가 공존한다. 시장의 활력과 사회적 정의 중 하나를 일방적으로 부정할 수 없다면, 이 둘을 어떻게 효과적으로 결합할 것인가는 세계 사회에서뿐만 아니라 한국 사회에서도 중대한 시대적 과제라 할 수 있다. 바로 이 점에서 생산적 복지 정책이 의미를 가진다.

자유와 인권

강원택

 2005년 7월 14일 서울 광화문에서 고등학생들의 촛불 시위가 있었다. 보기 드문 광경이었다. 시위의 목적은 학교에서 행하는 두발 단속을 '학생의 인권을 억압하는 비민주적 행위'로 규정하고 이에 항의하기 위한 것이었다.
 민주화 이후 과거 권위주의 철권 통치 아래에서처럼 인간의 기본 권리를 국가 권력이 일방적으로 침해하고 있지는 않지만, 고등학생들의 시위에서 알 수 있듯이 우리 사회에서 '자유와 인권'의 강조는 종종 사회적 갈등을 일으키는 원천이 되고 있다. 특히 개인의 자유와 인권 보장을 위해 전제되는 관용, 다양성, 상호 존중에 대한 사회적 인식이 충분하지 못하다는 점에서 이러한 갈등이 생겨날 가능성은 언제나 존재한다. 또한 민주화 이후 국가 권력으로부터 개인의 자유와 권리가 침해당하는 일은 크게 줄어들었지만 사회적인 전통과 관습, 집단으로부터 개인의 자유와 권리가 침해당하는 일은 여전히 심각한 문제로 남아 있다. 더욱이 급속한 정보화와 함께 과거에 경험해 보지 못했던 새로운 위협도 생겨나고 있다. 이러한 갈등은 개인의 자유나 인권을 강조하는 자유 지상주의적 관점과 사회적 질서와 전통적 가치를 중시하는 권위주의적 관점이라는 두 가지 상반된 가치의 대립이라고 할 수 있다. 자유·인권 대 권위·질서의 갈등에 대해서 살펴보기로 한다.

1 국가와 개인 : 영원한 긴장 관계

개인의 자유와 인권의 가치를 주창하는 자유주의는 근대 산업 사회의 주역으로 등장한 부르주아의 가치였다. 봉건 사회나 절대주의 국가에서 신분적 불평등에 의한 권리의 제약과, 법이 아닌 자의적 통제나 규제로부터 개인의 자유와 권리를 지켜야 한다는 의식의 발로였다. 부르주아가 주창한 이념은 자유주의라고 부를 수 있다. 이들의 자유주의를 정치적 자유주의와 경제적 자유주의로 구분하면 경제적 자유주의는 자유 방임적인 자본주의 경제를 지지하는 것이며, 정치적 자유주의는 경제적 자유주의를 제외한 자유주의의 모든 내용, 즉 사회적 의미에서의 만민 평등, 개인의 자유와 기본권의 보장, 관용, 국가 권력의 횡포를 막기 위한 법치주의와 민주주의의 지지 등을 말한다. 즉 자유와 인권에 대한 강조는 개인에 대한 국가의 자의적 통제를 막기 위한 이념적 방어막이라고 할 수 있다. 경제적 자유주의는 이후 케인스주의나 복지 국가의 등장 등 자유 방임적 자본주의 경제의 문제점을 극복하기 위해 변형과 재변형의 과정을 겪었지만, 자유와 인권으로 요약되는 정치적 자유주의는 지금도 여전히 자유 민주주의 체제의 핵심 가치로 남아 있다.

그런데 우리나라는 서구에서의 시민 혁명과 같은 역사적 단계를 거치지 않았고 자유와 인권의 가치 역시 외부로부터 이식된 자유 민주주의 체제와 함께 부여된 것이었다. 즉 역사적 투쟁을 통해 얻어낸 가치가 아니라 해방 후 동서 냉전의 국제 정치적 환경 속에서 미국 중심 체제에 편입되면서 당연한 가치로 그대로 주어진 것이었다. 그러다 보니 자유나 인권에 대한 우리 사회 내부의 진지하고 근본적인 고민이나 성찰이 부족했으며 자유나 인권은 '학습을 통해 익혀야 하는' 새로운 가치로 수용되었다.

더욱이 박정희 집권 이후 권위주의 독재 체제와 국가 주도의 급속한 경제 성장 정책을 추진하면서 개인의 자유와 권리 같은 자유주의 가치는 특별한 의미를 지닐 수 없었다. "자유가 밥 먹여 주냐."라는 식의 표현에서 드러나듯이 경제 성장과 근대화 추구를 위한 행정적인 신속성이나 효율성이 개인의 자유나 인권보다 항상 우선시되어 왔다. 행정 효율성만이 중시되던 시기에는 사법부나 국회와 같은 견제 기구가 제대로 작동할 수 없었고 민주적 절차에 따른 정책 결정은 기대할 수 없었다. 대통령이나 관료 등 국가가 결정하면 그것이 개인에게 어떤 결과를 가져다주든지 그 결정에 일방적으로 순응해야만 했다. 국가의 결정에 대한 저항은 권위주의 독재 체제를 뒷받침하는 물리적 기반인 국가 폭력에 의해 억압되었다. 따라서 자유 민주주의 체제에서 기본적인 권리로 받아들여지는 표현의 자유나 결사·집회의 자유 역시 검열과 통제에 의해 억압되었고, 이에 대한 저항은 고문이나 불법 감금 등 국가가 자행하는 폭력에 의해 억압받았다. 박정희 시대의 각종 긴급 조치나 유신 체제의 등장, 전두환의 철권 통치 아래에서 행해졌던 극심한 억압으로 인해 개인의 자유와 권리를 주창한 많은 양심적 인사들이 국가 폭력에 의해 희생되었다. 또한 자유에 대한 요구를 방종에 대한 우려를 강조함으로써 제한된 자유의 상태를 정당화하려는 이념적 공세도 계속되었다. 반공 이데올로기의 강조를 통해 자유와 인권에 대한 제약을 정당화하고자 했고 이와 같은 한국적 특수성에 대한 강조는 '한국적 민주주의'로 규정한 유신 체제에서 정점에 달했다.

1987년 민주화 이후 이러한 열악한 상황은 점차 개선되어 왔다. 특히 평화적인 정권 교체와 공정하고 자유로운 선거의 정착 등에 따라 한국의 자유와 인권 역시 커다란 진전을 이뤘다. 2004년 12월 22일 미국의 인권 단체인 프리덤하우스는 2005년 보고서에서 한국의 정치적 권리 등급을 2등급에서 최고 등급인 1등급으로 상향 조정했고 시민적 자유는 이전과 같은 2등급으로 평가하여 한국 자유 민주주의 등급을 1.5등급으로 종합 평가했다. 프리덤하우스는 한국의 정치적 권리 등급을 상향 조정한 중요한 이유로 고도로 정치화된 탄핵 조치에 뒤이어 치러진 자유롭고 공정한 선거를 통해 민주적 정치 과정이 강화되었고 이후 정치적 권리가 향상되었다는 점을 들었다. 프리덤하우스의 이러한 평가는 이제 우리 사회의 정치적 자유와 인권 상황이 국제적 기준에서 볼 때도 크게 개선되었다는 점을 확인해 주는 것이라고 할 수 있다.

그러나 민주화 이후에도 사회적 인식의 부재와, 권위주의 정권의 억압 같은 과거의 역사적 경험에서 남은 잔재들은 여전히 우리 사회에서 자유와 인권의 발전을 제약하고 있다. 예컨대 앞서 지적한 프리덤하우스의 평가 결과에서도 우리나라의 시민적 자유 등급은 여전히 2등급을 유지하고 있다. 그 이유에 대해 프리덤하우스는 국가 보안법의 존속으로 인권 침해가 제도적으로 존재하고 있다는 점을 지적했다. 국제적 기준에서 볼 때 개인의 자유와 인권의 침해 가능성이 크다고 하는 국가 보안법에 대해 정작 우리나라에서는 그 개폐를 둘러싸고 2004년 말 보았듯이 정치적·사회적으로 커다란 논란이 일어났다. 과거 역사의 경험이 오늘날에도 여전히 개인의 자유와 인권을 제약하는 요인으로 작용하고 있음을 잘 보여 주는 사례이다.

프리덤하우스의 평가와 관련하여 또 한 가지 지적할 점은 우리보다 민주화의 출발이 다소 늦었던 폴란드, 헝가리, 체코, 슬로바키아, 에스토니아와 같은 구사회주의권 동유럽 국가들은 종합 평가에서 최고 등급인 1.0을 받았다는 사실이다. 이는 물론 이들 국가가 유럽 연합 가입을 위한 사전 조건인 민주주의와 인권의 개선 조건을 받아들였던 덕분이지만, 자유와 인권에 대한 우리의 발전 정도가 세계 신생 민주주의 국가들 가운데서 가장 앞서 나간다고 할 수 없다는 사실을 깨닫게 해 준다.

이처럼 법적·제도적 측면에서 우리 사회는 아직 완전한 자유와 인권의 보장이 이뤄지지 않고 있는 형편이지만, 지금까지 우리 사회에서 진전되어 온 자유와 인권에 대한 개선 노력은 노골적이고 야만적인 국가 폭력으로부터 최소한의 자유와 권리를 쟁취하기 위한 소극적이고 제한된 의미의 투쟁이었다고 할 수 있다.

그러나 민주주의가 우리보다 발전한 국가에서도 개인의 자유, 인권과 국가 간의 갈등은 여전히 존재한다. 국가가 개인 정보에 대해 많이 알면 알수록 행정적 효율성은 커질 수 있다. 만일 모든 통화 내역을 국가가 다 감청할 수 있다면 범죄 발생 건수를 놀라울 정도로 줄일 수 있을 것이다. 범죄자의 검거도 무척 쉬워질 것이다. 또한 만일 모든 도로에 5미터마다 과속 및 교통 법규 위반을 확인할 수 있는 감시 카메라를 설치한다면 교통 사고를 크게 줄일 수 있을 것이다. 마찬가지로 국가가 개인의 금융 거래 내역을 모두 파악한다면 탈세를 비롯한 여러 가지 금융 사고를 막는 데 도움이 될 것이다. 그러나 그만큼 개인의 자유와 인권은 침해될 수밖에 없다. 국가의 행정 편의주의와 개인의 자유·인권은 이처럼 상호 갈등적인 속성을 지니고 있다. 그런데 사회가 복잡해지고 발전할수록 국가가 개입할 여지가 계속 늘어난다는 점에서 문제의 심각성이 존재한다. 단지 검찰에서 잠을 안 재우고 수사하는 식의 과거의 인권 침해 수준을 넘어, 계좌 추적이나 통화 내역 조회 등 개인 생활에 대한 국가의 감시, 그리고 스마트 카드 도입이나 주민 등록증 지문 날인, 생체 정보 같은 개인 정보에 대한 국가의 통제 관리 등이 점차 일반화되고 있다. 개인의 자유와 인권을 야만적이고 폭력적으로 억압했던 과거에 못지않은 새로운 형태의 위협이 여전히 우리 곁을 배회하고 있다.

2 정보화와 새로운 위협

자유와 인권은 근대적인 개념이지만 시대의 변화에 따라서 그에 대한 위협과 도전은 항상 새롭게 제기되고 있다. 특히 최근 급속하게 진행되는 정보화는 개인의 자유와 인권에 대한 새로운 도전이 되고 있다. 정보화가 개인의 자유와 인권과 관련하여 제기하는 위험은 개인 정보와 프라이버시에 대한 국가의 개입과 기술 발전에 따른 국가 감시의 증대 가능성이다.

정보화의 진전은 감시 카메라나 도청, 감청의 단순한 수준을 넘어, 개인의 자유와 권리에 대한 보다 심각한 위협이 되고 있다. 2003년 사회적으로 커다란 논쟁을 불러일으켰던 교육부의 교육 행정 정보 시스템(National Education Information System, 이하 NEIS로 쓴다)의 도입 문제를 예로 들어 보자. 이 시스템의 도입을 우려하는 이들은 NEIS의 도입이 전자 정부라는 명분하에 국가가 수집하고 있던 개인 정보를 통합 전산화하려는 것이므로 국민들은 더 이상 국가에 자신의 정보를 내주는 것을 거부하고 자기 정보 통제권과 프라이버시를 지키기 위한 노력을 해야 한다고 주장했다. 이들은 전자 정부의 구축을 통해 국가는 개인 생활에 대한 모든 정보를 확보할 수 있게 되고 그것은 결국 개인에 대한 국가의 통제 가능성을 확보하는 것으로 간주했다.[1]

이들의 주장이 다소 과장된 것일 수도 있지만, 정보 통신 기술 발전으로 인해 국가가 축적한 개인 정보가 잘못 활용되는 경우 이들의 우려처럼 개인의 자유와 인권에 매우 커다란 위협이 될 수 있다. 개인 정보가 통합되는 추세인 만큼 특정 목적을 위해 수집된 정보라고 해도 단지 그 목적에만 국한되지 않고 다른 목적에도 악용될 가능성도 있다. 예컨대 의료 보건 목적으로 유전자 정보를 수집했더라도 병역이나 취업 또는 보험 가입 등에서 자신도 모르게 그 정보로 인해 불이익을 당할 수도 있다. 행정적 효율성만을 추구하던 과거 우리의 역사에서 개인의 자유와 인권이 무시되었던 것처럼 이제는 정보화를 통한 효율성과 신속성의 추구가 또 다른 형태의 위협이 되고 있다. 즉 국가가 개인의 프라이버시나 자유, 권리를 침해할 가능성이 커지는 것이다.

국가가 마음만 먹으면 다음과 같은 가상 상황도 얼마든지 가능하게 되었다. 예컨대 불법으로 규정한 반정부 시위가 예정되어 있을 때, 과거에는 경찰이 시청 앞에 모인 집회 군중을 감시하기 위해 불심 검문을 하고 사복 경찰을 동원했지만, 이제는 그럴 필요 없이 그저 시청 앞에서 잡히는 휴대폰 위치 정보만을 수집하면 이들의 신원을 자동으로 파악해 낼 수도 있다.[2] 얼마 전 인터넷 실명제가 논란이 되기도 했지만 사실 익명으로 글을 쓴다고 해도 IP 추적을 통해 그것이 누구의 글인지 밝혀낼 수 있는 상황이 되었다. 스마트 카드 역시 생활을 편리하게 할 수는 있지만 개인의 신상과 활동 내역에 대한 정보 기록이 모두 남아 있게 되므로, 그 정보가 잘못 활용되면 그 사람이 언제 어디에서 무엇을 했는지, 어디를 다녔는지, 무엇을 샀는지 하는 것까지 모두 밝혀낼 수 있다. 영화 「마이너리티 리포트」에서처럼 어떤 상점에 들어가기만 해도 그 사람의 신분이 자동으로 파악되는 일은 이제 영화 속에서만 가능한 일이 아니다. 따라서 인터넷 등 정보화의 급속한 발전과 인공 위성 등 과학 기술의 발전은, 조지 오웰의 소설 『1984년』에서 묘사된 '빅 브라더'의 일상적 감시 체제를 오히려 용이하게 만들었다고 할 수 있다. 개인의 모든 정보 기록이 남아 있기 때문에 그 정보를 통제할 수 있는 위치에 있다면 그 개인 역시 손쉽게 통제할 수 있게 될 것이다.

미셸 푸코는 이와 같은 개인의 자유와 권리에 대한 국가 등 외부 감시의 가능성에 대해 제레미 벤덤이 말한 원형 감옥, 즉 판옵티콘을 통해 그 심각성을 제시하고 있다. 판옵티콘은 간수가 있는 중앙의 감시 공간은 어둡고, 죄수가 있는 곳은 밝게 만들어 간수만이 죄수를 볼 수 있고, 죄수는 간수의 존재 자체를 알지 못하도록 한 원형 감독이다. 즉 푸코가 말하는 판옵티콘은 직접적인 감시와 통제를 통한 복종의 강요가 아니라 감시당하고 있다는 사실을 인식시킴으로써 복종의 내면화를 이끌게 되는 것이다. 정보화의 발전을 통해 푸코가 지적하는 판옵티콘의 감시 원리가 사회 속에 일상적으로 스며들 수 있게 되었다는 데서 정보화로 인한 개인의 자유와 인권에 대한 위협의 심각성이 나타나는 것이다. 자신은 인식하지 못하는 사이에 누군가가 자신을 감시하고 있다고 생각하면 개인의 행동은 위축될 수밖에 없다.

그런데 정보화의 위협이 더욱 심각한 것은 예전에는 개인의 자유와 인권에 대한 도전이 주로 국가를 통해 제기되었다면, 정보화의 발전과 함께 이제는 도처에서 누구나 그러한 위협을 줄 수 있게 되었다는 점 때문이다. 실제로 정보화의 발전은 국가 이외에도 기업이나 해커와 같은 민간 영역에서의 개인의 자유와 인권에 대한 침해 역시 가능하게 하고 있다. 이미 인터넷상에서는 주민 등록 번호나 휴대 전화 번호 같은 개인 정보가 함부로 유출·거래되고 있으며 심지어 금융 관련 정보도 흘러 나가고 있다. 더욱이 인터넷이나 휴대 전화뿐만 아니라 소형 카메라나 휴대 전화 내장 카메라 등으로 인한 '몰래 카메라'의 문제 역시 정보화가 개인의 자유와 권리에 심각한 위협이 될 수 있음을 보여 주는 사례이다.

이처럼 정보화의 발전이 가져다주는 결과는 양면적이다. 정보화는 편리와 신속함, 효율성을 가져다주지만 동시에 정보화 시대에 개인의 자유와 권리는 국가뿐만 아니라 기업이나 일반인들에 의해서도 심각하게 위협받을 수 있게 되었다. 예컨대 휴대 전화를 통한 위치 추적은 길을 잃은 어린이를 찾는 데 큰 도움을 줄 수 있지만, 동시에 어느 대기업에서 노조 직원들의 움직임을 파악하기 위해 이들의 휴대 전화 위치를 비밀리에 지속적으로 추적해 온 사건에서 드러난 것처럼 개인의 자유와 권리에 대한 심각한 위협으로 이어질 수 있다. 우리나라처럼 정보화의 발전이 세계적으로 앞서 나가고 있는 곳에서는 정보화로 인한 개인의 자유와 권리에 대한 침해의 가능성에 대해 더욱 깊은 성찰이 요구된다. 앞서 지적한 대로 자유와 인권을 둘러싼 개인과 국가의 갈등은 언제 어디서나 존재한다. 정보화로 인해 개인 정보에 대한 국가 관리가 더욱 늘어나는 추세인 만큼 개인의 프라이버시와 인권을 지키기 위한 법적·제도적 장치의 구현이 더욱 절실한 시점이다.

3 보다 성숙한 우리 사회의 자유와 인권의 구현을 위하여

그동안 한국 사회는 제도화된 측면에서는 민주주의의 발전과 함께 개인의 자유와 인권에 있어서 적지 않은 진전을 이뤄 왔다. 하지만 아직도 우리 사회에서 이에 대한 사회적 인식의 정도는 그리 높다고 할 수 없다. 정치적 자유주의의 핵심 가치라고 할 수 있는 다양성에 대한 인식, 상대방의 권리에 대한 존중, 사회적 관용을 기준으로 우리 사회를 바라보면 아직도 가야 할 길이 멀다고 할 수 있다.

근대 시민 사회가 등장했을 때 사실 자유와 인권의 가치는 부르주아라고 하는 특정 계급의 향유물이었지만 이후 점차 그 대상이 확대되어 왔다. 유엔 헌장에서도 인종, 성, 언어, 종교와 무관하게 인간의 기본적 권리를 존중하고 준수하도록 규정하고 있고 이러한 정신은 이후 각종 국제 조약을 통해 거듭 확인되어 왔다. 근대 이후 민주주의의 발전사는 이러한 개인의 자유와 권리가 보다 많은 이들에게로 확대되는 과정이라고 볼 수도 있다. 20세기를 전후하여 소득이나 신분 계층의 장벽을 넘어섰고 이후 1960년대 이후 성, 인종에 따른 차별도 크게 완화되었다. 2000년대에 들어서면서는 소수 인종에 대한 관심이 높아지면서 캐나다, 오스트레일리아, 뉴질랜드 등에서 백인 이주민들이 과거 그 지역 원주민에 대해 행한 폭력과 억압에 대한 반성과 함께 불평등을 시정하려는 노력도 나타나고 있다.

그러나 우리나라에서는 국제적 수준에서 볼 때 아직 개인의 자유와 권리 보호의 기반이 되는 사회적 관용이나 상대방의 권리에 대한 존중 의식은 많이 부족하다고 할 수 있다. 그동안 진전이 적지 않았지만 전통과 관습으로 인한 사회적인 차별과 배제는 개인의 자유와 권리가 우리 사회에서 보편적으로 누리는 가치가 되지 못하게 하고 있다. 예컨대, 얼마 전 오랜 쟁점이었던 호주제 문제가 해결되었지만 최근까지도 우리나라에서는 여성들은 정치적·사회적으로 공정한 권리를 부여받지 못했다. 가족 제도뿐만 아니라 취업이나 승진에서 여성이라는 이유로 불이익을 강요받았고 사회 활동에서도 자유로운 선택이 제한되어 왔다. 여성뿐만 아니라 장애인, 빈민과 같은 사회적 약자들 역시 자유와 권리의 행사라고 하는 측면에서 제도적으로 불이익을 강요받고 있는 것이 현실이다.

그러나 한국 사회가 경제적으로나 문화적으로 세계 사회에 기여하는 정도가 커지고 있다는 점을 고려할 때 자유와 인권이라는 보편적인 가치에 대한 인식 역시 국내적인 편협함을 넘어 국제화할 필요가 있다. 세계화의 시대를 이야기하고 국제적 표준을 강조하지만, 인종적으로나 문화적으로 동질적인 우리 사회는 외부인에 대해서 매우 배타적이다. 재일 교포에 대한 일본인의 차별을 비난하고 미국이나 멕시코 등 이주민들이 겪었던 설움을 가슴 아파 하면서도 정작 우리 사회에 들어와 있는 외부인에 대한 포용력은 매우 부족하다. 우리나라에 들어와 있는 많은 외국인 노동자의 인권이 침해되고 이들에 대한 불법적인 억압도 자행되지만 사회적인 관심은 아직 매우 낮다. 피부색이나 언어가 다른 외국인 노동자들의 인권은 더 말할 것도 없을지 모른다. 인종적으로나 문화적으로 우리와 다른 외국인 노동자의 문제 이전에 중국의 조선족 교포나 탈북해서 내려온 우리 동포들과 같이 동질적인 언어, 혈연을 가진 집단에게도 사회적 차별은 존재한다. 이들의 개인적 자유와 권리가 박탈당하는 일이 생겨도 우리 사회는 그다지 관심을 두지 않는다. 앞에서 지적한 대로 정치적 자유주의의 핵심은 "나의 자유와 권리가 소중한 만큼 남의 자유와 권리도 존중한다."라는 관용과 다양성의 존중이다. 우리 사회가 보다 성숙한 민주주의 사회로 나아가기 위해서는 내부적으로 계급적·종교적·지역적 경계를 넘어서야 하며, 대외적으로 인종적·언어적·문화적 경계를 넘어서야 한다.

자유와 인권의 강조는 우리 사회의 민주주의의 성숙이라는 추상적인 가치뿐만 아니라 사회 경제적 발전과 국제적인 영향력의 증대를 위해서도 중요한 일이다. 자유는 창의력의 근본이다. 세계화 시대의 국제적인 경쟁에서 살아남기 위해서는 보다 창의적이고 새로운 사고가 필수적이다. 그러한 자유로운 생각이 신제품이나 새로운 기술의 발명으로 이어지고 참신한 디자인으로 구현되는 것이다. 아시아를 넘어서고 있는 우리의 문화적 힘인 한류 역시 억압적이고 폐쇄적인 군사 정권 시절에서는 생각하기 힘든 일이었다. 따라서 우리의 경제를 더욱 발전시키기 위해서라도 개인의 자유와 권리가 구속받지 않도록 하는 일은 대단히 중요하다.

또한 이러한 가치의 존중은 국제 정치에서 우리의 영향력 증대를 위해서도 중요한 일이다. 군사적 강국에 둘러싸인 우리나라가 현실적으로 군사력에 의존한 경성(硬性) 정치 영역에서 국제적으로 영향력 있는 행위자가 되기란 쉽지 않아 보이며 규범적으로도 그리 바람직해 보이지 않는다. 설사 그 일이 가능하다고 해도 지역 국가 간 군비 경쟁의 가속과 긴장의 고조라는 부정적인 결과로 이어지기 쉽다. 그러나 자유와 인권과 같이 지구촌 사회의 어느 누구도 부정할 수 없는 가치를 강조하는 일은 우리의 국제적 위상을 높이는 데 커다란 도움이 될 것이다. 핀란드나 스웨덴 등 인구가 1000만 명도 되지 않는 북구의 작은 나라들이 국제 정치에서 목소리를 높일 수 있는 것은 바로 이와 같이 국내는 물론이고 국제 사회의 자유와 인권이라는 보편적 가치의 수호자로 자임하기 때문이다. 이들처럼 우리도 가깝게는 북한 인권 상황에 대한 개선의 노력에서부터 정치적 난민의 수용, 고통이나 어려움에 처한 외국에 대한 인도적 지원의 확대 등을 통해 우리가 국제 사회에 기여할 수 있는 일이 수없이 존재한다. 이를 위해서 자유와 인권이라는 인간의 근본적 가치의 소중함과 이를 고양하려는 우리 사회 구성원의 인식 변화가 무엇보다 절실히 요구되고 있다.

꿈으로서의 통일에서 현실로서의 통일로

이남주

1 21세기 한반도 지도는?

1) 근대 150년 동안 한반도 지도의 변화

1991년 남과 북이 서로 다른 국호로 UN에 가입하면서 한반도에서는 국제법적으로 두 개의 주권 국가가 존재한다. 국제법적으로는 두 개의 국가이지만, 한반도 내의 관계에서 보면 남과 북 모두 국가와 국가의 관계가 아니라 하나의 국가라는 원칙을 계속 유지하고 있다. 그러나 21세기 내내 이런 비정상적 상태가 계속 유지될 것이라고 보기는 어려우며 어떤 방식으로든 한반도 지도가 변화할 가능성이 매우 높다. 150여 년의 근대사에서만도 한반도의 지도가 계속 바뀌었다는 사실을 고려하면 현재 지도가 영속하리라고 믿는 것은 어리석어 보인다.

역사적으로 볼 때 한반도 지도는 북방 한계선이 어떻게 그어지느냐에 따라 변화하였다. 우리 민족의 북방 한계선은 고구려가 존재하던 시기에는 만주 지역을 넘어 존재하였으나, 신라에 의해서 삼국 통일이 이루어진 후 가장 남쪽으로 밀려 내려왔고, 통일 신라 이후 점진적으로 북상하면서 조선 시대에 이르러 대체로 현재의 위치에 자리를 잡았다.

근대화의 도전에 직면한 조선 후기부터는 북방 한계선 자체에는 커다란 변화가 없었으나 그 한계선 내에서 복잡한 변화가 계속되었다. 근대화의 시작과 더불어 중국과 종속 관계를 청산하고 명실상부한 독립 국가를 지향하였던 대한 제국은 일본의 식민지로 전락하였으며, 일본 제국주의의 패망에 따라 한반도는 새로운 독립 국가의 꿈을 가지게 되었으나 이 역시 이념 대립이 초래한 비극적 전쟁과 분단으로 좌절되었다. 최근에 이르러서야 국제 정세와 남북 관계의 변화로 한반도에서는 새로운 변화의 용틀임이 시작되고 있다.

이처럼 근대사에서 한반도의 구조적 변화가 약 50년을 주기로 반복되고 있는 것은 단순한 우연인가, 아니면 어떤 피할 수 없는 운명과 같은 힘이 작용하는 것인가?

2) 미완성으로 남은 독립 국가의 꿈

조선은 청과 조공 관계를 매개로 하는 위계 서열적 관계는 있으나 정치적 자주성은 훼손받지 않았던 전통적인 종번 관계를 유지하였다. 그러나 19세기 중반부터 본격화된 서구 열강의 동양 진출로 근대화의 물결이 몰아쳤으며, 조선과 청의 전통적 관계도 새로운 도전에 직면하였다. 특히 영국, 미국, 러시아와 함께 새로운 강대국으로 부상하고 있던 일본은 조선에 대한 청조의 통제권을 무너뜨리고 한반도에 교두보를 만들고자 하였다. 일본은 조선과 1876년 강화도 조약을 맺으면서 조선에 대한 청의 종주권을 포기할 것을 요구하였다.

이러한 국제 정세의 변화에 따라 조선 문제가 청 외교 정책의 중요한 쟁점으로 부상하였다. 우선 청은 자신의 한반도에 대한 영향력이 약화되는 것을 우려하여 1882년 임오군란을 계기로 조선에 직접 출병하고 서울에 군사를 주둔시키기 시작하였다. 당시 청조에서는 조선 정책과 관련해서 다양한 의견이 제출되었다. 대표적인 의견으로 조선을 청의 지방 정부로 편입시키자는 것, 관료를 파견하여 조선의 정치, 외교, 군사를 총괄시키는 것, 그리고 중국·일본·러시아의 공동 관리하에서 중립화하는 것 등이 있다. 당시 리훙장 등 청의 실력자들은 조선에 대한 영향력을 상실하고 싶지는 않지만 그렇다고 조선을 통합할 능력도 없다고 판단하여 형식적으로는 전통적인 종번 관계를 유지하는 것을 기본 방침으로 삼았다. 다만 다른 열강의 영향력 확대를 견제하기 위해 서른 살이 안 된 위앤스카이를 파견하여 조선의 경제, 외교, 정치에 대해 광범위한 개입을 시작하였다. 그러나 1894년 발발한 청일 전쟁에서 청이 패배하면서 청조와 조선의 전통적인 종번 관계와 청조의 조선에 대한 종주권은 부정되었다.

이와 동시에 조선 내에서도 근대적 독립 국가를 건설하기 위한 움직임이 진행되었다. 1884년 김옥균이 주도한 갑신 정변은 지나치게 일본에 의존한 결과 3일 정변으로 끝났으나 조선 내에서 형성되고 있었던 새로운 흐름을 잘 보여 주는 것이었다. 조선 왕조도 1897년 국호를 대한 제국으로 바꾸면서 독립 국가의 꿈을 키우고 있었다. 그러나 이러한 변화는 한반도를 청조로부터 분리시키려는 목적을 가졌던 일본의 용인하에서 진행된 것이며, 청일 전쟁과 러일 전쟁에서 승리한 일본은 한반도 지배에 대한 야욕을 드러내고 1905년 을사보호

조약 체결과 1910년 한일 합방을 강요하며 한반도를 식민지로 전락시켰다.

3) 이념 대립에서 분단 체제로

1945년 일본 제국주의가 패망하면서 한반도에 다시 기회가 찾아왔다. 그러나 이 기회는 1945년에서 1953년에 이르는 비교적 짧은 시간을 거치면서 전쟁과 분단으로 귀결되었다. 1948년 38선 이북과 이남에 단독 정부가 수립되고, 1950~1953년의 한국 전쟁을 거쳐 분단 체제가 성립되면서 한반도에 통일된 독립 국가를 건설하는 과제는 미완성으로 남았다.

그 가장 중요한 원인은 일제의 패망이 민족 내부 역량에 의해서 쟁취된 것이 아니라 제2차 세계 대전에서 미국, 영국, 소련 등의 연합국들이 독일, 이탈리아, 일본 등 파시즘 세력에 승리를 한 결과로 이루어진 데 있었다. 독립을 위한 우리 민족의 노력이 없었던 것은 아니지만 한반도에 진출한 미국과 소련이라는 전승국들의 힘에 비하면 이들의 힘이 너무나 미약한 것이었다. 일본 패망 이후 38선을 경계로 일본의 무장을 해제하고 과도기를 관리하기 위해 남은 미국이, 북은 소련이 주둔하게 되는데 미국과 소련이 이념적 차이를 배경으로 새로운 대립 관계로 나아가자 38선은 곧 분단선이 되었다. 여기에 한국 전쟁은 분단의 상처를 더욱 깊게 만들었다. 한국 전쟁의 결말도 사실상 미국이 주도하는 자본주의 진영과, 소련과 중국이 주도하는 사회주의 진영 사이의 힘의 균형을 반영하는 것이었고, 한국 전쟁은 한반도 내에서 상당한 적대감과 증오감을 형성시켜 분단 체제를 더욱 공고하게 하는 결과를 초래하였다.

이러한 분단 체제가 최근까지 남과 북의 정치·경제 발전에 얼마나 커다란 굴레가 되었는지는 특별히 설명할 필요가 없을 것이다. 다만 남과 북에서 정치적 기득권 세력이 분단과 남북 관계를 자신의 정치적 이익을 증가시키는 데 활용하였던 점은 통일 문제를 단순히 정권의 일이라고 맡겨 놓을 수는 없으며 민간이 적극적 역할을 할 필요가 있다는 점을 일깨워 주었다. 그리고 분단 체제의 제약에도 남한의 경우 세계 시장을 효과적으로 활용하여 주목할 만한 경제 발전을 이룩하였고, 이를 통해 한반도의 분단 체제를 주체적으로 극복할 수 있는 기틀을 만들었다는 점은 중요한 의미가 있다.

4) 흔들리는 분단 체제

40여 년 동안 강력하게 유지되던 분단 체제는 1990년대에 들어서면서 균열의 조짐을 보이고 있다. 분단 체제의 동요는 외부적 요인과 내부적 요인이 결합되어 출현한 것인데 분단 체제의 성립에 외부 요인의 영향이 컸던 탓에 변화의 일차적 계기는 외부에서 제공되었다. 1990~1991년 사이에 발생한 소련 및 동구 사회주의 국가의 갑작스러운 붕괴는 북한의 생존 공간을 크게 축소시켰다. 북한은 안보적인 측면에서 후원자를 상실함에 따라 한반도에서 군사적 균형이 급격하게 무너지는 것을 우려하지 않을 수 없었다. 동시에 사회주의 국가들과의 경제적 분업 관계가 붕괴됨에 따라 국제 사회에서 경제적 고립도 심화되었다. 소련 붕괴 이후 새로 등장한 러시아는 북한과 물물 교환식의 구상 무역을 단절하고 에너지 공급에 대해서 달러 등의 경화 결제를 요구하여 북한 경제에 심각한 타격을 주었다. 무엇보다도 커다란 문제는 소련 및 동구 사회주의 체제의 붕괴가 북한이 추구하였던 발전 모델의 실패를 의미하였다는 점이다.

　반면 남한에서는 경제 발전과 민주주의를 이룩하면서 한반도에서 새로운 변화가 시작될 수 있는 기반을 구축하였다. 물론 남한에서도 분단 체제의 동요는 여러 가지 새로운 문제를 일으키고 있다. 과거에는 절대적 가치로 간주되었던 반공 사상이나 한미 동맹이 논쟁의 대상이 된 것이 대표적인 예이며 새로운 상황에 부합하는 국가 전략을 수립하는 것이 당면한 과제가 되었다. 그러나 남한에서 21세기 한반도 지도를 채울 콘텐츠가 만들어지고 있다는 점은 중요한 의미가 있다. 과거 우리가 내적 준비가 없는 상황에서 갑자기 개화를 요구받거나 해방 공간을 맞이하여 가치적인 측면에서나 실질적인 측면에서 모두 외부의 자원에 의존하여 대응할 수밖에 없었던 것과는 커다란 차이를 만들었기 때문이다.

　이제 21세기 한반도의 새로운 지도는 20세기 초반의 제국주의와 반제국주의, 20세기 중반의 사회주의와 자본주의의 대립 구도에 의해서 결정되는 것이 아니라 우리가 어떻게 분단 체제를 넘어설 것인가에 의해 결정될 것이다.

2 통일은 꿈이 아니라 현실이다.

1) 통일만이 살 길인가?

　분단 속에서도 통일은 민족의 지상 과제라는 믿음과, 통일이 우리 민족에게 발전과 도약의 새로운 기회를 제공해 줄 것이라는 기대는 항상 높았다. 과거 민주화 운동 과정에 거리에서, 대규모 집회에서 항상 「우리의 소원은 통일」이라는 노래가 불렸으며 그 장면은 매우 감동적이었다. 그렇다고 당시에 통일의 구체적 모습이 그려졌던 것은 아니었지만, 막연히 분단된 민족이 하나가 되는 꿈을 꾸는 것만으로 사람들의 감정이 움직이고 하나가 될 수 있었다. 이는 근대사에서 좌절된 꿈이 통일이라는 새로운 꿈으로 전환된 탓이라고 할 수 있다.

통일이 사람들의 감정을 움직일 수 있었던, 또 하나의 현실적인 원인은 분단 체제에서 기득권을 향유하였던 세력에 대한 거부감과 관련이 있다. 이승만 정부 이후 남한의 반민주적 정치 체제는 항상 분단과 반공으로부터 자신의 존재 이유를 찾았으며 민주주의와 인권에 대한 억압에 항상 반공 논리가 동원되어 왔다. 독재 체제하에서 국가 보안법은 대부분 국가와 체제가 아니라 정권을 보호하는 수단이 되었다. 이는 역으로 정권에 대한 반대를 체제에 대한 반대로 만드는 결과를 초래하기도 하였다.

이러한 상황에서 통일은 암울한 정치적·사회적 현실을 일거에 바꿀 수 있는 구원의 메시지로 존재하였던 것이다. 따라서 한국 현대사에서 반독재 민주화 운동은 항상 통일 운동으로 발전하였다. 4·19 혁명 직후 「가자 북으로 오라 남으로」라는 구호 아래 진행되었던 통일 운동과 1987년 6월 민주화 운동 이후 학생들을 중심으로 다양한 형태로 통일에 대한 열망과 요구가 표출된 것이 그 대표적인 예이다. 이 경우 통일은 한국 정치의 어두운 측면을 완전히 소멸시킬 수 있는 희망의 등불이었다. 당시 통일에 대한 요구는 분명한 미래상에 기초한 것이 아니라 현실에 대한 저항의 일환이라는 성격이 강했다.

2) 꿈에서 현실로 내려온 통일

그러나 1990년대 들어 분단 체제의 균열이 시작되면서 통일에 대한 낭만적 태도는 약화되고 있다. 무엇보다도 통일이 유토피아적 꿈이 아니라 우리가 경험적으로 겪어야 하는 과정이 되면서 통일의 다양한 현실적 측면에 대한 관심을 가지게 되었기 때문이다.

1989년에서 1990년 사이에 진행된 독일의 통일 과정은 통일이 "피는 물보다 진하다."라는 식의 단순한 민족주의적 이데올로기만으로는 해결할 수 없는 많은 문제들을 가져온다는 것을 생생하게 보여 주었다. 무엇보다도 통일은 경제적으로 엄청난 비용이 들었다. 독일이 통일을 위해 지불한 비용이 얼마나 되는지를 정확하게 추산하기는 어렵지만 독일은 1989년 이후 매년 GDP의 5~10퍼센트의 통일 비용을 지불하고 있다는 주장도 제기된 바 있다. 또한 구동독 주민에 대한 차별, 경제적 격차, 실업률 증가로 인한 사회적 갈등도 결코 작은 문제는 아니었다.

게다가 한반도에서 독일식 통일이 이루어질 경우 남한이 통일을 위해 져야 할 부담은 독일의 경우보다 더욱 클 것이라는 예측이 제기되고 있다. 과거 서독은 동독에 비해 네 배가 많은 인구를 가지고 있었으나 남한은 북한에 비해 두 배가 조금 넘는 인구를 가지고 있으며 또한 북한 경제가 구동독보다 더욱 어려운 처지에 있다는 것이 그 근거로 제시되고 있다. 현재 남한의 1인당 GDP는 1만 달러 수준에 달하나 북한의 경우는 1000달러에도 못 미치는 상황이다. 즉 통일은 상당한 희생을 감수하여야 한다는 점이 분명해지면서 통일에 접근하는 태도도 변화하지 않을 수 없었다.

즉 감성적인 차원에서는 이산 가족의 만남을 보고 가슴 아파하고,

국제 스포츠 무대에서 북한 선수의 선전을 기원하는 등 통일의 꿈은 살아 있지만 통일을 위해 경제적 부담을 많이 져야 한다면 무조건적으로 통일을 지지할 수 없다는 상황이 출현하였다. 특히 1990년대의 여론 조사 추이를 보면 우리 국민들이 통일에 대한 적극성이 줄어들었다는 사실을 잘 보여 준다. 예를 들면 1999년 2월 중앙일보 통일 문화 연구소와 미국의 랜드 연구소의 공동 조사에 따르면 "통일에 대한 열망이 높다."라고 응답한 견해는 1996년의 54.7퍼센트에서 38.4퍼센트로 감소하였다. 2000년 6월 남북 정상 회담 이후에는 통일에 대한 기대가 다시 높아졌으나 전체적으로 평화적 공존, 또는 점진적인 통일을 바라는 여론이 압도적인 상황이다.

3) 통일은 경쟁력이다

그런데 문제는 통일은 피하려고 한다고 피할 수 있는 것은 아니라는 점이다. 냉전 체제를 배경으로 형성된 분단 체제는 냉전 체제가 해체된 상황에서는 근본이 흔들릴 수밖에 없다. 소련과 미국이라는 패권 국가의 경쟁, 사회주의냐 자본주의냐라는 이념적 경쟁이 사실상 종식된 상황에서 이러한 경쟁과 대립을 배경으로 성립된 분단 체제가 계속 유지되는 것이 오히려 비정상적이다.

물론 북한 체제는 소련 및 동구 사회주의가 붕괴될 때 많은 사람들이 예측했던 것보다는 강한 생명력을 보여 주고 있다. 소련의 붕괴 이후 다양한 형태의 북한 붕괴 시나리오가 등장하였으나 현실화된 것은 없다. 이러한 시나리오들은 대체로 북한 체제의 변화와 관련하여 외부 변수의 영향력을 지나치게 높게 평가하고, 북한 체제의 특수성, 환경 변화에 대한 정치적 대응 능력을 지나치게 낮게 평가하였다. 북한은 독자적으로 소위 주체 사상, 유일 체제 등의 특수한 이념적 정치 체제를 발전시키며 내부 통제 체제를 강화하였으며 대외 정책에 있어서도 중소 사이의 줄타기 외교 등을 통해 소련이나 중국에 대해 상대적 자율성을 가지고 있었다.

그렇다고 현재의 북한 체제가 지속 가능할 것이라고 보기는 어렵다. 경제적인 측면에서는 북한도 개혁의 필요성을 인정하고 나름의 노력을 시작하였다. 정치적으로 변화의 조짐이 없지만 경제적인 측면에서 개혁·개방이 진행된다면 변화는 불가피할 것이다. 다만 군사적으로는 여전히 외부의 위협에 대응할 수 있는 능력을 갖추고 있다. 특히 핵 카드의 활용을 통해 냉전 체제의 해체가 초래한 힘의 균형의 붕괴를 회복시키고자 하고 있으며 이는 북한의 생존 능력의 가장 중요한 토대이다. 즉 강력한 군사적 생존 능력과 경제적·사회적 부적응성이 결합되어 있는 상태인데 이는 체제의 지속성이라는 측면에서 보면 비정상적 상황이며 어떤 형태로든 변화는 불가피하다. 그런데 북한의 변화는 필연적으로 남북 관계에 영향을 미칠 것이고 통일이라는 어젠다를 전면에 등장하도록 만들 것이다.

따라서 우리는 새로운 형태의 남북 관계를 준비해야 한다. 그리고 이러한 변화가 우리에게 부정적일 것이라고 속단해서도 안 된다. 우리는 사전 준비, 독일과는 다른 통일을 통해 그 비용을 줄이거나 통제할 수 있는 길을 찾을 수 있다. 더욱 중요한 것은 통일이 국가 경쟁력을 강화할 수 있는 새로운 기회를 제공한다는 점이다.

첫째, 통일된 한반도가 어떤 모습이어야 할 것인지에 대한 비전이 만들어지고 있다. 냉전 시기와 같은 적대적 체제와 이념의 경쟁은 사실상 끝났기 때문에 불필요한 논쟁과 대결을 줄일 수 있다. 지구적 차원에서 민주주의와 시장 경제라는 가치가 빠른 속도로 확산되고 있으며 동아시아에서는 남한이 이러한 변화의 선두에 서 있다. 북한이 이러한 변화를 전면적으로 수용하는 것은 아니지만 경제적인 측면에서는 변화의 불가피성을 인정하고 있으며, 2002년 7월 1일의 경제 관리 개선 조치를 통해 가격의 기능을 도입하려고 시도하는 등 나름의 움직임을 보여 주고 있으며 위의 추세에 전면적으로 도전하는 입장을 취하기는 어려울 것이다. 이는 통일이 퇴보 또는 현상 유지가 아니라 발전적인 방향으로 나아갈 수 있는 조건을 만들어 주고 있다.

둘째, 경제적인 측면에서도 통일이 가져올 이익이 크다. 최근 동북아 경제는 빠른 속도로 통합되고 있다. 여기에는 중국의 개혁 개방이 중요한 역할을 하였다. 그러나 동북아에서 지리적으로 중간 지대, 특히 해양과 대륙을 연결하는 지점에 있는 한반도는 남북으로 분단되어 있어 여기서 발생할 수 있는 지정학적인 이익을 극대화시키지 못하고 있다. 우선 철도 및 도로를 연결한다면 동북아 내에서 물류의 이동이 크게 증가하고 동북아 시장의 규모가 더욱 커질 것이다. 또한 러시아 등의 자원을 효과적으로 이용할 수 있는 에너지 협력을 촉진할 수도 있다. 이는 한반도 경제는 물론이고 동북아 경제가 새롭게 도약할 수 있는 기회를 만들 수 있다.

셋째, 통일은 국가 브랜드를 강화할 수 있는 계기이다. 독일의 통일이 냉전 체제를 해체시키는 촉발제가 되었다면 한반도에서의 통일은 냉전 체제가 완전히 종식된다는 세계사적 의미를 가지게 된다는 점에서 세계적인 주목을 받을 것이며, 한반도는 인류 평화의 상징으로 부각될 수 있다. 그동안 남한은 저개발 농업국에서 OECD에 가입할 정도의 경제 성장을 이룩하였으며 이 성과만으로도 세계의 주목을 끌었다. 그러나 국가 브랜드는 전쟁, 핵 위기 등 어두운 이미지의 영향을 크게 받아 경제적 성장에 비해 낮은 평가를 받고 있다. CNN

만 보아도 한반도와 관련된 뉴스에서 가장 많은 비중을 차지하는 보도는 북핵 문제이다. 많은 사람들이 지적하는 것처럼 우리가 앞으로 하드 파워가 아닌 소프트 파워를 국제 사회에서 적극적인 역할을 하고 경제 발전 동력을 삼기 위해서는 전쟁과 대립의 이미지에서 벗어나 화해와 평화를 상징하는 국가 브랜드를 만들어야 한다.

3 통일로 나아가는 세 가지 길

통일의 현실적 어려움을 직시해야 하지만 또한 통일은 현실적으로 피하기 어려운 일이라는 사실로부터 눈을 돌려서도 안 된다. 더욱이 통일은 근대화 이후 미완성 과제를 마무리하고 한반도 내적으로, 그리고 국제적인 차원에서도 새로운 발전의 동력을 얻을 기회가 될 수 있다. 현실로서의 통일도 부담만이 아니라 새로운 기회이기도 하다. 문제는 부담은 줄이고 이익을 최대화시킬 수 있는 통일 방법을 찾는 것이다. 현재 통일의 경로와 관련하여 일반적으로 세 가지 시나리오가 이야기되고 있다. 두 가지는 급진적인 경로에 속하는데 군사적 충돌을 통하여 통일에 이르는 경우와 북한의 정치적·경제적 혼란으로 인해 통일로 이르는 경우이다. 그리고 대화와 협상을 통해 통일로 나아가는 점진적인 시나리오가 있다. 이러한 세 가지 경우가 각각 어느 정도의 가능성을 가지고 있기 때문에 각각의 경우에 대한 대응책을 마련하고 필요한 준비를 해야 한다.

1) 전쟁은 막아야 한다

한반도는 세계의 다른 어떤 곳보다 군사력이 밀집해 있고, 정전 상태에서 남북 간의 군사 대치 상황이 계속 유지되고 있어 언제라도 전쟁이 발생할 수 있는 화약고와 같은 지역이다. 특히 미국이 2001년 이후 반테러 전쟁의 일환으로 이라크, 이란, 북한을 악의 축으로 규정하고 북한에 대한 군사적 공격 가능성을 내비치고, 북한은 이에 핵무기 개발을 통한 핵 억제력 강화라는 카드로 맞서면서 한반도의 군사적 긴장은 더욱 고조되었다. 그러나 통일이 새로운 기회가 되기 위해서는 전쟁은 막아야 한다.

이는 한반도의 전쟁이 가져올 결과를 고려하면 자명한 이치이다. 전쟁이 일어나면 한반도에서 막대한 인명 피해가 발생할 것이고 남한의 경제 발전이라는 성과도 한순간에 물거품으로 돌아갈 가능성이 높다. 1994년 1차 핵 위기 당시 미국 국방부의 한 시뮬레이션에 의하면 전쟁이 발발할 경우 민간인 사망자 100만 명, 한국군 사망자 49만 명, 미군 사망자 5만 명에 달하며 이로 인해 치러야 할 비용은 1조 달러에 달하는 것으로 예상하였다. 더욱이 현재 북한이 정밀한 형태이든 조잡한 형태이든 핵무기를 가지고 있다고 믿어지기 때문에 한반도의 전쟁이 핵 전쟁으로 이어질 가능성도 배제할 수 없으며 그 경우 피해는 더욱 커질 것이다.

또 다른 문제는 전쟁을 통해서 문제가 완전히 해결되기도 어려울 것이라는 점이다. 이는 현재 이라크의 상황이 잘 보여 주고 있다. 물론 한반도에서 전쟁이 발발하더라도 단기적으로는 피해가 크겠지만 이라크처럼 저항이 장기적으로 지속되고 사분오열의 상황에 빠질 가능성은 높지 않다는 주장도 있다. 그러나 한반도는 복잡한 주변 강대국 사이의 관계, 전쟁이 가져올 사회적·정치적 혼란, 장기적 분단에 따른 남과 북의 문화적 차이 등을 고려하면 전후 처리가 쉽지는 않을 것이다.

따라서 한반도 문제가 군사적 수단을 통해 해결되는 것을 막기 위한 가능한 모든 노력을 해야 한다. 희망적인 것은 북한이 가지고 있는 군사적 능력은 상당한 피해를 유발시킬 수 있는 보복 능력일 뿐 전쟁을 승리로 이끌 수 있는 능력은 없다는 사실이다. 전쟁의 결과는 누가 보아도 분명한 상황이기 때문에 북한을 협상과 대화의 테이블로 끌어들일 수 있는 기회는 항상 존재한다. 현재 가장 중요한 것은 북한이 핵에 의존하여 스스로의 생존을 유지하겠다는 생각을 포기하도록 만드는 것이다. 핵을 포기한 북한은 개방과 협력을 통한 안전 보장의 길을 택할 수밖에 없다. 이를 위해서는 북한에게 핵 포기에 따른 이익과 핵 보유가 가져올 불이익을 더욱 명확하게 보여 주는 방식으로 북한의 변화를 이끌어 낼 필요가 있다. 시간이 가면 갈수록 핵 문제의 해결이나 한반도의 군사적 긴장을 해소하기는 더 어려워질 것이다.

2) 북한 체제의 급진적 변화에 대비하여야 한다

냉전 체제가 해체된 이후 다양한 형태의 북한 체제 붕괴론이 제기되었으나 이러한 예측은 적중하지 않았으며 북한 체제는 상당한 생명력을 유지하고 있다. 북한의 경우는 같은 사회주의 체제라고 하더라도 소련의 위성 국가로서 만들어진 동구 사회주의와는 달리 반제 민족 운동이라는 정당성을 활용할 수 있었던 중국이나 베트남의 사회주의 체제에 가까우며 국제 정세의 변화에도 독자적 대응 능력을 갖추고 있다. 다만 북한은 미국과 남한이라는 상대와 정치적·군사적으로 대치하고 있는 상황에서 중국과 베트남처럼 시장을 도입하여 경제를 회생시키는 데 적극적으로 나서지 않아 경제적 어려움은 냉전 체제가 해체된 이후 계속 심화되었다.

이러한 상황에서 북한에 압력을 가하면 북한 체제가 곧 무너질 것이라는 전제로 북한을 상대하는 것은 군사적 대결과 긴장만 고조시키는 결과를 낳을 가능성이 높다. 북한에 대한 지나친 압력은 오히려 북한 체제의 경직성을 강화시키고 변화를 가로막을 것이며, 남한은 언제 일어날지 모르는 북한 체제의 붕괴만 기다리며 한반도의 긴장이 초래할 여러 부작용을 감당해야 하는 어려운 처지에 빠질 것이다. 따라서 북한 체제의 붕괴를 전략적 목표로 삼는 것은 바람직하지 못한 선택이다.

그럼에도 북한 체제의 급격한 변화에 대비할 필요는 있다. 이는 북한에 대한 정치적·군사적 압력이 북한 체제의 붕괴를 이끌 것이라는 기대 때문이 아니라 북한이 개혁 개방에 나설 경우 불확실성이 크기 때문이다. 북한 체제가 국제 사회와 완벽하게 단절되어 있다면 폭발 직전의 임계점에 도달하지 않는 한 내부에 대한 통제는 오히려 강화될 것이다. 그러나 반대로 북한이 당장 정치적 변화가 뚜렷하지 않아도 경제적·사회적으로 국제 사회와 교류가 증가하고 내부와 외부를 나누는 벽이 낮아질 경우에는 통제하기 어려운 새로운 상황이 출현할 가능성이 높다. 즉 북한의 경제 규모나 현재 북한 경제와 다른 동북아 국가들의 경제 수준 차이를 고려하면, 개방 정책의 실시와 시장의 도입에 따른 충격은 매우 클 것이다. 그리고 이러한 상황이 제대로 관리되지 않을 경우 갑작스러운 정치적·사회적 혼란이 출현하고 체제의 급격한 변화를 촉발할 가능성이 있다. 따라서 의도적으로 이러한 상황을 촉진할 필요는 없지만 북한 체제의 변화에 존재하는 리스크에 대한 대비는 필요하다.

우선 경제적 측면에서의 대비가 필요하다. 생산과 소비 시스템의 붕괴는 많은 경제적 난민을 유발시킬 것인데 단기적으로는 이에 따른 실업과 빈곤에 대처할 수 있는 자원을 가지고 있어야 한다. 그리고 장기적으로 이들을 다시 정상적인 생산과 소비 시스템 내로 복귀시킬 수 있는 경제 재건 프로그램을 준비하여야 한다. 어느 쪽이든 상당한 재정 투여를 피하기 어렵다.

또한 북한의 정치적·군사적 문제 해결을 위해 주변 국가들과 긴밀히 협력하여야 한다. 일부에서는 현재 중국의 동북 공정, 그리고 최근 중국과 북한 사이의 경제 협력의 강화 등을 이유로 북한이 붕괴할 경우 중국이 현 북한 지도부를 대신하여 북한을 관리하려는 의도를 가지고 있다고 진단하기도 한다. 반대로 군사적인 측면에서 보면 미국만이 북한의 혼란을 수습할 수 있다는 예상도 할 수 있다. 어느 쪽이든 우리 민족으로서는 받아들이기는 어려운 방안인데 이러한 상황을 막기 위해서는 중국과 미국의 관계에서 통일은 한국의 주도로 이루어져야 한다는 점을 분명히 해야 한다. 동시에 북한과 경제적 영역에서 협력 관계를 계속 유지하고 북한이 개혁 개방에 나설 경우 적극적으로 지원하여 변화 과정에서 주도적 역할을 할 수 있는 지렛대를 만들어야 한다.

3) 대화와 협상을 통한 점진적 통일을 추구해야 한다

가장 안정적인 통일은 대화와 협상을 통한 통일이다. 물론 이러한 과정이 순조롭게 진행되기 위해서는 북한의 변화가 전제되어야 한다. 문제는 북한의 변화가 어떤 수준에서 이루어질 때 남북 관계의 전환점이 만들어질 것인가에 있다. 현재로서는 북한이 군사적인 측면에서 핵에 의존한 생존 전략을 포기하고 협력을 통한 생존을 추구하고, 경제적인 측면에서 시장 경제를 도입하고 대외 개방을 하는 방향으로 움직이면 남북 관계의 중대한 전환점이 만들어질 것이다. 물론 비민주적인 정치 체제와 인권 문제가 여전해 해결해야 할 과제로 남아 있을 텐데 이러한 문제 해결을 위해서는 외부적 압력을 가하기보다도 북한 내부에서 이러한 변화가 발생할 수 있는 경제적·사회적 조건을 만드는 데 초점을 맞추어야 한다.

물론 현재의 정권이 유지되는 한 북한은 전혀 변화의 여지가 없다는 비관적인 평가도 적지 않다. 그러나 중국의 경우를 보아도 그렇지만 정치 체제의 급진적인 변화가 없더라도 경제적·사회적 측면에서 상당한 진전이 이루어질 수 있는 가능성은 있다. 그리고 북한이 1990년대 후반부터 추진하고 있는 일련의 경제 개혁 시도는 매우 초보적이기는 하지만 중국의 1980년대 초기 개혁 수준에 근접하고 있다. 문제는 북한의 이러한 개혁 조치가 군사적 수단에 의존한 생존 전략의 영향으로 긍정적인 성과를 내지 못하고 있기 때문에 본격적인 개혁 단계로 진입하지 못하고 있는 것이다.

따라서 남한과 북한의 경제 협력은 북한이 시도한 여러 새로운 경제 개혁이 성과를 내고, 이것이 다시 북한 내에서 경제 개혁에 대한 적극성을 강화하는 선순환을 형성하는 것을 목표로 해야 한다. 이러한 변화가 순탄하게 진행된다면 남한과 북한의 경제 협력은 경제 통합을 실현시키는 단계로 발전할 수 있으며 안정적인 평화 체제를 구축할 수 있는 기반을 갖출 것이다.

통일로 이르는 과정에서 내부의 어려움 못지않게 주변 국가들과의 관계에도 어려움이 있다. 한반도의 통일과 관련하여 모든 주변 국가의 동의를 획득하기는 쉽지 않을 것이다. 미국은 통일이 한미 동맹이나 주한 미군에 영향을 미치거나 한반도가 친중적 방향으로 움직일 가능성에 대해 우려하고 있다. 중국은 한반도의 통일로 미국의 군사적 영향력이 한반도 전체로 확산되는 결과를 초래하는 것을 경계하고 있다. 일본과 러시아는 현재로서는 한반도의 변화에 직접 개입하기 어렵지만 간접적인 방식으로 자신의 이익을 반영시키고자 노력할 것이다. 모두 한반도의 통일을 지지한다고 말을 하지만 실질적으로는 한반도의 통일이 자신에게 어떤 영향을 미칠 것인가를 면밀하게 검토하고 태도를 결정할 것이다. 따라서 현재 진행되고 있는 6자 회담이 성공적으로 진행되어 동북아 다자 안보 협력으로 발전한다고 하더라도 한반도의 평화 정착에는 유리하겠지만 반드시 통일에 유리한 상황이 만들어질 것이라고 말할 수는 없다.

　이는 통일로 나아가는 데에 관건은 우리의 결심이라는 사실을 의미한다. 다만 특정 국가를 배제하는 방식의 통일, 특히 중국과 미국을 배제하는 방식의 통일은 현실적인 방안이 될 수 없는 상황에서 대외적으로는 한반도의 통일이 공동의 이익을 증진시키는 데 유리하다는 것을 설득할 수 있는 전략과 논리가 필요하다. 막연하게 주변 국가들이 통일을 지지할 것이라든지, 아니면 주변 국가들은 모두 통일에 반대할 것이라는 선입관에만 의존할 경우 통일이나 남북 관계에서 주도력을 갖기 어렵다.

4 통일된 이후의 한반도는?

1) 시장 경제, 인권과 민주주의, 복지 사회

통일이 꿈이었던 시기에는 통일 방안이 중요한 이슈로 대두되었다. 그러나 통일이 현실로 되면서 통일 방안보다 어떻게 남북 협력을 추진할 것인가라는 과정상의 문제에 더욱 많은 관심이 쏠리고 있다. 정상적인 상황이라면 통일이 오늘내일 일은 아니기 때문에 현실적인 문제에서 해결의 실마리를 찾아야 한다는 점은 바람직한 변화라고 할 수 있다.

그러나 한반도의 통일은 다양한 실험적 방법을 통해 한발 한발 전진해야 하지만 최종적으로 가야 할 곳이 어디인지를 망각해서는 안 된다. 내부적으로는 물론이고 대외적으로 통일이 어떤 방향으로 갈 것인지가 분명해야 국민과 외부의 지지를 받을 수 있기 때문이다. 통일은 시장 경제, 인권과 민주주의, 복지 사회 등의 가치를 한반도에서 구체화하는 과정이어야 한다. 다만 이러한 가치는 구호와 상대방에 대한 강요와 압박을 통해 실현되는 것은 아니므로 이러한 가치가 한반도적 차원에서 실현되기 위해서는 현재 필요한 것을 하나하나 준비해 가는 자세가 필요하다. 이 점에서 두 가지를 염두에 둘 필요가 있다.

첫째, 남한에서 모범적인 시장 경제, 인권과 민주주의, 복지 사회를 실현해야 한다. 현재 통일의 방향이 그나마 명확해지고 있는 것도 구호적·도덕적 차원의 당위성이 아니라 남한에서 시장 경제와 민주주의가 일정한 발전 단계에 도달하였기 때문이다. 그렇더라도 남한이 시장 경제나 민주주의가 성숙한 상태라고 보기는 어렵다. 시장의 투명성, 공정성에 대한 불신이 매우 높으며, 민주주의와 인권도, 절차적 차원에서 상당한 성과를 거두었지만 실질적인 차원에서는 여전히 많은 갈등과 대립적 요소를 가지고 있다. 복지 사회라는 측면에서 보면 문제는 더욱 크다. 따라서 통일이 발전적인 방향으로 나아가기 위해서는 우선 우리의 일을 잘해 내는 것이 중요하다.

둘째, 북한의 변화가 장기적으로 이러한 세 가지 측면에서 모두 이루어져야 하지만 모든 영역에서 한꺼번에 변화가 진행될 것이라는 성급한 기대는 피해야 한다. 현재 북한의 변화에서 가장 중요한 것은 경제적 측면에서의 변화이다. 이는 북한 스스로도 인정하고 있을 뿐만 아니라 다른 가치를 실현하기 위한 조건이기도 하다. 북한이 경제적인 개혁 개방이 이루어지면 최소한의 인권과 생존권과 신체적 자유의 보호와 관련해서는 적극적인 관심을 보일 필요가 있다. 그리고 이를 체제에 대한 위협 차원이 아니라 한 인간으로 가져야 하는 최소한의 권리 보장이라는 측면에서 접근할 필요가 있다. 그동안 북한에 대한 식량 원조 등을 통해 이러한 경험이 어느 정도 축적되고 있기 때문에 이러한 노력이 전면적인 갈등과 대립으로 발전하지 않을 길을 찾을 수 있을 것이다.

2) 평화 국가

분단 체제가 성립된 가장 커다란 원인은 한반도가 이념적·정치적 대립의 무대가 되고, 특히 한반도가 어느 특정 세력의 영향권 내로 편입되는 것을 주변 국가들이 받아들이지 않았기 때문이다. 근대 시기 일본의 정한론자들이 "한반도가 자신을 찌르는 칼."이라고 한 주장은 이러한 우려를 가장 잘 보여 준다. 반대로, 대륙에 있는 국가의 입장에서 한반도는 자신의 심장부로 진출하는 교두보이기도 하다. 따라서 한반도의 통일에 따르는 부작용을 해결하고 통일을 안정적으로 관리하기 위해서는 한반도가 다른 국가를 위협하지 않는 평화 지역으로서의 정체성을 강화하고 이를 국제 사회로부터 인정을 받는 것이 중요하다.

문제는 지금과 같은 군사적 대치 상황에서 평화 지역, 평화 국가로서의 정체성을 강화할 수 있는 길이 있는가이다. 현재 한반도에는 핵 문제가 존재하고, 남한의 경우도 자주 국방을 추구할 경우 군비 증강이 불가피한데 이러한 변화가 한반도를 평화 지역으로 부각시키는 전략과 양립하기는 어렵기 때문이다. 따라서 통일 이전에는 실질적인 조치보다는 선언적이고 상징적인 차원에서 평화 지역으로서의 이미지를 부각시키는 노력을 경주하여야 한다.

예를 들면 남북 사이에 군사적 신뢰 구축 등 군사적 충돌 위협을 낮출 수 있는 다양한 협력을 통해 한반도가 평화적인 방향으로 발전하고 있다는 점을 보여 줄 필요가 있다. 단기적으로 가장 효과가 큰 것은 6자 회담을 통해 핵 문제를 해결하고, 유럽의 헬싱키 선언처럼 동북아 국가들이 한반도 평화를 위한 장기적 비전에 합의하는 국제적인 신사 협정을 체결하는 것이다. 이를 통해 한반도는 동북아에서 냉전 유산을 청산하고 평화를 촉진시키는 무대로서 국제 사회에 등장할 것이다.

장기적으로는 한반도의 평화 정착을 기반으로 동북아에서 군비를 축소시키기 위한 노력을 준비할 필요가 있다. 현재 주변국들의 군비 증가 추세가 계속될 경우 2025년 중국의 군사 비용은 1500~2500억 달러에 달할 것으로 예상되며, 일본도 정치 군사 대국을 추구하게 되면 중국을 견제하기 위해 군비 증강에 나설 가능성이 높다. 이러한 군비 경쟁에 한반도가 직접적으로 대응할 수 있는 방법은 많지 않다. 따라서 남북 화해가 본격적으로 이루어진다면 동북아에서 군축 문제를 적극적으로 제기하고 나갈 필요가 있다.

3) 해양과 대륙의 연계

근대 시기 식민지로의 전락과 한국 전쟁에서 분단 체제의 성립으로 이어지는 비극적 역사는 단순히 내부적 문제만이 아니라 해양 세력과 대륙 세력의 갈등과 대립에서 비롯되었다. 최근 한반도에서 진행되고 있는 여러 변화도 직·간접적으로 외부 환경 변화의 영향을 받고 있다. 다만 과거와 다른 것은 우리가 이러한 외부 환경의 변화에 대응할 수 있는 나름의 역량을 가지고 있다는 점이다. 남한의 경제력은 GDP로는 세계 10위, 상품 교역으로는 세계 11위, 서비스 교역까지 포함하면 14위 정도의 규모이다. 여기에 북한이 현재 경제적으로 어려움에 빠져 있지만 남북 경제 협력의 시너지 효과가 발생한다면 한반도의 경제력은 더욱 증가할 것이다. 그리고 현재의 국제 사회는 과거 제국주의 시대처럼 약육강식의 시대만은 아니며 경제적 상호 의존의 증가로 협력도 하고 경쟁도 하는 복잡한 관계가 만들어지고 있으며 중간 규모의 국가들도 국제 사회의 변화에 영향을 미칠 수 있는 여지가 증가하였다.

즉 통일로 나아가는 한반도는 단순히 외부 변화의 수용자가 아니라 외부 변화에 영향을 미칠 수 있는 행위자가 될 수 있다. 한반도가 대륙 세력과 해양 세력의 이해 관계를 어떻게 조절하느냐에 따라 우리의 미래는 물론이고 동북아 및 세계 정세가 크게 달라질 것이다. 물론 중국의 부상에 따라 동북아에서 중국과 미국의 대결 구도가 형성되고 중일 갈등이 심화되는 상황을 우리 힘만으로 막을 수 있다고 생각하지는 않는다. 그러나 적어도 근대 시기처럼 한반도가 이러한 갈등을 부채질하는 요인이 되지 않는 것 자체가 동북아 평화에 긍정적인 역할을 할 수 있다.

적극적인 역할을 모색한다면 군사력, 경제력과 같은 하드 파워를 통해서가 아니라, 한반도가 대륙과 해양 사이 경제 협력의 주요 무대라는 이점을 십분 활용하여 이에 참여하는 모든 국가들의 경제적 이익을 증진시킬 수 있는 개방적 사회와 문화의 보편적 가치를 앞서서 실현하는 방식을 통해 이루어야 할 것이다. 다행히 최근 동아시아의 경제 통합 추세는 한반도가 이러한 역할을 모색할 수 있는 기회를 제공해 주고 있다.

4) 통일을 위한 마음의 준비

통일의 길은 아직 멀게만 보인다. 그러나 독일 통일의 경우도 동베를린에서 대탈출이 시작되기 전까지 그처럼 빨리 이루어지리라고 예상했던 사람은 아무도 없었다. 특히 당시는 냉전 체제에 변화가 시작되기는 하였지만 소련이 여전히 초강대국의 지위를 유지하고 있었으며 적어도 군사적 측면에서는 지구적 차원에서 미국을 견제할 수 있는 능력을 갖추고 있었다. 물론 한반도의 통일이 독일의 경우처럼 북한의 붕괴와 그에 따른 통합으로 발전할 가능성이 높다는 것은 아니다. 다만 냉전이 해체된 상태에서 분단 체제는 비정상적 체제라는 점에서 언제든지 새로운 변화가 촉발될 가능성이 높다. 우리가 준비해야 할 것은 이러한 변화를 우리 민족의 이익에 부합하고 동시에 국제 사회의 발전과 평화에도 공헌할 수 있는 방향으로 이끄는 것이다.

그런데 이는 달콤한 꿈만이 아니라 경제적·사회적·정치적으로 상당한 부담을 서로 나누겠다는 의지가 모아져야 가능하다. 이러한 의지가 뒷받침될 때 우리는 어떤 상황에서도 통일을 발전의 기회로 삼을 수 있을 것이다.

위대한 나라(Great Country)의 조건: 좋은 리더(Good Leader)와 위대한 국민(Great People)

오세훈

1 위대한 나라의 전제 조건

1) 스탬피드 정신

'스탬피드(Stampede)'라는 말이 있다. 사전상으로 '우르르 밀어닥침'이라는 뜻이다. 그레고리 헨더슨이 지적한 '소용돌이 정치'가 우리 정치의 단면을 압축한 표현이라면, '스탬피드 정신'은 우리 사회의 희망과 좌절을 나타내는 말이라고 할 수 있다. 수천 년 동안 하나의 민족으로 하나의 언어를 사용하며 함께 살아 온 우리 국민들에게 집단적인 질주의 성향이 형성된 것은 자연스러운 일일 것이다. 하지만 지나온 과거는 그때 그때의 집단적인 질주 방향과 목표에 따라 요동쳤다.

우리의 20세기는 그 시작부터 괴로운 여정이었다. 일제 통치 36년, 동족 상잔의 비극과 폐허, 보릿고개로 대표되는 가난, 북한과의 계속된 긴장 관계 속에서 희망이라고는 찾아볼 수 없었던 것이 현실이었다. 그런 우리가 30여 년이라는 짧은 시간 동안에 세계 12위의 경제 대국이 되는 '한강의 기적'을 만들었다. '우리도 한번 잘 살아 보자.'라는 단순한 목표 아래, 우리 국민들은 기꺼이 자신들을 희생하면서 달려 왔던 것이다.

2002년 전 세계를 놀라게 했던 월드컵 4강도 '우리도 할 수 있다.'라는 선수들과 국민들의 공감이 있었기에 가능했다. 경기장에서 뛰고 있는 선수들은 물론 거리에 나온 수백만의 국민들이 한마음으로 함께 꿈꾸고 뛰었기 때문에 이루어진 것이다.

그러나 이런 집단 질주가 항상 긍정적인 역할만 한 것은 아니다. 특히 우리 정치의 가장 아픈 병폐인 '권력의 소용돌이'와 결합되었을 때는, 자기 자리를 지키는 사람 하나 없이 모두들 축구공이 있는 쪽으로만 우르르 몰려다니는 동네 축구의 모습이 되어 버린다. 골만을 넣기 위한 동네 경기에서 전술과 기술이 필요하지 않는 것처럼, 맹목적인 질주에 정책이나 이념의 차이가 들어갈 공간은 없다. 보고 싶은 것만 보고 믿고 싶은 것만 믿는 저급한 보수와 진보가 자리할 뿐이다. 어디로 가는지 무엇을 위해 달리는지를 모르고 무작정 달리면서, 우리는 지난 10여 년 동안 제자리를 계속 맴돌고 있는 안타까운 모습만을 되풀이하고 있다. 1만 달러 대의 '중진국 함정'에서 영원히 헤어나지 못할지도 모른다는 불안감마저 유령처럼 우리 주위를 맴돌고 있다.

간척지가 무너지면 안 된다는 '폴더 정신', 끊임없는 부침 속에서도 불굴의 의지를 꺾지 않았던 '시수 정신'이 강소국의 신화를 만들었듯이, 지금 우리에게 필요한 것은 지난 30여 년 성장의 동력이었던 긍정적인 의미의 '스탬피드 정신'의 복원이다.

2) 함께 꾸는 꿈

　21세기에 우리는 위대하고 강한 나라가 되기 위해 어떻게 달려야 할까? 국민들이 어떤 꿈을 가지고 달리게 해야 하는 것인가? 살고 싶은 나라의 매력적인 그림을 그려 보여 주고 국민들이 그 꿈을 향해 다 함께 질주하도록 하는 것이 정치의 핵심이다. 그러자면 먼저 밑그림이 잘 그려져야 한다. 색칠은 그 다음의 일이다. 그런데 밑그림을 그리는 것은 빛이 나지 않는 고통스러운 작업이다. 그러다 보니 우리 정치는 그동안 밑그림을 그리기보다는 화사한 색칠에 더 많은 신경을 써 왔다. 권력을 얻기 위해, 또 임기 중에 무엇인가를 해야 한다는 조급증 때문이다. 이 색깔 저 색깔을 칠하는 동안에 그려야 할 그림이 무엇인지조차도 알 수 없는 상황이 되어 버렸다.

　이미 시동 걸린 21세기 미래의 정치는 과연 어떤 꿈을 그리고 있을까? 로널드 하이페츠의 말처럼 "발코니로 나가 멀리까지 바라보며" 국민이 원하는 밑그림을 그리고 있을까? 불행히도 그렇지 않아 보인다. 지난 5년 동안 자기 찾기에 나섰던 정치는 중도 진보와 중도 보수라는 애매모호하고도 시대 착오적인 개념으로 수렴되고 있다. 국민들은 '한강의 기적'을 업그레이드한 더 나은 미래를 꿈꾸고 있지만, 정치는 여전히 '만들고 싶은 나라'가 무엇인지 알 수 없는 상황에서 과거와의 싸움으로 시간만 보내고 있다.

　꿈은 리더(Leader)와 팔로어(Follower)의 교감으로 그려진다. 사람들은 어떤 사람을 통하여 자신의 꿈과 희망을 실현할 수 있다고 믿을 때, 단기적 자기 희생을 감수하며 함께 뛸 수 있는 마음가짐이 된다. 검은 고양이, 하얀 고양이 중에 누가 더 쥐를 잘 잡는가를 두고 다투면서 세월을 보내기보다는 어떤 고양이가 됐든 확실하게 쥐를 잡는다는 믿음을 심어 주어야 한다. 그리고 그 쥐를 잡기 위해 어떻게 해야 할지 방향을 제시해 주어야 한다. 국민들은 지금 달리고 싶다.

2 리더십과 팔로어십

대통령제 국가에서, 특히 우리 헌법과 같이 대통령에게 매우 강력한 힘이 실리는 통치 구조하에서는 대통령의 역량과 의지력, 행정 스타일, 심지어는 성품까지도 나라를 운영해 나가는 과정에서 매우 중요한 의미를 지닌다. 그런 의미에서 리더십에 관한 연구는 매우 중요한 과제라고 할 수 있다. 또 국가의 발전은 국민이 절실히 원할 때 가능해진다. 프랜시스 후쿠야마가 이미 『강한 국가의 조건(*State Building*)』에서 적절히 언급했듯이 국가 건설과 제도 개혁의 성공 사례 가운데 대다수는 사회 전반에 시스템 구축과 개선에 대한 강력한 수요가 등장한 후에야 비로소 가능했다. 이런 의미에서 바람직한 팔로어십에 대한 연구 또한 꼭 필요하다.

바람직한 리더는 바람직한 팔로어들에 의해 만들어지고 다듬어지며, 그 상호 작용에 의하여 성과를 만들어 갈 수 있다. 그렇다면 바람직한 리더십과 팔로어십은 똑같이 중요하다고 볼 수 있는데, 그중 하나를 꼽으라면 무엇이 더 중요할까? 비록 단기간이었지만 국민의 선택 과정과 국가 운용의 메커니즘을 가까이에서 볼 기회가 있었던 필자는 오히려 팔로어십의 중요성을 더 강조하고 싶다.

1) 우리에게 필요한 리더십

국민에게 무엇을 말하는가를 보라

우리는 앞에서 여러 유형의 성공과 실패의 역사를 보았다. 한 나라의 경제가 위기에서 벗어나 선순환 사이클로 진입하기 위해서는 각 이익 집단이 눈앞의 이익을 조금씩 양보하고 합심 협력해야 하는 순간이 있다. 나라가 위기에 빠졌을 때는 특히 이러한 양보의 정신이 지배하는 사회 협약이 매우 중요하며, 장기적으로는 고통 감수가 결국 국민 각자의 이익으로 보상된다는 점을 여러 나라의 사례를 통해 생생하게 보았다. 그런데 이러한 국민적 자기 희생이 현실로 이루어지는 것은 결코 쉬운 일이 아니다. 더구나 국민 사이에 계층적으로 심한 갈등이 존재한다면 각계 각층의 양보를 이끌어 내어 바람직한 사회 협약에 도달할 가능성이 매우 낮아진다. 국민 통합은 그래서 반드시 필요한 선결 과제인 것이다. 이러한 갈등의 치유와 양보를 도출해 내는 힘은 궁극적으로 지도자의 역량과 의지에서 나온다. 그리고 더 큰 영향을 미치는 것은 지도자에 대한 신뢰와 존경이다. 이러한 역량과 의지를 갖추고 신뢰와 존경을 받을 수 있는 지도자를 우리는 가지고 있는가? 지금 찾기 어렵다면 앞으로는 어떻게 선별할 것인가?

사람의 능력과 속마음을 정확히 파악하는 것은 결코 쉬운 일이 아니다. 그래서 국민은 리더들의 평상시 말과 행동을 주시해야 한다. 평소에 미처 지켜볼 기회가 없었다면 선택의 순간 전후에라도 유심히 보아야 한다. 공약 그 자체를 볼 것이 아니라, 공약 하나하나의 이면을 깊숙이 들여다볼 필요가 있다. 특히 지역 공약과 계층 공약의 경우에는 세심한 관찰이 필요하다. 우리 선거사에서 내가 당선되면 국민에게 이러이러한 고통과 양보를 요구할 것이라고 당당히 말하는 지도자가 있었던가? 그러한 양보와 고통이 가져다주는 장기적 국익의 필요성과 의미에 대하여 설명하고 이해를 구하려고 노력하는 리더를 본 일이 있는가?

오히려 우리는 공공연히 공약(公約)은 공약(空約)이라고 말한다. 선거 때는 온갖 감언이설과 조삼모사의 술수가 난무한다. 또 선심성 행정이나 돈이 풀리는 정책이 발표되면 선거가 다가오고 있음을 직감한다. 그런데 문제는 우리가 이런 난센스를 당연한 것으로 받아들이고 있다는 점이다. 선거 기간 중 의사 협회를 방문하면 의사 표가 떨어지고 약사 협회를 방문하면 약사 표가 떨어지는 후보자가 있었다. 이 후보는 선거 후 지켜질 수 없음이 뻔한 약속에 대하여 명시적이고도 강력한 실행 계획을 요구할 것이 분명한 특정 집단의 전국 단위 집회 참석을 피했다가 곤욕을 치르고 결국 상당한 손해도 보았다. 반면에 상대 후보는 같은 집회들에 참석하여 기대감을 충족시키는 멋진 연설로 표를 얻었다. 이 예는 최근의 우리나라 대선에서 실제로 있었던 일인데, 상당수의 식자들조차 이것을 '정치력'의 차이라고 평했다. 그러나 과연 그럴까? 이해 관계가 첨예하게 대립하는 두 집단을 방문하여 자신의 입장을 설명한 후 양쪽으로부터 호감을 얻는 재주가 과연 정치력일까? 양식이 있는 지도자라면 어떤 공약이 공약(空約)이 될 수밖에 없는지 공약하는 순간 알고 있다. 또 건전한 상식이 있는 국민이라면 어느 후보자가 지키지 못할 약속을 남발하면서 국민을 속이고 있으며, 어떤 공약이 표를 모으기 위해 무리하게 급조된 공약인지 조금만 주의를 기울이면 알 수 있다. 그런데 선거 때가 되면 그 선택이 국운을 가르는 중대한 선택임에도 불구하고 엄격하고 냉정한 검증이 이루어지지 않는다. 예컨대 수도 이전 공약과 같이 특정 지역이나 집단에 경제적 이익이 될 수 있는 공약을 접하면, 그 지역이나 집단에 속한 유권자들은 나중에 공약(空約)이 될지라도 일단 믿어 보고 싶은 심리가 된다. 심지어는 그것이 거짓말이라도 하지 않는 사람보다는 해 주는 사람이 더 낫다는 말도 공공연히 하게 된다.

민주 국가에서 리더와 팔로어의 관계는 상호 영향을 주고받는 불가분의 관계이다. 리더는 팔로어들에게 영향을 미치지만 또 그 리더는 팔로어들에 의해 선택되고 만들어진다. 그래서 리더의 평소 말과 행동에서 진실성과 도덕성을 판별해 낼 수 있는 지적 능력이 팔로어들에게 요구되는 것이다. 또 선거 때가 되면 공약 그 자체의 의미도 중요하지만, 그 공약을 내건 후보자와 참모진의 속마음을 읽는 것이 더 중요하다.

주위에 누가 있는가를 보라

우리는 짧지 않은 민주주의의 역사 속에서 많은 정권을 보았다. 군인이 집권했을 때와 민주 투사가 집권했을 때 청와대와 행정부, 그리고 국회를 어떻게 면면이 장악하는지를 실감 나게 보아 왔다. 최고 지도자가 실패를 거듭하며 배우고 깨달은 후, 집권 과정에서 지분을 확보한 창업 공신들의 영향력에서 벗어나 제대로 된 정책을 펼치기엔 헌법에 보장된 임기가 너무 짧다는 사실을 우리는 이제 경험으로 안다. 그리고 그 경험으로부터 중요한 시사점을 발견할 수 있는데, 집단 사고의 오류가 바로 그것이다.

1961년 미국의 케네디 정부는 게릴라로 위장한 쿠바 난민들을 침투시켜 카스트로 공산 정권을 전복시키려 한 적이 있었다. 그러나 반군의 내응이 있을 것이라는 CIA의 말만 믿고 피그스 만에 상륙했던

1400명의 쿠바 난민들은 모두 포로가 되거나 사살됐다.

　케네디 정부의 외교적 손실은 막대했다. 국제 사회에서 망신당한 것은 물론 쿠바가 소련과 급속도로 가까워지는 결과까지 낳았다. 쿠바는 결국 소련의 핵미사일을 끌어들임으로써 1962년 쿠바 미사일 위기를 불러일으키기도 했다.

　피그스 만 침공 계획은 처음부터 성공 가능성이 없었다. 카스트로 정권이 난민들에 의해 무너질 만큼 허약하지도 않았고, 성패에 관계없이 누구든 CIA를 그 배후로 지목하게 돼 있었다. 그런데도 왜 그런 무모한 결정이 나왔을까?

　피그스 만 사건은 집단 사고의 폐해를 보여 준 정책 결정의 전형으로 꼽힌다. 집단 사고란 정책 결정에 참여한 사람들 간에 친밀도가 높으면 높을수록 논쟁을 통해 보다 나은 결정을 도출하기보다는 쉽게 한 방향으로 의견을 모아 버리는 현상을 말한다. 친한 사람들끼리만 모여서 결정을 하면 잘못된 결정이 나올 가능성이 그만큼 크다는 의미이다. 피그스 만 사건 당시의 정책 결정 구조가 그랬다. 케네디를 비롯해 딘 러스크 국무 장관, 로버트 맥나마라 국방 장관, 맥조지 번디 안보 보좌관, 앨런 덜레스 CIA 국장 등 결정에 참여한 7인이 모두 친구 사이였다. 성장 배경도 비슷했고 출신 학교도 대부분이 하버드 대였다. 서로 워낙 친했던 이들은 침공 계획의 무모함을 검토하지 않았다. 수차례의 전략 회의에서 누구도 반대편에 서서 한 번쯤 생각해 보려고 하지 않았다. 뒷날 케네디는 '내가 그토록 어리석었단 말인가.' 라며 가슴을 쳤다고 한다. 피그스 만 사건의 교훈은 합리적인 결정을 내리려면 적어도 집단 사고의 함정에 빠져서는 안 된다는 것이다.

　우리는 이런 집단 사고의 함정에 빠질 우려가 더 높은 것이 사실이다. 특정 집단이나 보스에 대한 충성심으로 뭉친 네포티즘(Nepotism, 연고주의)적 성격이 강한 리더 집단을 가지고 있기 때문이다.

그렇다면 어떤 리더가 바람직한가? 일 잘하는 리더, 국민을 행복하게 해 줄 리더는 누구인가? 성공과 실패의 경험이 많고 노하우로 무장한 '일꾼 그룹'과 높은 이상과 도덕성으로 무장된 '이론가 그룹'이 적절히 배합되어, 어느 한쪽으로 기울지 않는 균형 잡힌 참모진을 주변에 가진 리더라면 이러한 기대를 충족시킬 확률이 비교적 높아지지 않을까?

주춧돌과 현판

평범한 사람들 사이에서도 그렇지만 리더 중에서도 현판이 되지 않으면 참지 못하는 유형이 있는가 하면 주춧돌을 하나 놓고도 행복한 마음으로 물러나 역사의 무대에서 사라지는 유형도 있다. 특히 기업 내에서라면 몰라도 정치적 리더 중에 주춧돌 유형을 찾는 것은 나무 위에서 물고기를 찾는 것만큼이나 부질없는 짓일 수도 있다. 그래서 기업은 세계 초일류 기업이 나오는데, 정치는 삼류를 벗어나지 못하는지도 모르겠다. 짐 콜린스는 그의 저서 『좋은 기업을 넘어 위대한 기업으로(Good to Great)』에서 좋은 회사에서 위대한 회사로 도약한 기업들은 중대한 전환기에 5단계의 리더십을 가졌다고 분석한다. 5단계란 경영자가 가지고 있는 다섯 가지 계층 구조 중 최고의 단계로, 개인적 겸양과 소명 의식의 역설적 결합을 구현하는 최상위의 지도자상이다. 그들은 야심도 가졌지만, 그 야심에 찬 비전을 자신이 아니라 공동체의 먼 장래를 위하여 구현한다. 5단계의 리더는 차세대 후계자들이 더 큰 성공을 거둘 수 있도록 여건을 마련하는 데 역량을 투입한다. 당대의 오해와 곡해를 참아 가면서, 10년, 20년 후 또는 사후에나 알아 줄 성과를 위해 여론과 맞서는 지도자가 없이 진정으로 위대하고 강한 나라는 불가능하다. 이러한 주춧돌형 리더는 단세포적 팔로어들이 난무하는 세상에서는 점점 더 만들어지기도 선택되기도 어려울 것이다.

위대한 리더의 가장 큰 아이러니는 사람을 권력의 자리로 돌진하게 하는 개인적 야망이나 공격성이 겸손함과 충돌함에도, 이 두 가지 자질을 함께 가지고 있다는 점이다. 이런 감탄스러울 정도의 성숙한 겸손함은 고도로 수양된 인격과 역사 의식으로부터 나올 수 있다. 최소한 역사적 평가의 무서움을 안다면, 준비 부족의 부실한 의사 결정과, 그것을 합리화하기 위하여 또다시 크고 작은 실패를 반복하는 무책임만은 피할 수 있을 것이다. 수도 이전 공약과 위헌 결정에 이은 수도 분할 논란 과정을 보라.

'정권에는 임기가 있지만 정책에는 임기가 없는 법'이다. 4~5년의 임기 중에 역사적으로 두고두고 평가될 업적을 자신의 이름으로 남기려 하는 것은 바람직하지도 않을 뿐만 아니라 의미도 없다. 역사를 돌이켜 볼 때 진정으로 위대한 업적이, 선임자들이 피땀으로 일군 토대를 벗어나 역사의 연속선 밖에서 이루어진 적이 있었던가? OECD 가입 직후의 외환 위기도 마찬가지다. 당대에 무엇인가를 이루겠다는 이른바 '임기 중 욕심'이 얼마나 많은 왜곡과 비효율, 국민적 낭패와 극심한 고통을 가져오는가? 내 이름으로 무엇인가를 남기겠다는 부질없는 공명심만큼 지도자가 피해야 할 것이 또 있을까? 그래서 선택의 순간이 다가왔을 때, 명품과 짝퉁을 골라내는 혜안이야말로 공동체의 장래를 결정적으로 규정하게 되는 것이다.

2) 우리에게 필요한 팔로어십(followership)

내가 할 일은 무엇인가?

우리는 위에서 바람직한 리더십의 첫째 덕목으로 진솔한 리더십을 꼽았는데, 이에 상응하는 팔로어십은 무엇일까? 나라가 어려울 때 사회 구성 주체들의 자발적 희생을 기반으로 한 사회 협약을 통하여 조속한 위기 탈출과 재도약이 가능하다. 이때 신뢰받는 리더의 역량과 의지, 그리고 설득력 있는 호소도 중요하지만 팔로어들의 열린 협력이 무엇보다 필수적이다. 내 손안의 조그마한 기득권만은 그대로 유지한 채, 네 것만 내놓으라는 요구를 계속한다면 위기 극복과 발전은 요원할 것이다. 모든 공동체 구성원과 다음 세대가 함께 안정과 번영을 누리는 윈윈 모델로 갈 것인가, 나의 기득권에 안주하여 공동체 내의 상대적 우위에서 정체된 만족으로 자족할 것인가는 팔로어들의 현명한 선택에 달려 있다. 그러면 어떻게 각자의 이기심을 극복해 나갈 것인가?

"사돈이 논을 사면 배가 아프다."라는 속담에는 두 가지 의미가 들어 있다. 그 하나는 남이 자기보다 앞서는 것을 참지 못한다는 의미이고, 두 번째는 자신이 앞서지 못할 때는 하향 평준화가 되어야 속이 편하다는 의미이다. 그런데 만약에 사돈이 그 논을 자신에게 경작하게 하고 수확물을 나누어 준다면, 그래도 배가 아프다고 말할 수 있을까?

자기 희생적 사회적 합의가 가능해지려면 우선 상호 양보를 가능케 할 수 있는 공감대 형성이 필요하고, 그것은 가진 자의 '노블레스 오블리제'로부터 출발한다. 나아가 사회 전반에 나보다 힘든 자를 위한 기부와 자원 봉사 등 '나눔의 문화'가 자리 잡을 때 선결 조건인 자발적 참여의 분위기가 형성될 수 있을 것이다.

미국이 200여 년에 걸친 짧은 역사와 근대화 과정에도 불구하고 초강대국이 된 이면에는 사회적 안정이 큰 역할을 했고, 그 과정에는 시민 사회의 성숙과 가진 자에 대한 존경을 가능케 하는 나눔의 문화가 있었다는 분석이 설득력을 얻고 있다. 초유의 불황으로 미 국민 전체가 허덕였던 1980년에도, 국민의 13퍼센트(약 2000만 명)는 연간 수입의 5퍼센트를 사회 단체에 기부하고 있었으며, 14퍼센트는 주 다섯 시간 이상 자원 봉사를 하고 있었다. 이러한 미국 기부 문화의 가장 큰 특징은 딱히 부자로 분류되는 사람들이 아닌 일반 개인의 기부 참여율이 매우 높다는 점이다. 2000년도에 이르러 미국 가구의 약 90퍼센트가 기부를 하고 있으며, 연평균 기부액도 가구당 1600달러에 이른다. 특히 눈에 띄는 부분은 20세 이상 인구의 40퍼센트가 기부 활동과 더불어 자원 봉사 활동도 하고 있다는 점이다. 자원 봉사도 하고 기부금도 내는 사람들의 평균 기부액은 기부만 하는 사람들의 1009달러에 두 배가 넘는 2295달러였다. 이것은 나눔의 문화가 일반 미국인들의 생활 속에 완전히 정착했음을 보여 주는 것이다. 남을 위하는 것이 아니라 사회에 되돌릴 뿐이라는 나눔의 정신은 정당한 부에 대한 존중의 문화를 가능케 하며, 상호 양보와 건전한 경쟁의 정신을 수용할 수 있는 마음가짐을 가능하게 할 것이다.

무임 승차는 없다, 경쟁에 뛰어들라

세계 어느 나라에서나 사회적 약자 보호를 마치 자신의 트레이드마크인 양 독점하려 드는 정치 지도자나 정당을 어렵지 않게 발견할 수 있다. 사실 정치 집단에게 이보다 매력적인 이미지 메이킹 전략은 없다. 자선 사업가와는 다르게 자신의 사재를 털어 행하는 분배와 복지 정책이 아니므로 이보다 더 쉽고 편한 대국민 접근법이 또 있겠는가? 더구나 소수의 가진 자로부터 세금을 많이 걷어 다수의 소외 계층에게 혜택이 돌아가도록 하겠다는 정책이므로, 개발 도상국에서는 선거를 위해서도 포기하기 어려운 정책이다. 무임 승차가 허용되지 않는 정당한 경쟁이 경쟁력을 키우고 경제 기반을 튼튼하게 하며 그 혜택은 결국 국민 모두에게 돌아간다는 어렵고 복잡한 주장을 펴는 무리에게는, 간단히 '기득권 세력'이라는 딱지를 붙이기만 하면 된다. 이른바 기득권 정당의 '스스로를 돌볼 수 없는 사람들에 대한 사회적 책임까지 무시해선 안 된다.'는 합리적 외침도 이미 형성된 적개심 앞에서는 빛을 잃고 만다. 우리는 남미의 사례에서 이런 정책이 왜 빈곤의 악순환을 가져올 수밖에 없는지를 이미 보았다. 그런데 걱정스러운 것은 역설적으로 가난한 자를 더욱 힘들고 어려운 악순환의 고리 속으로 밀어 넣는 이런 종류의 정책이 교육에까지 영향을 미치고 있다는 점이다. "신이시여, 천재를 알아볼 수 있는 눈만 주시고, 재주는 함께 주지 않은 이유가 무엇입니까?"라고 외치는 살리에리. 열망은 가득한데 능력은 미치지 못하고, 나보다 뛰어난 자 때문에 괴로워하는 모습이 바로 우리 평범한 사람의 모습이다. 인정하고 싶지 않지만 인간의 능력은 각자 다르다. 20세기를 대표하는 과학 지성 에드워드 윌슨은 "우리는 시간과 의지력만 있으면 어떤 것도 배울 수 있다고 생각하고 싶어하지만, 불행히도 한계는 존재한다."라고 했다. 내 아이 성적이 나쁜 것은 머리는 좋은데 공부를 안 해서도 아니고, 친구를 잘못 사귀어서도 아니며, 교사가 못 가르쳐서도 아니다. 두뇌 구조 차이든 환경 탓이든 거기까지가 한계일 가능성이 높다.

　지적 능력이 앞선 학생과 도무지 알아들을 수 없어 조는 학생을 한데 몰아넣고 지식을 쏟아 붓는 건 모두를 불행하게 만드는 교육이다. "모든 국민은 능력에 따라 균등하게 교육받을 권리를 가진다."라는 헌법 31조는 능력 차이에 맞춘 적절한 교육을 말하는 것이지, 능력 있는 학생의 발목을 잡는 획일적 평등을 말하는 것이 아니다.

공교육의 질을 높이지도 못하면서 의무 교육 기관도 아닌 고교를 평준화, 그것도 하향 평준화로 묶어 두는 건 옳지 않다. 혹 자식이 상위권이 아닌 학부모는 내 아이가 이류 학교 교복을 입는 것이 자존심 상하고, 교사는 수준별로 지도하거나 학교별로 치열한 순위 경쟁을 하는 것이 부담스러우며, 정치인은 표 계산을 하고 있는 것은 아닐까?

미래학자 존 나이스비트는 '21세기 국가의 경쟁력을 결정하는 유일한 수단이 인재'라고 했다. 고통스러운 고교 시절을 거쳐 대학을 나와도 취업이 힘든 판인데 최근 대기업들은 해외에서 핵심 인재를 모셔 오고 있다. 우리 교육 제도가 우리나라를 위한 인재를 길러 내지 못한다는 뜻이다. 고교 입시를 전면 부활할 필요는 없지만, 더 늦기 전에 능력에 따라 수준에 맞는 공부를 선택하여 할 수 있도록 다양한 학교와 과정을 마련해야 할 것이다. 모차르트는 모차르트대로, 살리에리는 살리에리대로, 그리고 음치는 또 음치대로 분수껏 삶과 음악을 즐기게 해 주어야 하는 것이다.

내가 힘들고 뒤처지는 것은 내 탓이지, 그 누구의 탓도 아니다. 또 내가 가난한 것은 남이 부자이기 때문이 아니다. 이것은 내가 무지한 원인이 타인의 교양에 있지 않고, 내가 병든 원인이 다른 사람의 건강 때문이 아닌 것과 마찬가지다. 경쟁 없는 편한 사회나 사회적 약자 보호 운운하는 정치인의 감언이설을 들으면 한 번 더 생각해 보아야 한다. 우리의 경쟁 상대는 지구 저편에 있고, 의존 심리는 자아 성취라는 행복의 근원을 오히려 저해한다.

단순 사고에서 벗어나라

교차 압력이란 말이 있다. 큰아들은 부채 장사이고 작은아들은 우산 장사인 할머니가 비가 오면 큰아들을 걱정하고 햇볕이 쨍하면 작은아들을 걱정했다던 옛날 얘기는 교차 압력에 관한 가장 고전적인 사례일 것이다. 사회 구성원들이나 계층들은 서로 압력을 주고받기 때문에 어느 한쪽이 다른 한쪽에 대해 100퍼센트 적대적일 수는 없다는 뜻이다.

현대적 예를 들자면, 김씨는 농사꾼이지만 아들은 도시에서 공장에 다닌다. 그는 언제나 농민의 이익을 생각하지만, 그에 못지않게 도시에서 박봉에 시달리는 아들의 고통에도 마음을 졸인다. 이씨는 아들이 의사이지만 사위는 약사다. 그는 약사 사위를 얻기 전까지는 의약 분업에 관한 한 결단코 의사 편이었다. 하지만 요즘은 고민한다. 어느 한쪽 편을 들기가 쉽지 않기 때문이다.

그러나 우리 사회는 교차 압력보다는 파당화와 지역화의 덫에 함몰되어 있다. 어떤 문제라도 일단 이슈가 되면 당파와 지역에 따라 편이 갈린다. 사안 자체의 복합적 이해 관계나 직·간접적 영향 따위는 별로 중요하지 않다. 같은 시대를 사는 사람으로서 누구라도 수없이 상대방과 이해 관계가 겹치는 부분들이 있을 텐데 이런 기제가 거의 작동하지 않는다. 우리는 누구이면서 동시에 또 다른 누구일 수도 있다는 것은 지극히 자연스러운데 이것이 통하지 않는 것이다. 깊이 생각해 보면 원칙과 이념이 지배하는 가운데에도 교차 압력이 있고 다양성이 용인되는 사회가 오히려 건강한 사회다. 이 둘은 사회 전반에 걸쳐 이해 관계가 중첩되는 영역들을 만들어 냄으로써 극한 대결의 여지를 줄여 주기 때문이다.

두세 가지 의견으로 구분할 수 있을 정도로 명료하고 단순한 세상

사는 없다. 모든 사회 경제적 이슈는 본질적으로 복잡한 이해 관계를 내재하고 있을 뿐만 아니라 때로는 상호 의존적일수도, 양면적일 수도 있다. 그러므로 단순화하면 오류에 빠질 가능성이 높아진다. 갈등 조장으로 이익을 보는 정치인들의 패 갈라 내 편(표) 모으기 게임에 쉽게 넘어가지 마라. 현명한 방법은 지역적·계층적인 단순 사고에서 벗어나는 것이다.

3 탈고되는 이념 대립사

1) 박제된 이념의 포로

성장과 분배는 사람들의 단합을 이끌어 내는 원동력이자, 수많은 갈등의 뿌리였다. 20세기가 저물기까지 인류는 무엇이 우선인가를 놓고 끝없는 이념적 대립을 계속해 왔다. 그러나 이러한 대립은 20세기를 마감하면서 서로 간의 장점을 차용하는 방향으로 나아가고 있다. 이념의 대립사가 탈고되어 가고 있는 것이다.

이념의 자리를 대체하고 있는 것은 실사구시(實事求是)의 정신이다. 현재 전 세계 어디에도 소모적인 이념 논쟁으로 황금 같은 시간을 허비하고 있는 나라는 없다. 분배 우선의 최후 보루라고 할 수 있는 중국조차도 성장을 위해 그들의 문을 열어젖혔다. 영국의 총리 토니 블레어는 노동당 강령에서 산업 국유화를 포기하는 것을 비롯하여 보수당의 정강 정책에 대폭 가까이 감으로써 20여 년 장기 집권의 보수당 정권을 무너뜨렸다. 1984년 이후 계속되어 온 공화당의 10년 집권을 마감시킨 민주당의 클린턴 대통령이 내세웠던 슬로건은 보수의 그것을 연상시키는 '강한 미국, 작은 정부'였다. 성장과 분배에 대한 가치 기준이 명확했던 이념의 시대에서 성장 속의 분배를 목표로 하는 실용의 시대가 도래한 것이다.

이렇게 박제로 남아 있어야 할 이념이 유독 우리 사회에서만 활개를 치고 있는 이유가 무엇일까? 그것은 우선 우리가 다른 나라들이 경험해 온 이념의 수렴 과정을 거치지 못했고, 또한 그 과정에서 진보의 가치가 너무나도 많이 훼손되었기 때문일 것이다. 동족 간에 이념을 위해 피를 흘린 흔치 않은 경험을 했던 우리에게 그 피가 남긴 깊은 골을 메우는 것은 쉽지 않은 일이었다. 여기에 군사 정부의 안보 논리가 가세하면서, 진보는 설 자리는커녕 숨쉬기조차도 어려웠던 것이 사실이다.

이렇게 쌓인 한을 가슴 깊이 간직한 채, 행정부와 국회에 입성한 진보 세력에게는 그런 과거를 바로잡고 진보의 가치를 제대로 평가받게 하는 것이 무엇보다도 우선하는 일일 수밖에 없을 것이다. 그러나 과거사 청산, 경험의 축적, 그 경험이 보수와 정반합의 절충을 거치는 것을 기다릴 만한 시간이 우리에게는 없다. 그러기에는 개방과 경쟁의 해일이 우리 앞에 너무 가까이 와 있다. 그 시간을 기다리면 우리는 너무나 많은 대가를 치러야 할 것이고, 그 비용이 결국 우리를 퇴보하게 만들 것이다. 역사의 도약에는 때가 있는 법이다. 역사의 흐름에 맡기고 여유 있게 기다릴 시간이 없다. 어찌할 것인가?

2) 서로 손을 맞잡을 때이다

화해는 상대에 대한 진정한 '이해', 즉 상대 진영의 존재 이유와 의미에 대한 인정으로 시작하여 '반성'과 '용서'를 거쳐 '신뢰'로

완성된다. 국가 발전에 보수는 보수대로 진보는 진보대로 분명한 역할이 있다. 보수와 진보가 양 날개가 되어 날아야 비로소 멋진 비행이 가능한 것이다. 그런데 이 기본이 한국 사회에서는 늘 무시되어 왔다. 그 원인이 6·25라는 동족 간의 전쟁이었든, 독재 정권의 반공 이데올로기 동원 정책이었든, 치졸한 색깔 덧씌우기였든, 어찌 되었든 우리의 역사는 상호 경멸의 역사였다. 상대방의 존재 자체를 인정하지 않으려는 극단의 역사였다. 프랑스와 같이 극우에서 극좌까지 이념의 스펙트럼이 넓어 갖가지 정당이 모두 존재하는 사회에서는 오히려 우파와 좌파는 주적이 아니다. 좌우 동거 정부도 얼마든지 가능하다. 오히려 보수 우파의 주적은 수구적 극우파이며, 진보 좌파의 주적은 급진 좌파다. 극우와 극좌는 우파와 좌파의 정체성을 훼손하기 때문이다. 언젠가는 우리도 이렇게 분화되어 사상의 자유 시장에서 자유로이 경쟁하는 시대가 도래할 터이지만, 우선 급한 대로 좌우 모두 상대를 인정하는 것으로부터 시작해야 한다. 좌파를 좌파라 하고 우파를 우파라 하는데 발끈하거나 정략적 목적으로 스스로를 덧칠하면서 애써 중도라 우기는 현상은 극복해야 할 난센스다.

다시 돌아가 보자. 어떻게 화해하고 국민 통합을 이룰 것인가?

보수는 절절히 반성하고 그 반성을 토대로 사죄해야 한다. 반체제를 반국가로 몰아간 비이성을, 사람이 사람임을 부정하고 인간의 존엄과 가치를 짓밟은 야만을, 그들의 충정 역시 대한민국의 장래를 위한 충정이었음을 알면서도 반역으로 매도한 비양심을, 부의 형성 과정에서 저지른 불법, 탈법과 부도덕성을, 많은 이의 고통과 피와 땀으로 일군 부를 누리면서도 가슴 아파하지 않은 무감각을, 그리고 그 부 앞에 경건했어야 함에도 불구하고 졸부 근성으로 가난하고 힘든 자들의 가슴을 아프게 한 몰상식을, 더 가지기 위하여 투기를 일삼고 사회 환원과 분배에 인색했던 이기심을 반성하고 사죄해야 한다.

보수 진영은 정당이나 언론을 막론하고 깊이 반성해야 한다. 일본이 침략의 역사를 반성한다면서도 역사를 왜곡하는 교과서에 집착하듯 말 따로 행동 따로의 반성과 사죄가 아니라, 독일이 유대인 학살을 반성하듯이 명시적인 행동으로 거듭 반성해야 한다. 기회 있을 때마다 반성해야 한다. 이렇게 진심 어린 사과에 인색한 보수는 수구로 치부되어도 할 말이 없다.

진보는 진심으로 인정하고 고마워해야 한다. 보수의 '잘 살아 보세'가 아니었다면 불가능했을 세계 10위권의 경제 규모를 자랑하는 대한민국의 위상을, 전 세계가 이제 더 이상 대한민국을 전쟁의 폐허 위에 세워진 분단국이 아닌 경제 발전과 민주화를 동시에 이룬 '다이내믹 코리아'로 인식하고 있는 사실을, 이를 토대로 반만 년 역사이래 처음으로 중국에 대한 소국 콤플렉스에서 잠시나마 벗어나 있을 수 있는 현실을, 더 나아가 초강대국 미국을 향해서도, 경제 규모 2위의 일본을 향해서도 얼굴을 붉힐 수 있게 되었으며, 동의하는 나라가 있거나 없거나 동북아 균형자를 자처하며 자존심을 세울 수 있게 되었다는 사실을. 또한 보수가 갈무리한 곳간 덕분에 국내적으로는 복지와 분배를 논하고 국외적으로는 위상에 걸맞은 개도국 원조를 운운할 수 있게 된 사실을 인정해야 한다. 형식상의 인정이 아닌, 진심에서 우러나오는 마음으로부터의 인정과 평가라야 화해와 신뢰가 가능하다. 진보 진영은 더 이상 고의적으로 보수와 수구를 한데 버무리려는 이미지 전략을 자제해야 한다. 이는 보수의 진보에 대한 색깔 덧씌우기와 다를 바 없다. 오히려 적극적으로 보수는 보수요, 수구는 수구임을 구별하여 보수 진영을 대화의 상대로 포용하지 않으면, 반대 세력의 저항을 최소화하여 국정을 효율적으로 이끌어 나가는 것이 힘들게 됨을 알아야 한다. 어차피 지지자만을 위한 정부는 아니지 않은가?

정치꾼은 다음 선거를 생각하고, 정치인은 다음 세대를 생각한다고 했다. 이렇게 반성과 이해로 대타협을 이루고 상호 신뢰할 수 있게 된 보수와 진보가 함께 국가 발전을 위한 생산적이고 실용적인 논의의 장으로 나서야 한다. 다음 세대를 위하여, 우리의 미래를 위하여.

4 실사구시의 몇 가지 기준

우리가 21세기 위대하고 강한 나라가 되기 위해서 보수와 진보를 뛰어넘어 반드시 도달해야 할 국민적 합의 사항이 몇 가지 있다.

첫째, 국가적 어젠다와 정권의 어젠다는 구분되어야 한다. 정권 차원의 어젠다는 국가적 어젠다에 복무하는 방법론일 뿐이다. 정권이 바뀔 때마다 기본적인 틀이 흔들린다면 주변국의 신뢰가 흔들려 장기적 국익에 부정적 영향을 받음은 물론, 일등이 아니면 살아남기 힘든 국제 경제 전쟁에서 생존 자체가 불가능해질 수 있다. 당장 눈에 보이지 않는다고 존재하지 않는 것은 아니다. 정권이 수없이 바뀌어도 복지 국가라는 기본적 가치를 어젠다로 정책 기조를 유지해 나간 전후 영국의 합의 정치를 상징하는 '버츠켈리즘'의 사례를 상기해야 한다.

둘째, 정치의 목적은 정당의 집권에 있는 것이 아니라 국민의 행복에 있다. 무엇이 옳은가를 놓고 다투지 말고 어떻게 하면 국민이 행복할 것인가를 놓고 논쟁하자. 가치를 놓고 다투지 말고, 실익을 놓고 고민하자. 2004년 1년간 4대 입법의 처리 방향을 놓고 국가 에너지를 모두 소진하며 벌인 다툼을 회상하면 떠오르는 바가 있을 것이다. 국민은 모두 죽겠다고 아우성인데 연일 지면을 장식하는 이 논쟁을 보면서, 생활고에 지쳐 눈물의 계곡에 빠진 대다수 국민들은 무력감 속에서 과연 무엇을 생각했을까?

셋째, 과거를 보지 말고 미래를 보자. 일찍이 처칠은 '현재가 과거와 싸우면 미래를 잃는 법'이라고 했다. 과거를 보는 것 자체가 목적이 아니라, 바람직한 미래 설정을 위한 방편으로서 봐야 하는 것이다.

넷째, 지금 우리에게 가장 긴요한 것은 미래 업종의 선택과 집중, 그리고 이를 뒷받침할 과감하고 효율적인 R&D 투자와 인적 자원 양성 프로그램으로서의 이공계 중심 실전형 교육 개혁이다. 피터 슈워츠는 『미래를 읽는 기술』에서 한국의 미래가 선택과 집중에 달려 있다고 충고한다. FTA의 전 세계적 확산으로 우리에게는 선택의 여지가 없다. 쓰나미에 비유될 산업 환경의 역동적 변화가 다가오고 있다. 이류는 곧 죽음이다.

다섯째, 국가 브랜드의 가치를 높여야 한다. 기업 차원에서 브랜드를 만들기 위한 치열한 경쟁은 이미 전쟁을 방불케 한다. 이미지를 소비하는 포스트모던 사회에서 국가 브랜드는 기업 브랜드에 엄청난 영향을 미친다. 같은 품질이라도 일본 상품과 중국 상품은 받을 수 있는 가격이 다르다. 예컨대 유럽인 중 일부가 삼성이라는 브랜드를 당연히 일본 것일 거라고 인식하는 현실은 '코리아 디스카운트'를 역설적으로 입증하는 좋은 예이다. 역사적으로 국가 브랜드는 자연히 형성되어 온 것이나, 이제 그 자연스러운 형성 과정에 국가적 노력을 가미해야 할 시점이 되었다.

여섯째, 자존심은 스스로 내세울 때보다 뒤로 감출 때 더욱 커 보이고 평가받는 법이다. 중국이 앞으로 어디까지 갈지 정확히 모르는 것도 두렵지만, 그들의 도광양회(韜光養晦)¹⁾가 더 두렵다. 중국이 지난 수년간 미국과 충돌할 수도 있었던 몇 번의 사건에서 적당히 수습하고 넘기는 모습을 보면서 무엇을 위한 굴신(屈身)인가를 먼저 생각한 것이 비단 필자뿐일까? 국제 사회에서의 자주는 구호로 이루어지는 것이 아니다. 또 많은 경우 자존심의 과시는 실리 포기를 동반한다. 국제 사회가 내실을 근거로 자연스럽게 인정하기 전에, 자칫 실리를 놓칠지도 모르는 실험의 반복은 자제하는 것이 바람직하다. 그리고 한미 동맹 등 주변 4강과의 관계에 근본적 영향을 미치는 외교 정책의 기조에 관한 사항은 정권 차원의 사안이 아니므로, 여야 간에는 물론 최소한 전문가 집단과 직업 외교 라인 간에 의견 교환과 공감대 형성이 선행되어야 마땅하다. 한편 이제 국제 관계에서 소프트 파워가 차지하는 비중이 상대적으로 커지고 있다. 소프트 파워는 국가의 일관성과 예측 가능성이 어우러진 신뢰성이 큰 비중을 차지한다. 이런 관점에서 최고 지도자의 언행은 국가의 자산이며 경쟁력이다.

일곱째, 여론에 좌우되기보다는 먼 앞날의 국익을 내다보는 결정을 해야 한다. 7년 전쟁이 끝난 1763년 프랑스 정부는 여론에 밀려 영국 해군에게 점령당했던 가드루프라는 섬을 돌려받는 대신 이보다 5500배나 큰 캐나다를 영국에게 넘겨주었다. 당시 프랑스 국민은 열광적으로 이를 환영했다. 1867년 미국 앤드루 존슨 대통령이 러시아로부터 알래스카를 720만 달러에 샀을 때에도 '역사상 가장 비싼 아이스박스를 사들인 바보'라는 여론의 모진 비난에 시달려야 했다.

여론은 바람에 흔들리는 갈대처럼 항상 움직인다. 그러나 민심은 큰 파도와 같다. 언뜻 보면 조금도 움직이지 않는다. 여론은 늘 얼굴을 드러내며 소리 또한 크다. 민심은 숨어 있으며 좀처럼 소리를 내지 않는다. 그러나 한번 소리를 내면 천지가 진동한다.

발자크는 "지도자는 여론의 잘못을 바로잡을 수 있어야 한다. 단순히 여론을 대변만 하는 것은 지도자의 길이 아니다."라고 말했다. 그래서 무능한 지도자는 여론에 끌려 다니고, 영악한 지도자는 여론을 타고, 뛰어난 지도자는 여론을 이끌어 간다. 못된 지도자는 여론을 조작하면서 국민을 선동한다.

어느 경우에나 선택의 기준은 민심에 바탕을 둔 장기적 국익이 되어야 한다. 눈앞의 정파적 이익에 경도되어 장기적 국익을 소홀히 한다면, 고통은 다음 세대의 몫이 될 것이기 때문이다.

주

1부

1970년대 영국 사회와 불만의 겨울

1) Margaret Thatcher, *The Downing Street Years* (London: Harper Collins, 1993), 337쪽.

2) 강원택, 「영국 사회정책의 변화 : 신노동당과 일을 위한 복지」, 송호근 엮음, 『세계화와 복지국가 : 사회정책의 대전환』(나남, 2001), 179~180쪽.

3) 김영순, 『복지국가의 위기와 재편 : 영국과 스웨덴의 경험』(서울대학교 출판부, 1996), 123쪽.

4) Stephen Broadberry, "Economic Policy," Jonathan Hollowell (ed.), *Britain Since 1945* (Oxford : Blackwell Publishing, 2003), 391쪽.

5) Katheleen Burk and Alec Cairncross, *'Good-Bye Great Britain' : 1976 IMF Crisis* (New Haven : Yale University Press, 1992).

6) 고세훈, 『영국 노동당사 : 한 노동 운동의 정치화 이야기』(나남, 1999), 385~386쪽.

7) Roy Bentley, Alan Dobson, Maggie Grant, and David Roberts, *British Politics in Focus* (Lancs : Causeway Press, 2000), 50쪽.

8) http://news.bbc.co.uk/1/low/uk_politics/468625.stm.

9) 실제로 1984년 가을 대처는 유화적인 입장으로 바꿔 광산 노조에 협상을 제안했으나 노조 지도자 스카길이 이를 거부했다. 그러나 이 파업은 조합원의 찬반 투표 없이 실시된 것이어서 처음부터 문제를 갖고 있었고, 또한 그러한 절차상의 문제 때문에 파업을 반대한 노팅엄셔 광부들이 광산 노조의 파업 결정과 무관하게 계속해서 조업하였던 것이 파업 해결에 큰 도움이 되었다.

10) Margaret Thatcher, 앞의 책, 377~378쪽.

11) 강원택, 앞의 글, 182쪽.

독일의 경제 위기 극복과 사회적 결과

1) 전후 독일은 독일 연방 공화국(서독)과 독일 민주 공화국(동독)으로 분단되었으나 1990년 동독은 서독에 흡수·통합되었다. 이 글에 쓰고 있는 독일은 특별한 경우를 제외하고는 서독을 지칭한다.

2) A. Glyn, A. Hughes, A. Lipietz, and A. Singh, "The Rise and Fall of the Golden Age," S. Marglin and J. Schor (ed.), *The Golden Age of Capitalism* (Oxford : Clarendon, 1990), 152쪽.

3) B. Jessop, "Conservative Regimes and Transition to Post-Fordism," M. Gottdiener and N. Komninos (ed.), *Capitalist Development and Crisis Theory* (London : Macmillan, 1989), 262쪽.

4) P. Armstrong, A. Glyn, J. Harrison, 김수행 옮김, 『1945년 이후의 자본주의(*Capitalism since 1945*)』(동아출판사, 30쪽), 152쪽.

5) 위의 글, 152쪽.

6) 위의 글, 236쪽.

7) World Bank, *World Development Report* (Washington D.C., 1985), 193쪽.

8) R. Boyer, "The Evolution of Wage/Labour Relations in Seven European Countries," R. Boyer (ed.), *The Search for Labour Market Flexibility* (Oxford : Clarendon, 1988), 18~19쪽.

9) 위의 글, 76~90쪽.

10) 사회 시장 경제 개념은 오이켄, 뢰프케 등의 프라이부르크 대학 자유주의 경제학자들에 의해 이론적으로 체계화되었고, 전후 뮐러 아르막과 에르하르트에 의해 실천적으로 적용되었다. 사회 시장 경제에 관해서는 R. Blum, "Marktwirtschaft, Soziale," *Handwörterbuch der Wirtschaft swissenschaften* (Stuttgart : Gustav Fischer, 1980)와 A. Müller-Armack, "Die Anfänge der Sozialen Marktwirtschaft," R. Löwenthal and H. Schwarz (ed.), *Die Zweite Republik. 25 Jahre Bundesrepublik Deutschland: Eine Bilanz* (Stuttgart : Seewald, 1974)를 참조할 것.

11) W. Behr, 이영기 옮김, 『동서독 체제 비교(*Bundesrepublik Deutschland-Deutsche Demokratische Republik*)』(고려대 출판부, 1988), 92~93쪽.

12) H. Braun, *The German Economy in the Twentieth Century* (London: Routledge, 1990), 183~185쪽.

13) 공동 결정 제도에 관해서는 A. Markovits, *The Politics of West Germany Trade Unions* (Cambridge: Cambridge University Press, 1986)과 조우현, 『노사관계 개혁론』(창작과비평사, 1992), 377~399쪽을 참조할 것.

14) G. Leithäuser, "Crisis despite Flexibility: the Case of West Germany," R. Boyer (ed.), *The Search for Labour Market Flexibility* (Oxford: Clarendon, 1988), 171쪽; P. Katzenstein, "Industry in a Changing West Germany," P. Katzenstein (ed.), *Industry and Politics in West Germany* (Ithaca: Cornell University Press, 1989), 11~12쪽.

15) 신광영, 「산업 민주주의」, 한국산업사회연구회 엮음, 『산업사회학 강의』, (한울, 1993), 246쪽.

16) 에스핑 안데르센에 따르면, 전후 복지 국가 모델은 사회 민주주의 모델(스웨덴, 노르웨이), 보수주의 모델(독일, 프랑스, 이탈리아), 자유주의 모델(영국, 미국)로 구분된다. 사회 민주주의 모델이 사회 복지에 대한 시민 권리의 보편적 요구들을 지원해 주는 체제라면, 보수주의 모델은 사회적 성과에 대한 다양한 요구에 고용과 사회적 지위를 연결하는 체제이다. 한편 자유주의 모델은 사회 복지에 대한 개인의 한정된 요구로 이루어지거나 개별적인 성과로 형성되는 체제이다. G. Esping-Anderson, *Politics against Markets* (Princeton: Princeton University Press, 1985)

17) M. Krüger and A. Pfaller, "The Federal Republic of Germany," A. Pfaller et al. (eds.), *Can the Welfare State Compete?* (London: Macmillan, 1991), 216쪽.

18) B. Schäfers, *Sozialstruktur und Wandel der Bundesrepublik Deutschland* (Sttugart: Enke, 1985), 187~198쪽.

19) W. Eichler, 이태영 옮김, 『독일 사회민주주의 100년(*100 Jahre Sozialdemokratie*)』(중앙교육문화, 1962), 165~190쪽.

20) F. Deppe, "Der Deutsche Gewerkschaftsbund (1945-65)," F. Deppe et al. (eds.), *Geschichte der Deutschen Gewerkschaftsbewegung* (Köeln: Pahl Rugenstein, 1989), 576~692쪽.

21) 신광영, 「노동 조합과 정당」, 《사상》 (1991년 겨울), 188쪽.

22) J. Hirsch and R. Roth, *Das Neue Gesicht des Kapitalismus* (Hamburg : VSA, 1986).

23) 정명기, 「포드주의에서 포스트 포드주의로」, 정명기 엮음, 『위기와 조절』 (창작과비평사, 1992), 243쪽.

24) C. Offe, *Contradictions of the Welfare Statye* (Cambridge : The MIT Press, 1984), 179~206쪽.

25) J. Esser, *Gewerkschaften in der Krise* (Frankfurt : Suhrkamp, 1982).

26) J. Bischoff and R. Detje, *Massengesellschaft und Individualitaet* (Hamburg : VSA, 1989).

27) J. Bischoff and M. Menard, *Weltmacht Deutschland?* (Hamburg : VSA, 1992), 104~106쪽.

28) B. Jessop, 앞의 글, 284~285쪽; A. Markovits, 앞의 책; W. Streeck, *Industrial Relations in West Germany* (New York : St. Martins Press, 1984).

29) J. Hirsch, "The Fordist Security State and New Social Movements," *Kapitalistate* No. 11~12.

30) 오승구, 『독일 경제위기를 어떻게 볼 것인가』 (삼성경제연구소, 2005), 54쪽.

반면교사의 중국 : 혁명과 개혁의 변증법

1) Katherine Verdery, *What Was Socialism, and What Comes Next?* (Princeton: Princeton University Press, 1996), 서문.

2) Marc Blecher, *China Against the Tides : Restructuring Through Revolution, Radicalism and Reform* (London and Washington : Pinter, 1997), 10~12쪽.

3) Jonathan D. Spence, *The Search for Modern China* (New York and London : Norton, 1990), 579쪽.

4) Sulamith Heins Potter and Jack M. Potter, *China's Peasants : The Anthropology of a Revolution* (Cambridge : Cambridge University Press, 1990), 59~82쪽.

5) Jean Oi, *State and Peasant in Contemporary China: The Political Economy of Village Government* (Berkeley: University of California Press, 1989), 5쪽.

6) Dorothy Solinger, "China's Urban Transients in the Tradition from Socialism and the Collapse of the Communist 'Urban Public Goods Regime'," *Comparative Politics*, Vol. 27, No. 2 (January 1995), 134쪽.

7) 蔡昉, 『中國流動人口問題』(鄭州: 河南人民出版社, 2000), 4쪽.

8) Maurice Meisner, *Mao's China and After: A History of the People's Republic* (New York: The Free Press, 1999), 107쪽.

9) 위의 책, 417쪽.

10) 위의 책, 416쪽.

11) 4개 현대화는 원래 1970년대 중반 저우언라이에 의해 처음 제기되었으나, 그 내용들은 이미 1960년대 류사오치의 정책에도 반영되어 있던 것이었다.

12) 덩샤오핑 자신도 문화 대혁명 기간 중 류샤오치에 이어 '자본주의 노선을 걷는 실권파의 제2인자'로 몰려 장시(江西) 성의 트랙터 공장으로 보내져 그의 아내와 함께 노동자로 고초를 겪었다.

13) 정재호, 「중국의 개혁-개방 20년: 그 성공과 위기에 대한 평가」, 정재호 엮음, 『중국 개혁-개방의 정치경제 1980~2000』(까치, 2002), 9쪽.

14) Minxin Pei, *From Reform To Revolution: The Demise of Communism in China and the Soviet Union* (Cambridge and London: Harvard University Press, 1994), 18~24쪽.

15) 조영남, 「중국 '제4세대' 지도부의 현실인식 분석」, 《역사비평》 69호 (2004), 88~89쪽.

16) 개혁 개방의 실질적인 설계자인 덩샤오핑은 개혁 개방 초기에 개혁 개방의 구체적인 발전 전략, 즉 '3단계 발전 전략(三步走)'을 제시하였다. 이에 따르면, 1990년까지 1980년의 국민 경제를 한 배 발전시켜 '먹고 사는 문제(溫飽問題)'를 해결(제1보)하고, 2000년까지 다시 한 배 발전시켜 '소강 사회(小康社會)'를 건설(제2보)하며, 21세기 중엽 무렵에는 중국을 '개발 도상국 수준'으로 발전(제3보)시킨다는 것이다. '전면적 소강 사회'는 제2단계 발전에서 제3단계 발전으로 가는 과도기적 목표다. 위의 글, 88쪽.

꿈의 대륙에서 좌절의 대륙으로 : 라틴아메리카의 잃어버린 20세기

1) 머리의 지휘와 조정 아래 각 지체가 각기 맡은 바 역할을 수행하는 사람의 몸처럼 교회도 조직되는 것이 가장 이상적이라는 토마스 아퀴나스의 교회 유기체론에서 비롯한 사상 또는 제도를 가리킨다. 조합주의로도 번역이 되고 있으나 지체주의(肢體主義)라고 하는 것이 원래의 뜻에 가깝다.

2) 한 나라의 상품과 다른 나라의 상품(또는 재화)의 교환 비율. 일반적으로 수입 가격 지수에 대한 수출 가격 지수의 비율로 표시된다. 이 교환 비율이 수출국에 유리할 경우는 수출국 교역 조건의 개선, 그 반대의 경우는 수출국 교역 조건의 악화라고 한다.

3) 선진국의 공업 제품 가격은 상승하지만, 후진국의 1차 생산품 가격은 그만큼 오르지 못하는 경향이 있기 때문에 후진국의 교역 조건은 불리해진다. 또 선진국에서도 농산물 가격에 비하여 비료, 농업 기계 등의 가격이 일반 물가와 함께 상승하므로, 농업의 채산이 불리해진다. 이 같은 공산물 가격과 농산물 가격의 움직임을 그래프에 나타내면, 두 선이 교차한 다음 차차 가위 모양으로 벌어지는 형태를 취하기 때문에 협상 가격차라고 이름 붙었다. 협상 가격차는 공업이 독점적인 데 반하여 농업이 경쟁적인 데서 생긴다.

4) 단일 은행이 대출을 해 줄 경우 모든 위험 부담을 혼자서 안게 된다. 이러한 위험 부담을 줄이기 위해 국제적 상업 은행들은 같은 액수를 빌려 주더라도 수백 수천의 다른 은행들과 신디케이트를 조직하여 여러 건의 대출로 나누어 빌려 준다.

5) 이자율 변동에 따른 위험을 줄이기 위해 은행들은 기준 시장 금리에 일정한 마진을 더하는 형태로 이자율을 정한다. 국제적 대출의 경우 통상 런던 은행 간 금리(London Interbank Offer Rate, LIBOR)를 기준 금리로 한다.

6) 한 채권자에게 채무를 불이행할 경우 다른 모든 채권자에게도 채무를 불이행한 것으로 간주한다는 계약 조항으로 채무 불이행의 유인을 줄이는 데 목적이 있다.

7) 제프리 윌리엄슨이 조합한 말로 라틴 아메리카에 요구되는 개혁 프로그램을 가리킨다. 예산 적자의 해소, 공공 지출 우선 순위 변경, 세제 개혁을 통한 세수의 증대 등 열 가지 조항으로 되어 있다.

2부

21세기에는 우리도 강국이 될 수 있다

1) 당시 1987년에 출간된 예일 대학교 폴 케네디 교수의 『제국의 흥망』이 베스트셀러였다. 이 책은 미국도 역사상의 다른 제국과 마찬가지로 제국적 과대 팽창 때문에 쇠퇴할 수밖에 없다는 주장을 펴고 있다.

2) 한계 비용(1단위를 추가로 생산하는 데 필요한 생산 요소의 투입량)이 점점 적어져 생산 규모가 크면 클수록 수확이 커지게 되는 현상으로 디지털·소프트 경제의 큰 특징이다. 기업의 규모나 사업 범위, 고객의 수가 증가함에 따라 수익이 점점 커지기 때문에 현재 시장에서 우위에 있는 기업이 계속 이길 가능성이 커진다.

위대한 나라의 조건

1) 자신의 재능이나 명성을 드러내지 않고 참고 기다린다는 뜻으로, 1980년대 중국의 대외 정책을 가리키는 말이다.

우리는 실패에서 희망을 본다

1판 1쇄 찍음 2005년 8월 17일
1판 1쇄 펴냄 2005년 8월 22일

지은이 | 오세훈 이영조 김호기 강원택 박철희 정종호 이남주 이재승
편집인 | 장은수
발행인 | 박근섭
펴낸곳 | (주) 황금가지

출판등록 | 1996. 5. 3. (제16-1305호)
주소 | 135-887 서울 강남구 신사동 506 강남출판문화센터 5층
전화 | 영업부 515-2000 / 편집부 3446-8773 / 팩시밀리 515-2007
홈페이지 | www.goldenbough.co.kr

값 15,000원

ⓒ 오세훈 외, 2005, printed in Seoul, Korea

ISBN 89-8273-930-0 03300